Anton Fahne

Geschlechter und Sitze

Geschichte der Herren Stael von Holstein

Anton Fahne

Geschlechter und Sitze
Geschichte der Herren Stael von Holstein

ISBN/EAN: 9783743324091

Hergestellt in Europa, USA, Kanada, Australien, Japan

Cover: Foto ©ninafisch / pixelio.de

Anton Fahne

Geschlechter und Sitze

Geschichte

der

Herren Stael von Holstein

von

A. Fahne.

Mit über 150 Illustrationen.

Geschlechter und Sitze II. III.

Ladenpreis 3 Thlr.

Forschungen

auf dem Gebiete

der

Rheinischen und Westphälischen Geschichte

von

A. Fahne.

—————

III. Band in 2 Abtheilungen

mit mehr als 150 Illustrationen, Schlössern, Siegeln und Wappentafeln.

Cöln 1871,

bei J. M. Heberle (Heinrich Lempertz).

Vorwort.

In Folge weiterer Ausführung des, im Vorworte zum
ersten Bande dieser Forschungen dargelegten Planes, erscheint
hier ein Werk, welches die Geschichte eines der ältesten und
ausgebreitetsten Geschlechter, verbunden mit einer Darstellung seiner Sitze liefert. Es kann, der Natur des Stoffes
gemäss, kein erschöpfendes, nur ein anregendes genannt
werden, allein als solches bietet es Manches, was für die
Territorial-, insbesondere Cultur- und Sitten-Geschichte neu
und nicht unwichtig ist. So gelang es, die Grösse und
beziehungsweise Bedeutenheit der Herrschaft Witten und
des Dynastenterritoriums Erprath festzustellen,[1] die dunklen
Geschichte der Grafen und Dynasten von Hardenberg,[2] der
Herrn von Schinne[3] und von Dalhausen[4] mehr aufzuklären
und für die Geschichte der Grafen von der Mark, Chiny,
der Herrn von Zündorf[5] etc. Material zu liefern. Ferner
sind zur Sprache gekommen: die armseligen Verhältnisse
früherer deutscher Fürsten, ihre Geldnoth, ihre Abhängigkeit
vom französischen Hofe, ihr Haushalt,[6] das Gerichts- und
Fehde-Wesen,[7] Lehns-Ceremonien, Festzüge,[8] Prügeleien
in der Kirche,[9] Blutrache,[10] Kirchenbann,[11] päpstliche
goldene Rose[12]), geistliche und weltliche Willkühr,[13] Geistliche als Soldaten und Wegelagerer,[14] Wirkung der Rettung der Seele vor jenseitigen Strafen, auf die Verarmung

---

[1] S. 48—70. 211. 132. [2] 21. 213. [3] 10. 80. [4] 13., [5] 4. 7.
15. (wo statt: Krawinel: Krawinkel stehen muss, 76. 155. [6] 42. 158. etc.
[7] 56. 63. 67. 89. 91. 98. 102. 109. 114. 133. 135. 137. 143. 207, wo
statt gereuet, georuet stehen muss 210. 213. 217. 231. 241. 245. 248.
[8] 148. 184. 207. [9] 110. 242. [10] 94. [11] 175. [12] 155. [13] 67. 68.
174. 176. 214. 221. 242. [14] 92. 93. 158. 242.

der Familien und Bereicherung der Kirche,[15]) jung heirathen,[16]) Austattung der Brautleute,[17]) Heirathsgebräuche,[18]) Bastartverhältnisse,[19]) Pachtverhältnisse, Beamteneinkommen,[20]) Verfall der Familien,[21]) Trachten,[22]) Personennamen,[23]) Erben durch die heilige Kirche etc.

Was die altdeutsche Grammatik aus diesem Werke, besonders seinem zweiten Theile, zu schöpfen im Stande ist, muss ich ganz allein der Beurtheilung der Sprachlehrer anheimgeben, dagegen darf ich nicht unterlassen, auf den Werth aufmerksam zu machen, den die Siegel für die Geschichte haben; ohne sie wäre manche Thatsache nicht klar zu stellen, manche Lücke nicht auszufüllen gewesen, wie solches dem Forscher nicht entgehen wird. Deshalb sind die Siegeltafeln beigefügt, von denen XIII und XIV dem nächsten Hefte vorbehalten bleiben.

Die Nachrichten über die Sudhauser Linie, namentlich deren letzten Generationen, sind deshalb so dürftig ausgefallen, weil die Gräfin Fürstenberg, an die ich mich im Namen der Geschichte gewendet und der ich sogar, um sie von dem Ernste der Arbeit zu überzeugen, das Urkundenbuch übersendet hatte, mir auf zwei Briefe, worin ich sie um Aufschlüsse aus dem Sudhauser Archive über einige Personennamen, Heiraths- und Sterbedatum etc. bat, eine Antwort nicht hat zukommen lassen.

Fahnenburg bei Düsseldorf, im Mai 1871.

Fahne.

---

[15]) 121. In einem der nächsten Hefte werde ich hierüber eine weitläufige historische Abhandlung liefern. [16]) 166. [17]) 146. 189. 191. 195. 223. 229. 249. [18]) 191. 249. [19]) 22. 156. 161. 239. II. 39. [20]) 101. 130. 131. 133. 134. 153. 166. 167. 182. 194. [21]) 12. 19. 213—220 225. 263. [22]) 169. [23]) 170.

I. Der Name.

as Geschlecht, dessen Geschichte hier behandelt werden soll, nannte sich anfänglich Flecke und zerfiel in zwei Hauptlinien, von denen die eine, die ältere, den Namen Flecke beibehielt, die andere aber Stael sich nannte. Der Stammsitz beider war das Schloss (castrum) Holstein und von diesem führte jede Linie den Beinamen „von Holstein", dem sich später, als das Geschlecht sich noch weiter verzweigte, andere Beinamen zugesellten, je nachdem die einzelnen Sitze hiessen, von dem die einzelnen Zweige ausgingen, so dass Stael v. Holstein zu Hardenstein, Honrath, Langwit, Sülze, Suthausen etc. vorkommen.

Man fragt, woher der Name entstanden sei! Ich habe schon vielfach anderswo ausgesprochen, dass die Geschlechtsnamen entweder von einem Sitze, oder von einem Amte hergenommen, oder Spitznamen sind. Dass wir es hier mit einem solchen zu thun haben, beweisst ausdrücklich die

Uebersetzung des Namens Fleck durch Macula. Also irgend
ein Fleck scheint die Veranlassung gewesen zu sein, ähnlich
wie im Alterthume bei den römischen Familien der Attii,
Cornelii, Domitii, Licinii, Tullii erweisslich das Stottern, der
Esel, der Rothbart, der Kahlkopf, die Wohlbeleibtheit, die
Kichererbse u. s. w., die Ursache zu den Beinamen der
Seitenlinien: Balbus, Asina, Ahenobarbus, Calvus, Crassus,
Cicero u. s. w. geworden ist. Auch der Name Stael, oder,
wie er sonst geschrieben wird, Stahel, Stail, wird einer per-
sonellen Eigenschaft seinen Ursprung zu verdanken gehabt
haben. Das erste Auftreten des Geschlechts überhaupt, und
namentlich Desjenigen, der zuerst den Namen Stael führte,
bezeugt, dass wir Personen von Körperkraft, geneigt zu
Fehde und Wagniss, vor uns haben und liegt es nahe, dass
jener erste Stael, ähnlich Ludwig dem Eisernen von Thü-
ringen, † 1172, seinen Beinamen von seinen stählernen
Eigenschaften, sei es in Körper oder Geist, oder in beiden
erhalten hat. Es ist dieses nichts Auffallendes. Während
die drei mächtigen Beherrscher Veronas aus dem Geschlechte
de la Scala den Beinamen can mastino, (Schäferhund), †
1270, can grande (der grosse Hund), † 1328, can signorio
(der Herrnhund), † 1375, Pipin von seiner kleinen Figur
den Beinamen „der Kleine" (Zwerg), sein Sohn Carl von
seiner achtfüssigen Gestalt den Beinamen „der Grosse", sein
Urenkel Carl von seiner Glatze den Beinamen „der Kahle",
Kaiser Friedrich II. von seinem rothen Barthhaare den Beinamen „Barbarossa", Ritter Johann von Aldenhoven, Burggraf
zu Montjoie 1352 von seinen schiefen Beinen den Beinamen
„Krumfuss" erhielt, trugen ihn die Cölner Geschlechter Clein-
gedanc (parvae mentis), Merode*) (rufi), Raitz (Ratio), von ihrem
Stammvater, der kleinmüthig, rothhaarig oder Oberster Raths-
herr war und tragen ihn die, jetzt noch bei uns blühenden
freiherrlichen Geschlechter Scheel von ihren schielenden (lusco),
die Quad von ihrem querköpfigen Stammvater und die Korf
von dem stammväterlichen Kirschenkorbe.

*) Entstanden aus dem Dativ: van me rode, lateinisch: rufus
filius rufi.

II. Wappen und Titel.

Das Wappen des Geschlechts besteht in 8 rothen Kugeln im silbernen Felde, längst dem Rande des Schildes so vertheilt, dass sie dem Rande folgen, nämlich: am obern Rande drei, an jedem Seitenrande zwei und im Fusse des Schildes die achte. Von dieser Anordnung machten Drei eine Ausnahme, nämlich Lutter seit seiner Ritterwürde (1340—63), er hat die acht Kugeln in zwei Reihen neben einander, von oben nach unten mitten durch den Schild laufend, [1]) Winrich 1338 bis 41, der sie reihenweise 3. 2. 2. 1. stehen hat [2]) und Conrad 1387, bei dem sie sich ganz auf dem äussersten Rande des Schildes finden. [3]) Ruprecht 1436—1443, hat statt Kugeln Ringe [4]) und Wilhelm 1407, Lutter 1423, Robert 1443,

---

[1]) Tafel III. Nr. 10. [2]) Tafel II. Nr. 9, Tafel XI. Nr. 54.
[3]) Tafel III. Nr. 12. [4]) Tafel IV. Nr. 18.

Neucling 1462, Lutter 1462, Heinrich 1470, Wilhelm 1485, Neveling 1496, Diedrich 1506, Adolph 1505. 1518. Lutter, 1572, Ropert 1566 haben statt Kugeln Münzen.[5] Bei einigen Gliedern des Geschlechts finden sich Beizeichen im Wappen; so führen Theoderich 1320 und Conrad 1333 im Herzen des Schildes einen Stern, [6] während Daniel 1320, Werner 1333, Winrich 1333—1341 einen Turnierkragen haben; [7] es sind dieses Beizeichen einer jüngeren Linie, so wie der Querbalken des Johann Stael von Holstein 1463 und das, aus dem Schild pyramidalförmig ausgeschnittene Stück in dem Wappen des Hopgen Stael 1416 Zeichen der unehelichen Abstammung. [8] Helm und Helmzierde kommen erst 1393 bei Diedrich vor, sie bestehen in einem Helme, über dem sich zwei Büffelhörner erheben, die aussen, jeder mit vier Kugeln, verziert sind. [9] Dieser Wappenschmuck ist auch später beibehalten. Lutter 1403 hat ihn durch einen Turnierhut vermehrt, an Stelle dessen bei einigen ein Turnierwulst getreten ist. [10] Der Helm mit dem Schilde ist in der Regel nach rechts geneigt, nur bei Diedrich 1393 [11] sieht man den Helm en face und bei Roepert 1592—1606 ist Wappen und Helm nach links gekehrt. [12] Letzteres offenbar durch Versehen des Siegelstechers.

Am Ende des vorigen Jahrhunderts finde ich das Wappen auch mit einer Krone bedeckt und als Schildhalter zwei Löwen.

Die Zudendorf (Zündorf) eine Seitenlinie der Fleck, resp. Stael führen 8 Kugeln am Rande des Schildes, an jeder Seite vier, im Schildesherz eine Muschel.

---

[5] Tafel III. Nr. 14. VI. Nr. 25. 26. 27. 29. Taf. V. 20. Taf. VII. 33. 34. Tafel VIII. Nr. 37. 33. Tafel IX. Nr. 42. 44. Tafel X. Nr. 49. [6] Tafel I. Nr. 2. 55. [7] Tafel I. Nr. 3. Tafel II. Nr. 8. Tafel XI. Nr. 53. 54. [8] Tafel IV. Nr. 16. Tafel VI. Nr 28. [9] Tafel XI. Nr. 52. [10] Tafel IV. Nr. 15 IX. Nr. 41. Tafel X. Nr. 49. Tafel XI. Nr. 50. [11] Tafel XI. Nr. 52. [12] Tafel XI. Nr. 50.

5

Die Kugeln sind in den Rheinlanden dem Wappen des Quirinsstifts in Neuss, respective seines Patrons (h. Quirin) eigen; auch die Herrn von Schönforst führen sie, beide 9 (3. 3. 2. 1.), ferner die Herrn von Auwe, 12 in sechs Reihen (2. 2. 2. 2. 2. 2.), die Edelherrn von Broil, 14 in fünf Reihen (4. 4. 3. 2. 1.), die Grafen von Bentheim, 18 in fünf Reihen (4. 4. 4. 4. 2.), In den Niederlanden haben die von der Clost und Reutenberg (Utrecht) und Stenghe und Stoondorst (Seeland) 9 Kugeln. (3. 3. 2. 1.)

Das Wappen der Stael ist in andere, namentlich schwedische Wappen übergegangen, so in dem der Grafen von Lantingshausen im 1. und 4. Felde, Beck-Friis im 3. Felde.

Das hier an die Spitze gestellte Wappen ist eine Nachbildung desjenigen, welches bei der bergischen Ritterschaft aufgeschworen ist.

Die Stael von Holstein sind Ende des 17. Jahrhunderts zu Reichsfreiern ernannt, 1719 28. Juni, 1731 14. Juni und 1788 24. Januar vom Könige von Schweden und 1869 8. März in der Estländischen Linie auch vom Kaiser Alexander II. von Russland als Barone anerkannt.

III. Sitze.

1. Schloss Holstein, die Herrn von Chiny und von Schinne.

Der älteste Sitz ist das Schloss (castrum) Holstein. Es war ein Lehn der Herrn von Heinsberg, [13] höchst wahrscheinlich wegen der Herrschaft Lewenberg (jetzt Löwenburg im Siebengebirge). Wo das Schloss gelegen hat, ist mir bisheran nicht gelungen, unbezweifelbar festzustellen. Nur zwei Mühlen erinnern noch an den Namen: 1. Holstein-Mühle (Fruchtmühle und Oelpresse) am Bröl-Bache, 10 Minuten nördlich vom Schlosse Homburg, im Kreise Gummersbach, Bürgermeisterei Nümbrecht und 2. Holstein-Mühle im Kreise Höxter, bei Beverungen. Mühlen waren in der Regel mit Schlössern verbunden, sie lieferten die sichersten

[13] II. 4.

und reichsten Einkünfte eines Dynasten oder Ritters, sind
auch, wenn Burg und Schloss längst untergegangen, bis zur
neuen Aera, wo die Banngerechtsame durch die Fortschritte
der französischen Revolution beseitigt wurden, bestehen geblieben. Da nun der Sitz der Stael nicht im Mindenschen
gesucht werden kann, so bleibt nur der Punkt am Brölbach
übrig. Ich habe ihn an Ort und Stelle untersucht und
wirklich findet sich neben dortiger Mühle eine grossartige
Befestigung, rings von den Wässern des Brölbaches eingeschlossen. Ich gebe hier ihren Grundriss:

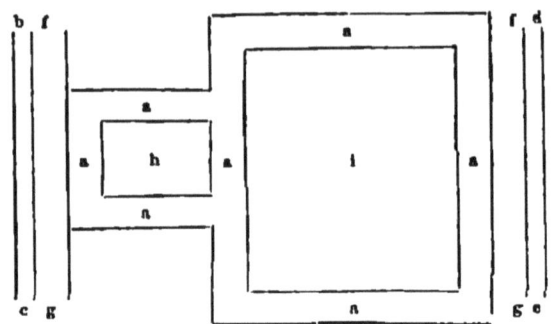

a. a. a. sind Wassergräben 10 Schritte breit, b. c. ist der
Mühlengraben (Arm des Broelbachs), d. e. der Broelbach, f. g.
sind Wälle, h. ist eine viereckige Insel von 30 Schritt Länge
und ebensoviel Breite, ganz mit Mauerwerk und Werk-
steinen bedeckt, i. ist eine zweite, grössere Insel, jetzt Wiese.
Die Volkssage bekundet: dass auf h. eine grosse, feste Burg
gestanden habe, was durch den erwähnten Befund vollständig bestätigt wird.

Das Schloss kam schon früh aus dem Besitze der
Familie. Heilwigis, die Wittwe des Ritters Heinrich Fleko
von Holstein, übertrug es an einem Sonntage, [14] 11. Juni 1256,
ihrer Tochter Benedicta und derem Eheherrn, Theoderich
von Schinne. Ich habe angenommen, dieser Theoderich
sei aus dem Geschlechte der Edelherrn von Chiny, indem

---

[14] II. 4.

ich ihn für den in jener Zeit lebenden Theoderich, Grafen von Los und Chiny hielt. Allein ich finde in einer, bis dahin unbekannt gebliebenen Description du Pays de Luxemburg in meinem Besitze wörtlich folgende Abstammung: [15])

I. Otto I. Comte de Chiny † 1013.

II. Louis I. Comte de Chiny, fils d' Otto I. Catharine de Loss, son epouse.

III. Louis II. Comte de Chiny, fils de Louis I. † 1068. Il laissa de Sophie, sa femme. 1. Arnou, qui suit, 2. Menasses religieux à St. Hubert.

IV. Arnou 1, Comte de Chiny, premier du nom. Il donna la Priorée de S. Sulpice au Village de Prys proche de Mazieres sur la Meuse à l'Abbaye de St. Hubert en Andach, au quel il assigna aussi plurieurs terres et rentes] pour leur entretien, en l'an 1080. Il fonda l'Ablaye d'Orval, au quel il donna des grosses revenus. † 1106. Il eut à femme Marguerite fille de Henry second du nom, Duc de Limbourg et de la Basse Lorraine, avec laquelle en l'an 1105 il donna des privileges aux Bourgeois de Chiny. Il fonda le Priorée de Chiny pour l'ordre de S. Benoist, et apres la mort de sa femme, il se fit moisne en l'Abbaye de s. Hubert ayant procrée: 1. Otto second du nom, Comte de Chiny. qui continua la lignée 2. Louis. 3. Hadwigue de Chiny fut femme du seigneur de Cons, avec lequel elle donna 1088 la Priorée de S. Michiel, dit de Granuille sur les frontiers de Lorraine à l'Abbaye de St. Hubert.

V. Otto II. Comte de Chiny. Il donna au Monastère de S. Hubert les dismes de Frescheux proche de Givet et le Village de Flochimont. † 1131. Il eut à femme Alix, fille d'Albert III. Comte de Namur et d'Jde de Saxe, depuis une fille de Folmar Comte de Metz, morte en l'an 1125. Il eut de sa premiere femme: 1. Albert, qui suit. 2. Frideric de Chiny Prevôt de l' Eglise de Rheims. 3. Albero eveque de Verdun.

---

[15]) Sie ist von der, in dem Werke: L'art de verifier les dates, in mehreren Punkten, namentlich im Ausgange, abweichend. Für den letzteren scheint das hier mitgetheilte Epitaph der Margaretha maassgebend.

VI. Albert Comte de Chiny impetra de S. Bernard de pouvoir mestre en l'Abbaye d'Orval des Religieuses de l'ordre de Cisteaux, au quel il donna le Village de Blanche champagne des preries, bois, gardins et terres de quatre cents bonnieres avec plusieurs autres rentes et revenues. Il eut à femme Agnes de Bar, fille de Renaut Comte de Bar, dit le Borne et de Gillette de Vaudemont, avec laquelle il gist enterré au dit cloître d'Orval et trespassa en l'an 1163 ayant procrée de sa ditte femme: 1. Louis III. Comte de Chiny, qui continua la lignée. 2. Thiery de Chiny, Seigneur d'Estables et de Marlieres, 3. Arnou de Chiny, Evêque de Verdun 1172. 4. Fille de Chiny, femme du Seigneur de Hierges. 5. Ide de Chiny femme de Gobert II. Seigneur d' Aspremont, fils de Gobert I. & de Hadwigue de Ioigny. Il trespassa 1191 ayant procrée de sa femme: Godefroy II. Seigneur d' Aspremont, du quel sont descenduz les autres seigneurs et Comtes d'Aspremont et les Princes d'Emblise. 6. Fille femme du Seigneur de Walcheim.

VII. Louis III. Comte de Chiny † 1191. Il procrea de Sophie, sa femme, Louis IV. qui suit.

VIII. Louis IV. Comte de Chiny en l'an 1190. Il fit le voyage de la terre sainte accompagné de Thiebaut, Comte de Blois, Raoul, Comte de Clermont, Gerard Comte de Los. Sa femme étoit nommée Marguerite, sans qu'on a sçeu jusques ores decouvrir son surnom, de laquelle il eut une seule fille, Jeanne Comtesse de Chiny que suite.

IX. Jeanne Comtesse de Chiny, mariée en l'an 1226 avec Arnou, Comte de Los. Elle fonda avec lui la Ville de Momedy et trespassa en l'an 1263 (?) ayant procrée: 1. Louis V. Comte de Chiny, qui continua la lignée. 2. Arnou Eveque de . . . 3. Marguerite mariée avec Thiery, Seigneur de Heinsberg. 4. Julienne, Dame d'Emblise, fut femme de Nicolas seigneur et Baron de Kieurain et en eut une fille Isabelle, Dame de Kieurain et d'Emblisse femme de Godefroy seig. d' Aspremont. 5. Isabelle, mariée avec Thomas de Coucy, Seigneur de Veruin.

X. Louis V. Comte de Chiny et de Los. Il fonda le Clôistre et le Prioré de Suxi, et dota le Clôistre de Crusiers d' Juoix, lequel Marguarite, son Ayeule, avoit fondé en l'an

1236 et trespassn 1330 19. Janvier. Il eut en premieres nopcee
Agnes fille de Guy Comte de Namur, depuis il se remaria à
Jeunne Dame et Comtesse de Blamont, de la quelle il eut deux
fils et une fille à scavoir: 1. Thiery Comte de Los. qui trespassa sans generation. 2. Godefroy de Los, Comte de Chiny, du
quel on trouve une chartre donné en la ville de Momedy: Nos
Godefridus de Los, Comes de Chiny, notum facimus omnibus
presentes litteras visuris et legi andituris, quod nos ex certa
nostra voluntate, et habito consilio fidelium nostrorum ... Actum
anno 1350 feria sexta post festum sanctorum Jacobi & Christo-
phori. Il trespassa sans enfans et eut pour successeur sa soeur.
3. Marguarite apres le trespas de ses dits freres devient Comtesse de Los et de Chiny et eut pour mary Jean Duc de Lorraine † 1382, du quel elle n'eut aucune generation. Elle †
1372 1. Oct. et gist enterré en l'Eglise d'Orval au côté dextre
de l'Autel avec le suivant epitaph:

Hic jacet praestantissma et Illustris Domina Margarita
suo tempore Comitissa de Los et de Chiny, Ludovici, quon-
dam Comitis de Chiny ejus nominis V. et Joanne de Blamont
Comitissae unica filia, quae fuit postea Serenissimi et Illu-
strissimi Principis Joannis Ducis Lotharingiae uxor et conjux
qui Parisiis veneno vitam finijt a suis praeparato, cum Nea-
polim versus iter meditaretur ipsa die Cosmi & Damiani
anno 1382, quae quidam Margareta e vita decessit absque
liberis ipsa die sancti Remigii anno 1372 et hic sepulta
quiescit et quia sola vera haeres remanserat duo praedicti
Comitatus fidelitatis causa divisi alter ab altero fuere, pri-
mum de Los scilicet usurpavit Adolphus a Marcka, Leodien-
sis tunc temporis Antistes, post mortem Lodovici Comitis
praodictae Margaretae patris, qui obijt pridie Divi Sebastiani
anno 1330 utpote quem ejus avus Arnulphus posteritatis
spe destitutus vel diffusus, Hugoni antea Antistiti sponte
in Ara Divo Lamberto sacra obtulerat. Alter vero a morte
praedictae Margarethe recedit in potestatem Wenceslai
Luxemburgensis Brabantiae et Limburgi Ducis. Deus Op-
timus Maximus sit illi (sic) clemens et propitius. Amen.

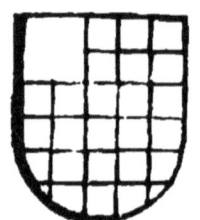

Aus dieser, wenn selbst unvollkommenen Genealogie geht doch soviel hervor, dass jener Thiery (Theoderich) von Chiny nicht mit unserem Theoderich v. Schinne identisch sein kann. Letzterer führt in seinem Siegel, welches an der Urkunde von 1256 hängt, ein geschachtes Wappen, in dessen rechtem Oberwinkel sich eine Vierung mit 5 Hermelinschwänzen (2. 1. 2.) findet. Ein geschachtes Wappenfeld haben geführt die Herren von der Aa, Arupsy, von der Bech, von Bockhoven, v. Dolendorp, von Hoemen, von Holtzbütgen, vom Hondert, von Mascherel, von Masel, v. Moeyenoort, v. Montfort, v. Printhagen, v. Randerode, v. Spalem, v. Spaue, Vell v. Weuelinghoven, v. Wail- oder Waldhaus, v. Waren. Es ist also ein Wappenfeld, welches sich zwischen Rhein und Maas findet. Darnach wird jener Theoderich wohl von dem Orte Schinne, Dorf im vormaligen Herzogthum Limburg, eine Stunde von Sittard an der Maas, seinen Namen geführt haben und mit den dort nahe wohnenden Hoemen, Montfort, Randerode, Vell und Wailhausen, eines Stammes gewesen sein. Leider wird wohl das weitere Schicksal des Schlosses Holstein bis zur Wiederauffindung des Archivs dieser Herrn von Schinne in Dunkel gehüllt bleiben.

2—3. Die Höfe Berensterz und Blec und die bergische Aemter Bornefeld und Monheim.

Der Hof Berensterz, den Andreas Stael v. H. mit seiner Frau Johanna von Landsberg gegen 1600 bewohnte, wird im Amte Bornefeld gelegen bezeichnet. Dieses herzoglich-bergische Amt umfasste einen Theil des heutigen Kreises Lennep, nämlich die jetzigen Bürgermeistereien: 1. Dabringhausen, bestehend aus den beiden Kirchspielen Dhün und Dabringhausen und der Honnschaft Niederwermelskirchen. 2. Lennep, Stadt und Aussenbürgerschaft. 3. Remscheid, bestehend aus der Stadt und den 9 Ortsbezirken: Birgden, Bliedinghausen, Ehringhausen, Fürberg, Hasten, Reinshagen, Schüttendell, Siepen und Stachelhausen. 4. Wermelskirchen

mit der Dorfhonnschaft, Oberhonnschaft und der Gemeinde
Fünfzehn Höfe, welche 1832 zusammen 27,216 E. zählten.
Im Bezirke dieser 4 Bürgermeistereien ist jetzt ein Beren-
sterz nicht mehr zu finden, nur Bärenhammer bei Lennep
und Börnstahl bei Reinshagen erinnern an den Namen.
Bleo ist eine Hofstatt in der Pfarre Monheim, Kreis
Solingen, 3 Meilen südlich von Düsseldorf, hatte 1832 in 14
Wohnhäusern 94 Einwohner.
Das bergische Amt Monheim, in welchem die Stael
mancherlei Besitzungen hatten, bestand aus 8 Kirchspielen:
Benrath, Himmelgeist, Itter, Monheim, Reusrath, Rheindorf,
Richrath, Urdenbach und hatte 1800 in 1724 Wohnhäusern
1816 Familien mit 8026 Einwohnern. Richrath war eine
für sich bestehende Herrschaft.

4—5. Die Rittersitze Clev und Düneburg, beide
    im Kreise Wipperfürt, Kirchspiel Cürten.

Rittersitz Clev liegt auf der äussersten Spitze des Ge-
birgskammes zwischen der kleinen und grossen Dühn, da,
wo beide sich vereinigen und angesichts der alten, von den
Römern angelegten Heeresstrasse von Cöln nach Wipperfürt.
Der Name kommt von Clivus und noch heutzutage bezeich-
net der bergische Volksmund Anhöhen durch „Clev oder
Cliv." Der Sitz gehörte zuletzt den Freiherrn von Driess,
welche darauf ein unrühmliches Ende nahmen. Johann
Henrich, Freiherr v. Driess, Herr zu Clev, hinterliess nämlich zwei Söhne. 1. Johann Adam, der Clev erhielt und
Johann Heinrich Carl, dem der Rittersitz Grundscheid zu
Theil wurde. Letzterer lebte nur der Jagd und dem Spiele
und hinterliess 1. einen Sohn Johann Friedrich, der 1747
Offizier zu Potsdam war, sich mit Anna v. Waldeck verheirathete, Grundscheid verkaufte und mit Frau und Kindern
nach Amerika auswanderte und 2. eine Tochter, Anna Clara,
welche den Schwertschmit Joh. Peter Broch zu Katernberg
bei Solingen heirathete. Dieser Ausgang war noch günstig,
aber anders bei Johan Adam. Dieser hatte einen Sohn,
Freiherrn Werner Wilhelm von Driess, der kein anderes

Glück kannte, als den Junker par excellence zu spielen. So lange die Jagd dauerte, wurde jeden Morgen unter Hörnerschall und Hundegebell in Begleitung vieler Jäger ausgezogen und bis Abends dem Wilde nachgejagt; war die Jagd geschlossen, so ritt er im blauen, goldgestickten Sammtrocke, rother goldgestickter Weste, mächtiger Allongerprücke zu Landtag, oder sonstiger ritterlicher Zusammenkunft. Wehe dem Bauer, der nicht, wo er erschien, auf 100 Schritt weit die Mütze abnahm, sich an den Weg, den er kam, aufstellte und ihn in ehrfurchtsvoller Verbeugung vorüberziehen liess. Die Hundepeitsche bestrafte jeden Zuwiderhandelnden und wer floh, dem wurden die Hunde nachgeschickt. Als Werner Wilhelm starb, waren die 100,000 Thlr., die er geerbt hatte, verschwunden, seine beiden Rittersitze verwahrlost und verschuldet. Sein Sohn Franz hatte zwar eine Freiin von Jülich geheirathet, aber sie war arm wie er selbst. Zuerst fristete er sein Leben durch den Ertrag der Jagd, dann verkaufte er seine Eichen, später seine Grundstücke und zuletzt die Thüren und Fensterladen seiner Burg, endlich die Burg selbst in einzelnen Theilen. Er starb in grösster Armuth. Die eine seiner Töchter ging betteln, die zweite heirathete den Scheerenschleifer Arnold Frasselt; sein Sohn ist in die französischen Aushebungsregistern als Holzschuhmacher eingetragen.

Die Düneburg, jetzt Ruine, liegt dem Sitze Clev gegenüber, auf dem rechten Ufer der kleinen Dühn, ebenfalls hoch. Beide Rittersitze gehörten zum vormaligen bergischen Amte Steinbach, in welchem die Stael viele Güter und Rechte hatten.

6. Rittersitz Dalhausen an der Ruhr und die
Herrn von Dalhausen.

Dalhausen, Dalhusen, Daelhusen, war ein Dienstmannsgut der Abtei Werden und lag nach den Behandigungsbriefen [16]) im Kirchspiel Wenegeren. Es gibt bei Werden viele Ortschaften dieses Namens, aber keine in dem jetzigen

---

[11]) II. 167.

Kirchspiel Wenegeren (Nieder - Wenegeren). Offenbar war dieses Kirchspiel vor der Reformation viel grösser und wurden Theile davon zur Errichtung von neuen Pfarreien abgerissen. Das Dalhausen, wovon hier die Rede sein soll, ist die Bauerschaft Dalhausen, gegenüber Niederwenigeren, auf dem rechten Ruhrufer in der Bürgermeisterei Hattingen, jetzt zur Pfarre Linden gehörig, 1818 mit 386, 1839 mit 692 Einwohnern. Diese Bauerschaft bildete früher eine einzige Hofesfamilie, an deren Spitze der Besitzer des Haupthofes stand, der als solcher mittelst Behandigung [17]) vom Abte zu Werden, als Oberherrn, eingesetzt wurde.

Die Geschichte dieses Hofes Dalhausen bietet einige für die Landesgeschichte nicht unwichtige Momente, die ich hier hervorheben will. In der ältesten Zeit nannte sich ein Geschlecht nach ihm, welches ein Pferdeprame im Wappen führt und deshalb mit den Bolicke, Carnap, Demen, Dick, Ense, Mecklinghusen und op dem Berg eines Stammes gewesen zu sein scheint. Es führte auch den Beinamen Halveren und hatte schon früh den Besitz von Dalhausen verloren. Es kommen davon vor: 1166 Hugo de Wengeren et Daelhusen, Propst zu Maria ad Gradus in Cöln. (Gelenfar.) 1227 Hermann, Marschall von Halveren, Zeuge in einer Urkunde des Erzb. Henrich von Cöln. 1268 Wilhelm v. Daelhusen (Fröndenberg). 1295 Gerwinus de D. 1280 Hermann v. D., Bürge des Herman de Foresto beim Grafen v. Berg. (Kremer III. S. 361.) Vielleicht gehören auch hierher:

Sigfried v. Daelhusen 1300, h. Mechtildis.   N. v. Daelhusen.

1. Herman v. D., ist als Neffe des Wilhelm und Heidenrich von Daelhusen, deren Zeuge 1345.
2. Theoderich 1300.
3. Henrich 1300.

1. Hermann v. D. wird 1317 mit seinen Brüdern Bürge für Gerard v. Witten, h. Hilberg 1323. 2. Henrich 1317.
3. Evert 1317.
4. Wilhelm 1317, wird 1333 Bürge, ist 1345 todt, h. Cunigunde.

Abstammung siehe S. 14.

---

[17]) Ueber die Behandigungsgüter s. d. Werke von Rieve u. Sommer.

Abstammung von 4. Wilhelm. S. 13.

---

1. Wilhelm v. D., Wilhelms Sohn 1311, überträgt mit
Zustimmung seiner Mutter, seines Bruders und seines
Neffen, Herman v. Dalhusen, Güter an Fröndenberg,
stiftet 1361 die Vicarie zu Elsen, ist 1362 Amtmann des
Grafen Engelbert von der Mark, verkauft 1387 mit seiner
Tochter Güter, h. N.

2. Heiden-
rich 1314.
1345.
3. Marga-
retha, h. N.
Pepersack.
1344.

---

1. Edelkind 1387. 2. Engele h. Diedrich N. v. Daelhusen genannt
   v. Galen 1387. 3. Nese. 4. Cune, Halvern ist 1351 todt,
   Nonnen zu Fröndenberg 1387. h. Gertrud, 1351 Wittwe.

---

1. Evert v, Halvern verkauft 2. Wilhelm v. Dael- 3. Edelund 1351,
135l mit Zustimmung seiner husen, gt. Halveren, Abtissin zu Frön-
Mutter, seines Bruders und 1351—1376, h. N. denberg 1367.
seiner Schwester Land. 1388.

---

1. Herman v. Daelhusen gt. II. 1379. 1383. 2. Herman v. Daelhusen
1339. (Kindl.) h. Aleid 1379. 1383. genannt Nygo 1372.

Imme v. D. gt. H 1379.

1337 vig. cath. Pet. verkauft Johann, Schulteis von
Crewinkel, mit Vrederune, seiner Frau, seinen Hof zu Dalhausen, Dienstmannslehn von Werden, an Henrik von Hardenberg, Knecht, für eine nicht benannte Summe, jedoch
behält Hadwig von Düngelen, des Verkäufers Schwester,
auf Lebzeit die Nutzung des Guts in der Lyndenbeck und
muss Käufer jährlich an Gertrud von Dalhusen, so lange
diese lebt, 6 Malter Roggen und 3 Malter Gerste nach Essen
liefern. Es sind Vermittler dieses Acts: Rütger Aschebrogch,
Amtmann zu Essen, Rütger v. Düngelen, Henrich de Schele
von dem Vitinchouc, Henrich von Düngelen, Arnold von
Horle, Richter zu Werden, Arnold von den Schepen, Richter
zu Hatnegge (Hattingen). Es siegelt der Verkäufer und
Henrich von Düngelen.

Im nächsten Jahre 1338 5. Dec. verkauft Graf Adolph
von der Mark dem Henrich von Hardenberg und dessen
Frau Gertrud, seiner Nichte, die Vogtei über Dahlhausen.
Die Urkunde lautet:

Wi Greue Alif von der Merke doit kundich al den
de desen breif seint vnde horet lesen dat wi mit willen vnser
vnser elicher husvroywen Margareten vnd vnser sone Engel-
brechtes vnd Alifues vnde ander vnser rechten eruen vnde
mit rade vnser vrunde hebbet verkoycht vnde ver koypen in
deysem gegenwordichen breyfe Henrich van Hardenberge
vnde Gertrud siner elicher husfroywen vuser nichten ind
irren rechten eruen de Vagdie van dem houe to Dalhusen
vnde van alden houen vnde alde luden de dar in gehoret vnde
aldat recht dat wi vnde vnse vorvarren bitte herto an der
voygdien gehait hebbet also dat sie alle irren willen vnd ir
orber mede doin mogen sunder vnse weder sprake vnde vnse
eruen vnde vnser amplude vmme hundert march godes geldes,
eyn alden konigestornos vor veir pening getailt vnde de an
vnse orbern komen sint vnde vns wol betalet sint. Vort so
gune wy in des, dat si den hoif to Dalhusen koipet vnde alde
houen vnde de lude de dar in gehoret weder den sculten van
Krawinel, also dat si al irren willen vnde irren nut mede
doin mogen sunder vnse wedersprake vnde vort mit aldus
gedaner vorwerden dat si de vaicht bede zetten mogen vnde
boren dar af to meye veir mare vnde to heruestte soiss mare,
vnde wy behalt van den voicht beden to mey dry mare, vnde
to herneste veir mare. vnde to middewinter dry mare, vor win
vore vnde vor alle vore der solet si da mede van vns quit vnde
ledich sin. Vort is he gevorwerdet vnde gededinget dat wi
vnde vnse eruen de vorgenomede tein mare geldes weder koipen
mogen mit hundert marken des vorgenomeden geldes — op sinte
Peters dach in dem winter, wan de vorgenomede Henric vnde
Gertrud beide nicht mer in sint vnde nicht er weder ir rechten
eruen, deise vorgenomede voygdie de hebbe wi dem vorgenomeden
Henric van Hardenberghe gelonet vor eyn ledych leyn vmme
leue vnde vmme vruntschaif. Alle dese vorgenomede vorwerde
de loue wi vnd sekert in goden truwen vaste vnd stede to
halden sunder argelist, da dit geddynget wart da was ouer vnde
ane her Dederic van der leten, her Henric van Wikkede
her Dederic van dem Vorste, her Herman van der
Molen, Henric den Schelen van Vitinghouen, Teme

de Scriuer, Arnolt van Horle, in eynorkunde vnde stedschoit aldeiser vorgenomede vorwerde hebbo wi greue Alif van der Marke vnso Ingesegel an dusen gegendwordichen breif gehangen. Deise breif is gegeuen na godes gebort — dusent yar dryhundert yar in dem acht vnd dertichsten yare op sinte klais auende. (W.)

1393 Geruasii et Prothasii wird Neuelinck van den Hardenberghe vom Werdener Abte mit dem Hofe Daelhusen, in der Pfarre Wengeren, belehnt und 1413 feria tertia post Bonif. resignirt er den Hof Dalhuss.

1403 vig. bt. Thome apostoli verkaufen Neucling von Hardenberg und Henrich, sein Sohn, dem Werdener Abte Adolph von Spygelberg eine Rente aus dem Hofe zu Dalhusen, den sie von der Abtei als Dienstmannsgut besitzen, wobei Heinrich von Oefte, Johann von Lüttelnawe und Johann v. Kukelsem den Brief mit besiegeln. (W.)

Nach Tode Roperts Stael v. Holstein ging Dahlhausen an die Freiherrn von Elberfeld über und zwar wurden damit belehnt:

Ropert von Elberfeld.

1. Henrich Johann v. Elberfeld. 1666 17. März. 1667 15. Dec. 1671 17. April mit Dalhausen belehnt.	2. Franz Sigismund v. Elberfeld zu Dalhausen, Fürst. Münster. General-Wachtmeister und Oberst eines Regiments zu Fuss, Obercommandeur von Vechta auch über die, zu Dienst der Hochmogenden Herrn Staaten überlassenen fürstl. Münsterschen Truppen commandirender General, 1707 3. März in Folge Cession seines Bruders Henrich Johann belehnt, 1710 Herr zu Herbede, Generallieutenant, h. Freiin von Galen, 1712 Wittwe.

Friedrich Christian, Freiherr von Elberfeld, wurde 1712 14. April und 1719 27. Nov., beidemal noch minderjährig, 1729 4. März als cöl. Cammerherr und münsterscher Hauptmann, 1762 26. Oct. als münsterscher Generallieutenant belehnt.

7—8. Die Rittersitze Graven und Lanquit, die Herrn v. Etzbach und Vellbrück.

Graven ist ein Rittersitz in der Bürgermeisterei Richrath, Herrschaft Windscheid, vormals im Amt Monheim, zwei Meilen südlich von Düsseldorf, nahe der vormaligen Grenzwehr, von der der dortige Hof Landwehr noch seinen Namen trägt.

Lanquit liegt nahe bei Graven in derselben Bürgermeisterei, Honnschaft Bergerhausen, ebenfalls im Amte Monheim des vormaligen Herzogthums Berg. Beide bestehen gegenwärtig nur aus 4 Häusern mit circa 25 Einwohnern. Sie haben fast immer dieselben Besitzer gehabt und zwar in ältester Zeit die Stael, von denen noch jetzt ein Hof in der Herrschaft Bergerhausen den Namen Staelshof führt. Mit Lanquit war eine Herrlichkeit über die dortigen Honschaften verbunden, insbesondere über Berghausen und Sloden, jetzt Schleid bei Monheim. 1281 trug Diedrich Vlecke, dessen Bruder Heinrich Stael hiess, Lanquit, Bergerhausen und Sleid dem Dynasten Henrich von Windeck zu Lehn auf. In der Mitte des 16. Jahrhunderts brachte Anna, die Tochter und Erbin Johans Stael von Holstein, Lanquit ihrem Manne, Wilhelm von Etzbach in die Ehe.

 Die Etzbach, welche in Silber einen schwarzen Adlerflügel (zuweilen auch einen ganzen Flug) führten, stammten von dem gleichnamigen Dorfe an der Sieg und waren im Amte Monheim begütert. 1335 war Heinrich v. Etzbach.  Knappe, Vasall des Grafen von Geldern, 1384 lebte Arnold v. E. und 1466—73 war Johan v. Etzbach Amtman zu Monheim, seine Frau hiess Margaretha. Beide kauften von Johan Pieck von Sleburg die Dückenburg. Von ihnen stammt die Linie der Etzbach zu Dückenburg, also:

Statius v. Etzbach zu Dückenburg, h. Angela v. Beuer, 1586.

Johann v. Etzbach zu Dückenburg, Amtmann zu Monheim, h. Marg. v. Metternich, Tr. von Bertram v. M. zu Schweppenburg.

Abstammung siehe S. 18.

Abstammung von Johann v. Etzbach. S. 17.

1. Friedrich Bernhard v. E., Amtmann zu Monheim, † coel. 1629.	2. Johan Died. v. Etzbach zur Dückenburg, berg. Landrittmeister, h. N. v. Impel, † imp. 2. Marg. von Neuhof, Tr. von Georg v. N. zu Elbroch und Metilde von Reuschenberg. 3. 1658 Clara Isabella v. Nechtersheim gt. Crümmel, † imp.	3. Eberhard Degenhard v. E. zu Langen in der Grafschaft Bentheim, h. Catharina v. Haen.	4. Werner. 5. Sophia v. E., h. Carl Anton v. Heddesdorf. ⟋
1. Mechtilde Elis. v. E., h. Franz Wilhelm Spies von Schimpern. 2. Maria Anna v. E. zu Elbroch, h. 1679 Wilh. Diederich von der Horst zu Rosau und Düssel.		5 Kinder.	N. v. Heddesdorf, h. 1. N. v. Mull. 2. N v. Reiffenberg. ⟋

Die Linie Etzbach-Lanquit pflanzte sich also fort:

N. v. Etzbach.

1. Wilhelm v. Etzbach, 1566 Herr zu Lanquit, h. Anna, Tochter Johanns Stael von Holstein, Erbin zu Lanquit und Graven.	2. Gisela, h. Joist v. Lüning 1579. ⟋
1. Gysela von Etzbach, Erbin zu Lanquit, h. Gerard von Aldenbrück genannt Vellbrück, in dessen Geschlecht Lanquit und Graven geblieben ist, bis beide, Ende des vorigen Jahrhunderts, durch die Erbtochter Maria Elis. v. Aldenbrüch Vellbrück an deren Ehemann Freiherrn v. Mirbach übergegangen sind, deren Nachkommen sie noch besitzen.	2. Johanna v. E., 1584 Wittwe, h. Johann von Ulfft zur Horst. ———⌣——— Alexander von Ulfft.

Bei Geldrischer Ritterschaft und im Stifte Vilich findet sich folgende Aufschwörung:

| Etzbach. | Beuer. | Vittinghof. | Unsta. |
| Metternich. | Westrem. | Zweiffel. | Hörde. |

Mit diesen Ahnen wurde Mettel Elis. von Etzbach im Stifte Vilich aufgeschworen. (Vergl. Fahne Bocholz 4. Bd. S. 33.)

9—13. Die Rittersitze und Höfe Eulenbruch, Endt, Eigen, Eschmar und das bergische Amt Lewenberg.

Eulenbruch ist ein Rittersitz im Kreise Mülheim, Kirchspiel Altenrath, auf dem rechten Ufer der Sülze nahe dem Kirchdorfe Rösrath, zwei Meilen südöstlich von Cöln gelegen, hatte unmittelbar ober dem Hause eine Mühle auf der Sülze und eine sehr ausgedehnte Jagd. Das dortige Schloss, welches Johann Gerhard Stael von Holstein erbauen liess und hier vorn abgebildet ist, stand noch bis 1800 in seinem vollen Glanze mit seinen grossartigen Treppen, seinen reichgeschnitzten, goldverzierten Thüren, seinen Goldtapeten und kostbaren Gobelins, dann aber kam rascher Verfall. Die einst glänzend situirte, beim churfürstlichen Hofe viel geltende, reichsfreiherrliche Familie von Franken, welche damals den Sitz besass, hatte mit dem Untergange der alten Regierung Geld und Einfluss verloren und Philipp, der Repräsentant der Familie, hatte nach dem Tode seiner ersten Frau, Josepha v. Frimersdorf, es seinen Verhältnissen angemessen gefunden, seine Dienstmagd zu heirathen, mit der er 5 Kinder zeugte. Diese stritten sich um den Sitz und theilten ihn, geriethen aber in solche Armuth, dass diejenigen, welche den linken

2*

Flügel in der Theilung erhalten hatten, die Fensterladen, Fusssockel, Treppengeländer etc. benutzten, um sich im Winter eine warme Stube zu verschaffen. Als ich 1839 dort eine gerichtliche Verhandlung vorzunehmen hatte, waren stellenweise die Fussböden unbewohnter Räume schon soweit verbrannt, dass man bis unter das Dach sehen konnte. Das Gebäude gehört jetzt einem Kaufmann und ist hergestellt.

In den Jahren 1610-1611 und 1612 wurde wegen Eulenbruch, damals Ulenbrock im Amte Lülstorf, Andries Stael v. Holstein zum Bergischen Landtage einberufen. (Fahne, Cöln. Gesch. II. S. XV.)

Endt, im vorigen Jahrhundert noch „angen endt" genannt, ist ein clevischer Rittersitz in der Pfarre Eppinghoven, Bürgermeisterei Götterswickhamm, Kreis Duisburg, ganz nahe der alten römischen Landwehr, mit der er in Verbindung stand.

Der Hof Eigen wird in den Urkunden bald zu Garderode (Garath bei Benrath), bald zu Berchausen im Kirchspiel Richrath gelegen, bezeichnet, [18]) lag also im vormaligen Amte Monheim. Er bestand 1832 aus 16 Häusern mit 83 Einw. und liegt jetzt in der neuen Pfarre Wald. 1399 besass ihn Lutter Stael mit seiner Frau Beatrix, 1433 Rabod Stael, 1443 Rabolt Stael. [19])

Eschmar, ein Gehöfte im vormaligen bergischen Amte Lewenberg, ist jetzt ein Dorf mit einer Wassermühle in der Bürgermeisterei Sieglar, nahe dem Einflusse der Sieg in den Rhein. Es hatte 1840 in 86 Wohnhäusern 375 E. 1423 besassen es Wilhelm und Wilhelm, Söhne von Diedrich Stael. [20])

Das bergische Amt Lewenberg bestand aus 8 Kirchspielen: Aegidienberg, Honnef, Kudehoven, Niedercassel, Obercassel, Oberdollendorf, Reith und Sieglar und hatte 1800 in 2005 Wohnhäusern 2436 Familien mit 9651 Einw.

---

[18]) II. 53. 73. 86. [19]) Eb. [20]) II. 133.

14. Hardenstein und die Grafen und Edelherrn von Hardenberg.

Hardenstein, einst Schloss, jetzt Ruine, auf dem linken Ruhrufer im Kirchspiel Herbede, Bürgermeisterei Blankenstein, Bauerschaft Vormholz, Kreis Bockum, ½ Meile westlich von Witten und 9 Meilen nördlich von Cöln. Es gehörte dazu eine Hauscapelle, der Hof Berschusen, Fischerei und das Recht (zur Viehtrift, Holzschaar etc.) in der Gemeinde Mark[21]) und war mit diesen ein Bestandtheil der unmittelbaren Reichsherrschaft Witten (siehe unten), von der es durch Theilung und Heirath an die Edelherrn von Hardenberg und weiter an die Stael kam.

Die Hardenberg haben, wie der Name andeutet, das Schloss Hardenstein gebaut. Diese Hardenberg waren einst ein mächtiges Grafengeschlecht,[22]) mit den Edelherrn resp. Grafen von Hückeswagen eines Stammes und führten in Roth zwei silberne Sparren. Ihre Herrschaft war Hardenberg mit den Dörfern Langenberg (jetzt Stadt)

---

[21]) II. 170. [22]) Es gab auch Hardenberge (von dem Sitze) bei Uetrecht und in Sachsen. Von den ersteren finde ich: 1233 Winnemar v Hardenberg, Ritter, Zeuge in einer Urkunde des Bischofs Willibald von Utrecht über die Stiftung des Klosters Schwartewater.

Steven von Hardenberg, Ritter, 1263 todt.

Hacke von Hardenberg, Ritter, wird 1263 vom Bischofe von Utrecht zum Burggrafen von Coevorden ernannt und huldigt ihm als solcher. (Orig. bei Spaen.)

und Neviges. Die Burg Hardenberg lag oberhalb Neviges
auf einem Berge, wo sich noch die Trümmern davon vorfinden. Sie soll schon zur Zeit Carls des Grossen gestanden
haben. Die Genealogie, welche auch den Uebergang Har-
densteins auf die Stael nachweisst, ist folgende:

N., Graf v. Hardenberg.

1. Hermann, Graf von Hardenberg, 1145 – 51 Zeuge in einer Urkunde
Kaiser Conrad III. (Tesch.) präsidirte 1148 als Vicegraf, an Stelle des
Pfalzgrafen Hermann, einem Placitum. (Kr. III. L.) 2. Nevelungus,
präsidirte 1148 an Stelle seines Bruders, des Grafen Herman, einem
Placitum zu Kreutzberg bei Kaiserswerth, unter den Freien 1151
Zeuge in einer Urkunde Kaisers Conrad III. und 1154 des Erz-
bischofs Arnold II. von Cöln. (L.)

1174 Diedrich v. H. zu Aachen Zeuge in einer Urkunde
Kaisers Friedrich I. 1217 Herman v. H. und sein Sohn
Henrich unter denjenigen, welche sich mit Graf Adolph von
Berg zum Kreuzzuge vorbereiten. 1227 Arnold v. H. Zeuge
in einer Urkunde des Erzbischofs Henrich v. Cöln (Steinen).

Neueling, Edelherr von Hardenberg, 1306 6. Juli Ritter und Zeuge
in einer Urkunde des Stifts Essen, vertauscht 1313 seine Tochter, ist
1315 19. Sept. bei der Sühne zwischen Adolf von Berg und Engelbert
von der Mark thätig. Er ist mit dem Grafen von Jülich in Fehde
und wird in dem Schiedsspruche vom 29. Oct. 1317 (L.) seinetwegen
bestimmt, dass der Graf Gerard von Jülich ihm soll 1. für seinen Antheil
an die Grafschaft Salm die vertragsmässigen 300 Mark zahlen und 2.
die Zehrkosten und den Pferdeverlust auf der Reise zur Kaiserwahl
nach Frankfurt ersetzen, weil er diese Reise mit Gerard auf
dessen Ersuchen übernommen hat; 3. für zwei versprochene und
gegebene, aber wieder genommene und an Walpod übertragene Höfe,
Burglehne von Broch, zwei ebensogute geben; 4. dem Sohne Neue-
lungs die versprochene Kirchenpfründe verschaffen, dagegen soll 5.
Neuelung auf eine Forderung von 100 Mark und auf die Mehrkosten
der Bewachung des Schlosses zu Werden, weil die Nahrungsmittel
im Preise gestiegen, verzichten. Schenkt 1329 mit seinem Sohne und
seiner Frau dem Kloster Elsey Güter. 1329 ist er bei dem Bündnisse
zwischen Graf Engelbert von der Mark und Stadt Dortmund (Fahne
Dortm. II. I. 118.), h. Clementia 1329.

1. Neveling 1329. 2. N., Priester. 3. Mechtildis, Bastardtochter,
erzeugt mit einer Leibeigenen. Der Vater vertauscht sie 1313 an den
Grafen Theoderich von Cleve. (Spaen.)

I. Henrich von Hardenberg, 1326 Hofes Schulte zu Bodenfeld, 1335-1338 Zeuge in Urkunden des Grafen Adolf von Berg, 1339 Amtmann zu Holte, siegelt mit den Sparren, 1340 Ritter, besiegelt als solcher mit den Grafen von der Mark und Nassau eine Urkunde (Orig. bei Spaen). 1343 Bürge für Graf Adolf von der Mark, 1349 für Graf Everh. v. d. M. und 1350 für den Grafen von Limburg (Kremer), hilft 1349 einen Vergleich zwischen Evert Vridag und der Stadt Dortmund schliessen. (Fahne Dortm. II. 291), erhält mit seinem Sohne 1355 vom Herrn Conrad de Roede den Zehnten zu Hoven (Gel. far.), 1355 der Alte genannt, verkauft mit seinem Sohne Henrich dem Jungen, die Herrschaft Hardenberg mit den Höfen Neviges, Melmershof und allen Leuten (Hörigen) in den Aemtern Neviges, Langenberg, Mettmann und Düssel für 6000 Mark an den Grafen von Berg und hält sich nur (einen Hörigen) den alten Seyper mit dessen Kindern und den Hof Bodesfeld, ein märkisches Lehn, aus (L.) Er und seine Nachkommen wohnten seitdem zu Hardenstein, h. N.

II. Henrich, genannt von Hardenberg, Henrichs Sohn, Herr zu Hardenstein, Hofes Schulte zu Bodenfeld, kauft 1347 von Conrad v. Elverfeld die Fischerei (die Urkunde folgt unten), wird 1349 Bürge für Everhard von der Mark (Steinen, wo sein Siegel Tafel 10 Nr. 16), 1355 mit seinem Vater, ist 1355 Ritter, als er den Verkauf von Hardenberg genehmigt (L.) und quittirt 4000 Mark auf Abschlag des Kaufgeldes (Kr. III.), hält sich 1361 ausser Landes auf (Fröndenb.), schenkt 1363 wachszinsige Leute der Capelle zu Hardensteinen, 1366 beim Vertrage zwischen Limburg und Brock (Kr. III. S. 70. 157.), h. Gertrud, 1337 (von der Mark, siehe oben Dalhausen) 1373—74 Wittwe. Sie verkauft 1373—74 mit ihren zwei Söhnen für 50 Mark Güter an den Grafen von Limburg.

2. Aleid genehmigt 1365 den Verkauf von Hardenberg.

III. Neueling v. H. 1369 mit seinem Bruder, verkauft mit ihm 1370 30 März eine Kornrente aus dem Gute Oeft (Fahne Dortm. II. 1-137.) 1373. 1374 mit seiner Mutter, 1378 mit seinem Bruder und seiner Schwester. Verpfändet 1380 Hardenstein an Graf Adolph von Cleve, verbündet sich 1384 mit der Stadt Cöln (A. II.) Er, seine Frau, seine Kinder und seine Schwester schenken 1385 dem Kloster Fröndenberg Land, unterwirft 1385 22. Febr. seine Leute der Herrschaft Hardenberg, so weit sie im Lande Berg

2. Henrich v. 1369-70 mit seinem Bruder, 1373-1374 mit seiner Mutter, 1378 mit seinem Bruder u. seiner Schwester. (Fröndenberg.) 1378 Feind der Stadt Dortmund. (bei Fahne Dort I. S. 92 das Weitere) schwört 1378, 29..Oct. dass Ag-

wohnen, dem Herzoge Wilhelm von Berg und gelobt ihm, den Schaden, den er an dem Hofe Berghausen verübte, während der Herzog vor Steinhaus lag, zu vergüten. (L.) gibt 1387 einige Dienstleute frei (Gel. far.) 1393 Herr zu Dalhausen mit seinem Sohne, verbindet sich 1395 15. April mit dem Herzoge von Berg gegen Jedermann, ausser den Grafen von der Mark, erhält 1397 zu Wesel den Wein eingeschenkt. Verkauft 1410 mit seinem Sohne dem Kloster Fröndenberg den Hof Borspede, den vormals Graf Engelbert von der Mark seinem Bruder Heinrich von Hardenberg übertragen hat, h. Christine 1385.

nes v. d Virbecke unschuldig verbrant sei. (Fahne Dort. 4. 290) will mit Engelbert v. Oefte den Herzog Wilhelm von Jülich in Cöln gefangen nehmen, wird dagegen von den Cöln. Bürgern ergriffen und sammt Engelbert enthauptet 1378.(Cöln. Chronik.) 3. Gertrud 1378-1385. † 1437.

IV. Heinrich v. H. zu Hardenstein 1385 mit seinen Eltern, 1410 mit seinem Vater. Verbindet sich 1427 mit Junker Gerard von der Mark. † 1463 h. Wilhelmine.

2. Hildenberghe 1385 mit ihren Eltern. 3. Gertrud 1385 ebenso.

V. Christine v. H., Erbin zu Hardenstein, h. Ruprecht Stael von Holstein, der 1437 sein Haus Hardenstein zum Offenhaus des Grafen von Cleve macht, ist 1448 Amtman von Neustadt. 1456 von Werden, 1461 Statthalter von der Mark, (II) 1462 todt, starb imp. und vermachte Hardenstein und seine anderen Güter seinen Brüdern.

Conrad von Eluerueld, Ritter, der sich selbst Herr nennt, Dedrat, seine Frau, Conrad, sein Sohn, verkaufen an Henrich von Hardenberg und dessen Frau Gertrud die Fischerei in der Ruhr 1347. (B.)

Ich Her Conrad van Elueruelde eyn ridder vnde Dedart min Husvrowe, vnde Conrad vnse sone vnde al vnse Rechten Eruen, doit kundich alden ghenen dey deisen breif ziet efte horent lesen, dat wy hebbet vor koft Heren Hinrike von Hardenberghe eynen Riddor vnde Gerdrud ziner Husvrowen vnde al iren rechten eruen vnse ouerste Visscherie ghelic dem Spike op in deme lo, dat hey dar inne mach visschen mit seghen vnde mit netten vnde mit aldem visschetowe dar en visscher mede visschen mach. Vortmer mach ich Her Conrad vnd min eruen visschen mit seghen vnde mit netten vnde anders neirghen mede. och mach ich Her Conrad mine molen legen opwart indat selue water sunder eyngerhande krot. Vortmer de stroit dey vor der brughen nider geit dey mach ich Her Conrad vnd Her Hinrich beiden diken vnd visschen. Vortmer were dat de Rure dar neder genge so mach Her Henrike visschen de stroet half mit al dem Visschertowen dar en visscher mede visschen mach. Vortmer mach ich Her Conrad vnd min rechte eruen dey vorghenomenden Visscherie wider kopen na iren Dode Heren Henrikes van Hardenberghe vnd ziner Husvrowen Gertrude weder er Rechte eruen op sunte petersdagh ad cathedram alle weghe achte daghe vor vnde achte daghe na sunder eynger hande wedor sprake vor vif vnd dertich maro gudes geldes eyn olden coynges tornois vor veyr penninge efte sin wert. — Al deise vorsprokene stoicke lous wy Her Conrad vnd vnsen Rechten eruen in guden truwen stede vnd vast to haldene sunder arghelist. Hür was ouer vnd ane Hinrich van Vitinchoue de Schele vnd Derich de Duchere, vme bede willen heren Conrades hebbe wii vnse in gheseghel mit heren Conrades seghel an desen breif gehangen. Datum Anno dni N⁰ CCC⁰ XLVij⁰ in vigilia pasche.

Weitere Nachrichten über die Hardenberg und das Märchen, welches bei Meibom Scrip. R. G. von Neueling v. Hardenberg erzählt wird, siehe in Fahne westph. Gesch. S. 194. Hardenstein kam von den Stael an die Laer zu Hoenlo (Gelderland), die an Reichsgraf Max v. Westerholt verkauften, dessen Enkel jetzt im Besitz sind. (Siehe unten Witten.)

15—18. Die Rittersitze Heisingen, Herbede, Horle, Honrath und Honscheid. Das Amt Blankenberg.

Heisingen, 6½ Meilen nördlich von Cöln, 4 Meilen nordöstlich von Düsseldorf, ist eine Dorfschaft in der Bürgermeisterei Kettwig, vormals Amt Werden, jetzt Kreis Duisburg, 1832 mit 801 Einwohner. Der Rittersitz darin hiess ursprünglich Hof Cofeld, später Haus Heisingen und gehörten dazu die Kotten: ther Linden, Vosses, Brünen, Grüwels, das Holzgericht zu Heisingen, die Mühle und Fischerei zu Schaephus, die Güter Wunc, Piepersbecke, Grundscheid, Tüschen, Heide,

Rindersberg, Weldinghausen, Overdorf, die Grüt zu Werden, und ferner die Güter Brechinghaus, Homberg, Kohlenberg in Hecking, im Kirchspiel Wenigeren. Der Sitz war der Abtei Werden lehnpflichtig. Es finden sich die Reverse der Stael v. Holstein über ihre Belehnung von 1464—1681 vor.

Herbede ist ein Kirchspiel in der Bürgermeisterei Blankenstein, Kreis Bochum, bestehend aus 5 Bauerschaften: Heven, Durchholz, Vormholz, Ost-Herbede, West-Herbede, 1839 mit total 3640 Einw. In Ostherbede liegt das Rittergut Herbede, wozu eine Kornmühle gehört.

Herl wird im bergischen Lehnregister als Hof, Erbe und Gut, an anderer Stelle als Burg, Hof und Mühle beschrieben. Es liegt im Kirchspiel Merheim, Kreis Mülheim, $^3/_4$ Meilen nordöstlich von Cöln in sehr fruchtbarer Gegend. Es war bergisches Lehn und wurden folgende Personen damit belehnt: 1403 Peter von Calcheim, 1450 Roprecht von Calcheim, der mit seiner Frau Friderica das Lehn an Gerard von Loe und dessen Frau Aleid verkaufte. Diese veräusserten 1486 an Bertold von Plettenberg, dessen Sohn Bertram von Plettenberg, Erbschenk von Berg, 1502 belehnt wurde, aber nur eine Tochter hinterliess, welche Herl und das Erbschenkamt ihrem Manne, Wilhelm Quad, in die Ehe brachte. Dieser wurde 1524, 1541 und 1548 belehnt und hinterliess eine Tochter, Agnes Quad, Erbin zu H., welche sich mit Otto Schenk von Nideggen verheirathete. Auch aus dieser Ehe war es eine Tochter, Anna, welche Herl in eine andere Familie, in die der Stael v. H. brachte. 1566 bat Otto Schenk v. N. seinen Lehnsherrn, den Herzog vom Berg, dass er seinen Schwiegersohn Robert Stael v. H. belehnen wolle, was unter dem Vorgeben, Herl sei Mannlehn, verweigert wurde. Es entstand Prozess, worin Schenk nachzuweisen suchte, dass das Lehn ein promiscuum sei. Erst als Schenk gestorben war, 1601 8. Febr. wurde Stael belehnt und 1602 zum zweiten Mal. 1639 musste (sein Sohn) Otto Heinrich Stael von Holstein zu Heisingen das Lehn als Mannlehn empfangen. 1645 jedoch wurde es ganz der Lehnschaft enthoben und zum adligen Sitz gemacht. Durch Anna Maria Stael v. Holstein kam Herl an deren

Mann, Conrad v. Nagel, mit dem sie 1702 zu Cöln testirte. [33]) Es blieb bis 1760 den Nagel, wo sie es an Herrn v. Mering verkauften. Jetzt gehört es dem Kaufmanne Bürgers in Cöln.

Honrath, 1333 Hainroyde [34]) geschrieben, so heissen zwei Kirchdörfer. Eins davon, Neuhonrath genannt, im vormaligen herzoglich - bergischen Amte Blankenberg, jetzt im Siegkreise, Bürgermeisterei Wahlscheid gelegen hat 2727 Einw, das gegenüberliegende Honrath nur 700 Einw., Der Sitz Honrath liegt in diesem auf einem Bergrücken mit Aussicht in das Aggerthal, desgleichen Schiefelbusch, wo von unten die Rede sein wird. Zu Neuhonrath aber gehörte der Rittersitz Auel mit einer Haus-Capelle.

Honscheid ein Weiler auf einer Anhöhe, am linken Ufer des Broelbaches, in der Pfarre Winterscheid, Bürgermeisterei Ruppichteroth, ebenfalls vormals zum Amte Blankenberg, jetzt zum Siegkreis gehörig, hatte 1843 18 Häuser mit 85 Einw.

Das bergische Amt Blankenberg bestand aus 19 Pfarreien: Blankenberg, Eitorf, Geistingen, Happerschoss, Hennef, Herchen, Honrath, Lohmar, Menden, Neuhonrath, Neukirchen, Niederpleiss, Oberpleiss, Ruppichteroth, Seelscheid, Steeldorf, Uckerath, Wahlscheid, Winterscheid, 1800 mit 20,922 Einw. in 5675 Familien und 5090 Wohnhäusern.

19—20. Die Rittersitze Ickern und Junker-Saurenbach und der Hof Ickte.

Ickern ist ein schön gebauter Rittersitz an der Emscher, in der Bauerschaft gleichen Namens, Pfarre Mengede, Kreis Dortmund, vormals Grafschaft Mark, Gericht Mengede, 1 1/2 Meile nordwestlich von Dortmund. Es gehört dazu eine Mühle. Die ganze Bauerschaft zählte 1839 337 Einw., war früher Eigenthum der Herrn von Ichorne, welche einen rechtsschrägen Balken, beladen mit 3 Madern, führte. Von ihnen kam sie an die von Eickel, oder Eckel. Maria von

---

[33]) Fahne, Cöln. Gesch. I. S. 299.
[34]) II. 15.

Eckel brachte sie durch Heirath an Heinrich Edelherrn von Lindenhorst, respective Grafen von Dortmund. Die letzte Gräfin von Dortmund, Catharina von Lindenhorst († 13. April 1534) schenkte sie ihrem Halbbruder, Robert Stael von Holstein, dessen Tochter Anna sie dem Gisbert von Bodelswing in die Ehe brachte. Durch Marg. v. Bodelswing, Tochter von Franz und Engel Gertrud von Neheim zu Werries kam Ickern an Diedrich Quad von Landscron, dessen Erben es noch im vorigen Jahrhundert besassen; seit etwa 60 Jahren gehört es den Freiherrn von Vincke.

Junker-Saurenbach ist gegenwärtig ein Hof im Siegkreise, Kirchspiel Ruppichteroth, 20 Minuten nördlich von letzterem auf dem Bergrücken, den die Bäche Broel und Waldbroel einschliessen, zwischen Ober- und Mittel-Saurenbaah, im vormaligen Herzogthum Berg, Amt Blankenberg gelegen. Er zählte 1844, wo das vormalige Herrnhaus daselbst, ein dreistöckiges Gebäude aus Haustcinen, circa 30' lang, 24' breit und 30' hoch noch stand, 23 Einwohner.

Ickte, jetzt Ickten, ist eine Bauerschaft auf dem rechten Ruhrufer, in der Bürgermeisterei Kettwig, Kreis Duisburg, vormals zu dem Amte Werden gehörig und 1832 aus 23 Wohnhäusern mit 204 Einw. bestehend. Erworben 1387 durch Lutter Stael kam er 1582 auf Robert Stail von Heisingen. (II. S. 42 und 218.)

21. Schloss Loe und die Wallach. Vogtei Langel.

Loe war ein festes Schloss, den Grafen von Cleve gehörig, und der Hauptsitz des Amtes Wallach, welches aus dem Kirchspiele Wallach und der Bauerschaft Bönning bestand und in dem landräthlichen Kreise Wesel lag. Das Kirchdorf Wallach liegt jetzt in der Bürgermeisterei Ossenberg und zählte 1832 mit dem Gehöfte Elverich und den Kirchdörfern Ossenberg und Borth, welche ebenfalls zur Wallach gehörten, 145 Wohnhäuser mit 900 Einw. Die Bauerschaft Bönning, jetzt ein Weiler, liegt in der Bürgermeisterei Veen und hatte 1832 in 22 Wohnhäusern 165 Einw. Das Schloss Loe lag in der jetzigen Bürgermeisterei Alpen, 300 Schritte nordwestlich von dem Dorfe Drüpt am linken

Ufer der von Alpen kommenden Ley, wo sich noch Trümmer davon finden, es scheint mit den Befestigungswerken der alten Römer zum Schutze der drei Castra: Vetera, Ulpia und Trajana in Verbindung gestanden zu haben, namentlich mit ihrem „Römergraben" und der riesigen Landwehr (über 200 Fuss breit) die noch jetzt von jenem Graben bis zum Orte Stadtveen erhalten ist und aus 5 auch 6 neben einander laufenden Wällen mit 6 auch 7 Gräben besteht, wie nachfolgender Durchschnitt zeigt.

Langel ist ein Dorf im vormaligen bergischen Amte Portz, am Rhein gelegen. Die Vogtei, welche die Stael dort besassen, mussten sie 1290 dem Grafen von Berg als Sühnopfer abtreten. Der Letztere scheint sie einem Aste der Nesselrode übertragen zu haben, denn von da ab kommt ein Geschlecht von Langel vor, welches einen oben und unten gezinnten Querbalken führt.

Das bergische Amt Portz bestand aus 17 Kirchspielen: Aldenrath, Bensberg mit Refrath, Dünwald, Dürscheid, Ensen, Flittard mit Stammheim, Gladbach, Heumar, Herkenrath, Immekeppel, Langel, Merheim, Pafrath, Sand, Urbach, Nieder- und Ober-Zündorf, 1800 mit 13,533 Einw. in 3135 Wohnh. und 2467 Familien.

22—23. Die Rittersitze Mühlfurt und Mutzenrath.
Das Bergische Amt Miselohe.

Haus Mühlfurt liegt 3 Meilen westlich von Düsseldorf und $\frac{1}{3}$ Meile südlich von Rheydt, in der Bürgermeisterei und

Pfarre Odenkirchen, Kreis Gladbach. Das jülichsche Lehnregister beschreibt es als: Hof, Erbe und Gut zu Muilfurt,
im Amte Grevenbroich und Gerichte Gerarde [15]) mit allem
seinem Zubehör. Das Dorf Mühlfurt neben dem Rittersitze
gelegen zählte 1832 82 Häuser mit 464 Einw. Im Jahre
1481 wurde Johan Stail von Holstein, Rabotz seligen Sohn
damit belehnt, dann 1563 Wilhelm von Etzbach und 1596
Anna von Etzbach, später Gerard von Aldenbrück genannt
von Velbrück, der es mit gnedigster Erlaubniss an Johann
von Märcken, Herrn zu Gerard (Gerath) 26. März 1637
verkaufte. Ende des vorigen Jahrhunderts sind die Eheleute
Stadeler im Besitz und wird 1779 deren Sohn Joseph Anton
Stadeler belehnt.

Mutzenrath (Mutii royda) 2½ Meile nordwestlich von
Cöln, bei dem Dorfe Stommeln gelegenen, gehört zu den
ältesten Sitzen des Landes. Das Herrnhaus daselbst, welches
ich vorstehend abgebildet habe, wie es noch vor 50 Jahren
bestand, ist theilweise aus vorgothischer Zeit. Die ersten
urkundlichen Besitzer davon waren die Herrn von Stommel,
(Stumbele) die dort auch die Herrlichkeit Fliehsteden, Drof

und die Sitze Polheim, Hasselrath, Gohr,
Aussum sowie einen Sitz in Stommeln, später
Roylshof etc. besassen und in Gold sechs
(1.3.1.1.) ins Kreuz gesetzte rothe Rosen
führten. Sie gehörten ursprünglich zu den
Dynasten-Geschlechtern und waren mit den
Dynasten von Reifferscheid verschwägert.
Von den Herrn von Stommel kam Mutzenrath an die Stael
also:

---

[15]) Die E. Viehbahnsche Ortsregister, S. 137 irrt also, wenn es
Mühlfurt zu der Unterherrschaft Odenkirchen, ohur cöl. Amt Liedberg zählt.

Ludwig v. Stommel 1257—1308.

1. Gerard 1316 Dapifer zu Bergheim 1332 Ritter, h. Anna von Reifferscheid Tr. des Edelherr Rudolf v. R. 1321. (F. S. 2. S. 92.)	2. Christian v. St., Canonicus und Thesaurar des Andreas-Stiftes zu Cöln.

1. Gottschalk v. St. 1315 Amtmann zu Turon a. d. Mosel. h. Ida 1333-1361.	2. Ludwig v. St. von ihm stammt die zweite Cölner u. die Neuenhofer Linie. 3. Mathias Ritter.	4. Roylf v. Stommel Ritter. Mit Erzst. Cöln in Fehde, trägt 1335 einen Hof bei Bergheim, dem Grafen R von Geldern und 1360 seinen Hof zu Polheim dem Grafen Diedrich v. Loen und Chini zu Lehn auf, † vor 1374.

Johann v. St. Stifter der Cölner Linie.	1. Roylf v. St. 2. Gerlach. 3 Conrad. 4. Berta. 5. Delie (odilie) Nonne zu Walburgisberg. 6. Hanne, Nonne zu Dünwald. Diese sechs verkauften 1374 29. Nov. unter Mitsiegelung ihrer Oheime: Ulrich von Holtorp, Ritter und Johann v Lülstorp Mützenrath an Wilhelm Stael von Holstein. (II. 35.)

Das bergische Amt Miselohe bestand 1800 aus 10 Kirchspielen: Burich, Burscheid, Leichlingen, Lützenkirchen, Neukirchen, Opladen, Schlebuschrath, Steinbüchel, Wisdorf und Witzhelden. In dreien derselben besassen die Stael Güter und Renten.

24—25. Herrschaft Nergena und Rittersitz Pesch.

Nergena, eine Herrschaft im vormaligen Herzogthume Cleve, jetzt im Kreise Cleve, Bürgermeisterei Kessel, Friedensgericht Goch, bestand aus dem Dorfe Nergena und den drei Weilern: Grunewald, Asperberg und Grafwegen zusammen im Jahr 1832 583 Einwohner. Das Schloss, welches bei Nergena stand und jetzt verschwunden ist, war ein viereckiges, von Thürmen flankirtes Gebäude, es war damit die Waldgrafengewalt über die dortige Gegend verbunden.

Von dem Rittersitze Pesch habe ich Bd. II. S. 22 das Nöthige gesagt.

26—27. Der Edelsitz Rheidt, Hof Rosenthal.

Reide, Royda, jetzt Rheidt, 3 Meilen westlich von
Düsseldorf [26]) war ursprünglich ein Dynasten-Sitz den Herrn
von Alpen gehörig, von denen ein Zweig unter dem Namen
von Reyde dort wohnte. Von diesen machte Johan, Herr
zu Reyde, 1358 sein Haus Reyd mit Vorburgen und allem
Zubehör zum Erbmannlehn und Offenhaus des Herzogs
Wilhelm von Jülich und Geldern. Als solches empfing Johann, Herr zu Reide „das Haus daselbst mit Thürmen,
Mauern, Gräben, Vorburg und allen Vesten" 1388 vom Herzoge Wilhelm von Jülich. Johann hatte einen Sohn Gerard,
der schon 1421 Ritter war und 1425 neben seinem Vater
vorkommt. Gerard hatte mit seiner Frau, Paitza (Beatrix)
von dem Botzelar, eine Tochter, ebenfalls Paitza genannt,
welche den Ritter Johann von Arendal heirathete und ihm
die Herrschaft Reide in die Ehe brachte. Letzter, der Herr zu
Well und Ritter war, empfing 1454 Reidt, Schloss, Vestung,
Vorburg und Herrschaft vom Herzoge Gerard v. Jülich und
Gerard von Loen, verübte aber von Rheidt aus Strassen-
räuberei, weshalb die Lütticher 1464 vor sein Schloss zogen
und es niederbrannten. Johan verzichtete vier Jahre später
zu Gunsten seines Schwiegersohnes, Wilhelm von Nesselrode
zu Stailberg (Stollberg) auf das Lehn. Dieser wurde im
selbigen Jahre als: Wilhelm von Nesselrode, Herrn Wilhelm
Fleck's Sohn mit „Schloss und Herrlichkeit von Reidt und
mit dem Mannlehn zu Gladbach" welche ihm seine Frau
Adriana von Arendal in die Ehe gebracht hatte, belehnt.
Im Jahre 1500 empfingen das Lehn in der Art, wie
Wilhelm von Nesselrode es besessen hatte, Henrich von
Biland und Johan Stail von Holstein zur Sülze. 1547 wurde
Adrian v. Biland, 1552 Otto v. Biland, Sohn Adrians, jülich-
scher Stallmeister belehnt und 1553 Irmgard Schenk von
Nydeggen, Otto's von Biland Mutter, damit beleibzüchtet.

---

[26]) Es gibt verschiedene Edelsitze dieses Namens, siehe Fahne
Cöln. Gesch. I. S. 354 und II. 115.

1636 vergleicht sich Rolman, Freiherr v. Biland, für sich und
seinen Bruder Arnold Adrian, mit dem Lehnsherrn wegen
des Lehns. 1686 überträgt Rolman v. Biland das Lehn mit
lehnsherrlichen Consenz seinem Sohne, Florenz Otto Henrich,
Grafen von Biland. Hierauf Prozess zwischen letzterem und
obigen Arnold Adrian, worin ersterer zur Herausgabe cum
perceptis verurtheilt wird. So gelangt Arnold Rolman v.
Biland in Besitz. 1701 wird dessen Sohn Arnold Xtoph Freiherr v. Biland und 1742 dessen Sohn Franz Freiherr von
Biland belehnt, als dieser 1753 unverheirathet starb, folgte
ihm sein Bruder Arnold. Die Ansprüche des obengenannten
Johan Stael v. H. der ein Sohn Wilhelms Stael v. H., Herrn
zur Sülze war, kamen von seiner Mutter, Aleid von Arendal,
Schwester der oben genannten Adriane, Ehefrau des Wilhelm
von Nesselrode. Jetzt besitzt Notar Pauls in Gladbach das
Schloss Rheydt.

Der Hof Rosenthal, den die Stael besessen haben, ist
wahrscheinlich das jetzige Ackergut in der Pfarre Paffrath,
Kreis Mülheim, vormals Herzogthum Berg, es gibt aber auch
ein Haus Rosenthal in der Pfarre Lieberhausen, Kreis Gummersbach, vormals Herrschaft Gimborn Neustadt.

28. Sitz Saal und die Fischerei in der Dühn,
Das Amt Steinbach.

Saal ist ein alter, grosser Hof in der Pfarre Bechem,
Bürgermeisterei Cürten, Kreis Wipperfürt, vormals Bergisch
Amt Steinbach, 2½ Meilen nordöstl. von Cöln, er wird jetzt in
Alten-Saal und Neuen-Saal getheilt, jener hatte 1844 22 E.
dieser 16 E. Mit dem Hofe war die Fischerei in der Dühn
von ihrem Ursprunge bis zum Frohnhofe im Amte Bornefeld verbunden, ein Bergisches Lehn, welches folgende Personen gemäss den Bergischen Lehnsregistern zu Lehn getragen
haben: 1446 Diedrich von Wintscheid, als Erbmannlehn;
1480 Engelbert von der Leyen (Neuhof genannt Ley); 1531
Wilhelm von Ossenberg; 1563 Wennemar Stael; 1600 dessen
Sohn Volmar nach Tode seines Vaters.

Das vormalige bergische Amt Steinbach bestand 1800

aus 10 Kirchspielen nämlich: Bechen, Cürten, Engelskirchen, Frielingsdorf, Hochkeppel, Lindlar, Overrath, Olpe, Thur und Wipperfeld, mit 16841 Einw. in 3796 Familien und 2458 Wohnhäusern. Aus diesem Amte trugen die Stael auch eine Jahrrente von 5 alten Schilden von dem Herzoge von Berg zu Lehn; 1510 wurde Diedr. Stail von Holstein, Herr zu Hardenstein auf Ablöse und Wiederanlage damit belehnt.

29. Schönholthausen und die Herrn von Snellenberg.

Schönholthausen ist ein Kirchdorf, liegt jetzt in der gleichnamigen Gemeinde, Bürgermeisterei Sterkenrode, Kreis Meschede, gehörte bis 1807 zum Amte Fredeburg, Quartal Bilstein, und wurde 1816 dem Amte Attendorn zugetheilt. Das Kirchspiel ist ein sehr ausgedehntes, von vielen Thälern durchschnitten, deren Gewässer Deitmeke - Girvelscheider, Fretter-Lürmeke-Bach und Grengelscheidsiepen [27]) sich in die Lenne ergiessen, es liegen darin die Rittersitze: Bamenohl, Frielentrop und Lenhausen und zählte 1839 2367 Einw. Den Besitzern von Schönholthausen standen mancherlei Rechte zu, sie hatten sogar ihre Leibeigenen; [28]) eine Urkunde in meinem Besitze bekundet dieses letzte Verhältniss also:

Ich Herman vonn Snollenberg zu Schonholthuisen thun hiemitt dissem offenen besegelten weisselbreino vor mich vnnd meine nciterben kunntt zeigenn vnnd bekennen, dass ich Agetenn Peter in der Smitten selligen dochter zu schonholt-huissen mein libes egene person oder Dotzlein dem Edelen vnnd Ernfesten Berendt Fogede zu Borrichhuisen vnnd seinen erben tho einer rechter steder erbwessel vbergelassenn vnd obergegeuenn vberlassen vnnd vbergeuen sie iu krafft dieses brieues meit aller eigenthumlicher vnnd angehoerigen

---

[27]) Unzweifelhaft nach einer daranstossenden vormaligen Strassensperre (Grengel) benannt.

[28]) Ueber die Ausdehnung der Leibeigenschaft in Westphalen, sogar auf den Adel, siehe Band II., Heft I, S. 62 dieser Forschungen

pflicht vnnd deinsten, wie sie mir darmit sunst lange verstricket gewesen vnd samptt· allen dennen kinderenn, die van erem lib geborenn moegett werden. Also dass sie Berndt fogett nhu mer geliches andrenn sinen egen zubehoerigen luiden vnderthenigh vnnd gehorsam sein soll mit ehr zu thun handelenn vnnd zulassenn nach seiner offte seiner erben selbst gelegenheitt vnd wolgefallen dar ahn keine ansprache beschein soll dan redden vnnd gelauenn (ich) dieser gethanter Wessel stede, vast, vollkommen Warschoff zu thun dewile mir ein schultbreiff hir auff oberantwortt. Allet nach altem herkommen vnd gebruch vur mich vnnd meine meitbeschreiuen vrkunndt der Warheit mein egen angeborn Ingesegell hirunden ahn dissen breiff wissentlich vnnd rectlichen doen hangen. Datum im Jahr 1584 den

 Der Tag fehlt in der Urkunde. Das Siegel hat, wie hierneben, einen breiten Schrägbalken, begleitet zu jeder Seite von zwei schmäleren; den Helme zieren zwei Wedel. Auf den Rücken des Briefes steht:

Erbwechselbreiff auff Agaten. Peter in der Schmitten dochter zu Schonholthausen, so ahn henrich auff der hoemoett zu Oistendorp bestadett.

Einige Glieder dieses Geschlechts führten auch statt der Zwillingsbalken mehrere, gleichbreite Schrägbalken neben einander. Das Feld war Gold, die Balken Roth. Ich finde folgende Besitzer:

Herman von Snellenberg zu Schönholthausen h. N. v. Hanxlede.

| 1. Herman v. S. zu S. h. N. Vogt von Elspe, Tr. von Bernard Vogt v. Elspe und Lucretia von Wetberg | 2. Apollonia h. 1. G. Dael zu Soest. 2. Diedrich Torok zu Vorhelm. |

| Henrich v. Snellenberg h. N. v. Oell, Tochter von Herman Oell und N. v Stael. Ihre vier Quartiere stehen hier neben. | Oell. **) Stael. Keye aus Landsberg. Liefland. |

**) II. 256. Anderweitige Nachrichten bei Fahne West.-Gesch. S. 357·

N. von Schnellenberg h. N. v. Fürstenberg.

N. v. S. h. N. von Heigge, Tr. von N. v. Heigge u. N. v. Plettenberg.

Elisabeth von Snellenberg h. Herman von Neyhof zu Ahausen gegen
' 1560—70.

N. v. Snellenberg h. N. v. Weschpfenning.

Johann v. Snellenberg zu Schönholthausen h. Maria von Schade,
Tr. von N. von Schade und N. von Keye aus Liefland.

Elisabeth von Snellenberg zu Schönholthausen h. Johann Stael
von Holstein gegen 1580—90.

30—31. Schiefelbusch und die Erbämter des Herzogthums Berg.

Schiefelbusch besteht jetzt aus mehreren Höfen im Kirchspiele Neuhonrath, Bürgermeisterei Wahlscheid, und gehörte bis 1805 zum Herzogthume Berg, dann bis 1815 zum Grossherzogthume Berg. Es liegt auf einer Anhöhe zwischen den steilen Thälern der Sülze und Agger bei Schachenauel, Althonrath gegenüber, 1½ Meile nördlich von Siegburg, ½ Meile östlich von dem Hause Sülze. Die Burg war für ihre Zeit bedeutend und einer der ältesten Sitze, der ihrer Zeit mächtigen Stael. Dieses war dann auch Veranlassung, dass Graf Wilhelm Berg sie ins Auge fasste, als er 24. Mai 1380 vom Kaiser Wenzel, neben der Befugniss, bei Feldzügen das kaiserliche Streitross am Zügel zu führen und bei feierlicher Tafel dem Könige vorzuschneiden, die Herzogswürde empfangen hatte. Er musste standesmässig als Herzog vier Erbämter für sein Land schaffen und dotiren. Er ertheilte demnächst:

1. Das Erbhofmeister- und zugleich Erbdrosten-Amt dem Ritter Wilhelm Stael von Holstein, verband es mit dessen Hofe Schiefelbusch und dotirte es mit 30 Gulden jährlich aus den Einkünften zu Mülheim am Rhein. Als Wilhelms Sohn, ebenfalls Wilhelm Stael genannt, dem Herzoge Feind und dessen Gefangener geworden war, musste er 1407 9. Juni auf beide Aemter verzichten. Das Erb-

hofmeisteramt von Berg ist seitdem unbesetzt geblieben; Erbdroste dagegen war 1445 Gawin von Swanenberg (L. VI. 324.)

Die andern Erbämter waren:

2. Das Erbschenkenamt. Der Herzog verband es mit dem Hofe Hasewinkel im Kirchspiele Leichlingen und übertrug es 5. Oktober 1380 an Conrad von der Horst. 1502 31. Mai wurde Bertram von Plettenberg damit belehnt, dann dessen Schwiegersohn Wilhelm Quad, hierauf dessen Schwiegersohn Otto Schenk von Nydecken, der seine Tochter Agnes Quad geheirathet hatte.

3. Das Erbmarschallamt wurde mit dem Hofe im Niersken, Kirschpiel Jssum, Cölnisches Amt Rheinberg, verbunden und 2. Mai 1380 der Ritter Heinrich von Wyenhorst damit belehnt, nachdem dieser den Hof zuvor dem Herzoge zu Lehn aufgetragen hatte. Letzterer gab als weitere Dotation 30 Goldgulden jährlich aus dem Zolle zu Düsseldorf.

4. Das Erbkämmereramt erscheint erst 1580.

32—35. Rittersitze Sechtem, Steinbüchel, Stall, und Stallsmühle.

Sechtem ist ein Kirchdorf im Kreise Bonn am Vorgebirge, hatte 1840 133 Wohnhäuser mit 775 Einwohner. Der dortige Saalweider oder Dreckerhof war ein landtagsfähiger Churcölner Rittersitz, den die Stael von Suthausen besassen.

Steinbüchel war ein schöner Rittersitz im ehemaligen Bergischen Amte Miselohe, ursprünglich zur Pfarre Richrath, später zur Pfarre Steinbüchel gehörig. Es schrieb sich danach ein Geschlecht, welches einen oben und unten gezinnten Querbalken führte. 1370 war Henrich von Steinbüchel Besitzer, von ihm fiel er auf Robert Stael und von diesem 1427 auf Henrich von Stammen (Stamheim), wie die Urkunden des Stiftes Mariae ad Gradus in Cöln berichten. 1740 war F. C. Freiherr von Forstmeister von Gelenhausen Besitzer.

Stall, ein Weiler im Kirchspiel Dühn, Bürgermeisterei Dabringhausen, Kreis Lennep, soll nach der Tradition der Wohnsitz des Stael von Holstein gewesen sein; gewiss ist, dass von ihnen das nahe liegende Dorf Stahlsmühle an dem Ufer der Dühn seinen Namen trägt. Dieses zählte 1840 120, Stall nur 30 Einwohner.

36. Rittersitz Steinhausen.

Steinhausen, Rittersitz, liegt auf dem linken Ufer der Ruhr, Kirchspiel Ober-Wengeren, Gemeinde Bommern, vormals Gericht Volmerstein, jetzt Kreis Hagen, unmittelbar am Flusse auf einer Anhöhe, die von der Ruhr und dem Hüttenbache umschlossen ist und sich ca. 100 Fuss darüber erhebt. Er gehörte zur Herrschaft Witten und wurde von deren Besitzern für eine jüngere Linie der Herrn von Witten erbaut. Von diesen kam er durch die Heirath der Jutta von Witten 1464 an deren Eheherrn Lutter Stael von Holstein und später 1732 28. Oktober durch Schenkung der Helena Margaretha Stael von Holstein und ihrer Nichte Maria Helena Stael von Holstein, beide Stiftsdamen zu Asbeck, als Letztlebende der Stael zu Steinhaus, an deren Vetter Friedrich Christian von Elverfeld, dessen Urenkel ihn vor einigen Jahren an Herrn Den Tex, Bürgermeister von Amsterdam verkaufte, der noch gegenwärtig Besitzer ist. Die Dortmunder, 700 Mann stark, eroberten das Schloss 1434, sechsten Sonntag nach Ostern und rissen es nieder, [30]) Hardenberg Stael von Holstein führte es 1529 ganz neu auf. Ein Seitengebäude ist von 1602; es hat über den Rundbogen seiner Eingangsthür das Staelsche Wappen und um den Bogen die Umschrift: Robert Stael von Holstein, Thvmevster zv. Hildesheim. hat. mich erbavet. Ueber dem Wappen findet sich eine Inschrift, von · der nur noch folgendes zu lesen ist . . . a. manier . . . n. cheval. affin. qve qvelqve

---

[30]) Chronik des J. Kerkhörde. Die Sühne von 1438 bei Fahne Dortmund II. 2. S. 270.

jovr. le. tire de peril. Die äussere Ansicht ist in der
Mitte des 17. Jahrhunderts von Jakob Stael von Holstein,
schwedischem General † 1679, nach der Natur gezeichnet worden; ich habe davon eine verkleinerte Abbildung auf Tafel
XII. des 2. Bandes gegeben. Auch ist jetzt der Zustand,
fast noch derselbe, mit Ausschluss des Herrn - Hauses,
welches ein neues Gebäude im Geschmacke der Jetztzeit ist.
Den alten Donjon liefert der vorstehende Holzschnitt in seiner
noch jetzt bestehenden Gestalt. Merkwürdig daran ist die
Treppenverbindung für unser jetziges, nervenschwaches
Jahrhundert zum Theil schwer ersteigbar.

Zu dem Sitze gehört eine Hauscapelle, welche, gegenwärtig noch erhalten, sich an der Südostseite des Herrn-
Hauses befindet. In ihr sind die Stael von Holstein dieser
Linie begraben und unter ihnen Hardenberg Stail v. H.
der Neuerbauer, wie die nachfolgende Abbildung seines
Grabsteines, der auf dem Boden vor dem Altare liegt, beweist. Sein Bildniss darauf hat, vor fast allen anderen, den
seltenen Vorzug, dass es nicht geharnischt oder sonst kriege-
risch bekleidet, sondern in bürgerlichem Anzuge dargestellt
ist, es behauptet also, trotz der Zeichenfehler, einen Platz in
der Custümkunde. Die Inschrift ist von besonderer Schön-
heit in ihren Buchstabenformen. Die beiden Wappen zu
Füssen des Dargestellten sind die Wappen seiner Eltern,
rechts (nach der heraldischen Regel gedacht) vom Vater,
links von der Mutter. Nach den Urkunden müsste die
Ahnentafel folgende sein:

Nevelinx Staol von Holstein. | Maria von Eckel h. 1455 16. März. | Rötger von Witten. | Catharina von Walsum.

Diederich Stael von Holstein, Herr zu Witten und Steinhaus. | Catharina voh Witten Erbin h. 1481.

(Hardenberg) Stael von Holstein, begraben zu Steinhaus.

Andere Grabdenkmale daraus lieferte ich Bd. II. S.
229. (vergl. S. 259.)

Ein einträgliches Zubehör des Sitzes war die Sondermühle auf der Ruhr.

36—37. Rittersitz Sülze und Staelshof.

Haus Sülze, 1 Meile nördlich von Siegburg, an der Sülze nahe ihrem Einflusse in die Agger, gehört zum Kirchspiel Altenrath, in dessen Kirche seine Besitzer die Familiengruft hatten. Seine herrschaftlichen Gebäude sind seit langem zerstört. Die Stael waren schon im Anfange des 14. Jahrhundert in Besitz und scheinen hauptsächlich von dort ihre Verbindung mit der Stadt Cöln gepflegt zu haben. 1499 wohnte dort Johann Stael von Holstein mit seiner Frau Aleid, wie eine Urkunde des bergischen Geschichtsvereins beweist, die umsomehr hier eine Stelle verdient, als daraus hervorgeht, in welcher Verlegenheit damals Landesfürsten waren, wenn es sich darum handelte, eine irgendwie ungewohnte Ausgabe zu decken. Beide Eheleute müssen nämlich die Sorge auf sich nehmen, dem Herzoge Wilhelm v. Berg 200 oberländische Gulden à 24 Weisspfennige, à 12 Heller (also circa 160 Thaler) zu beschaffen, die er für eine Reise nach Frankreich nöthig hat. Dieses gelingt ihnen dadurch nur, dass sie jene Summe auf ihren Hof zu Hammershouen im Lande Lewenberg, Kirchspiel Aldenrode, Hofgericht St. Jacobs auf der Scheiderhöhe aufnehmen.

Wir Johan Staill van Houlsteyn zor Sultzen Ailheit syn elige huysfrauwe doin kund also der durchluchtige hochgeboren furste ind here here Wilhelm hertzouge zo Guylche ind Berge grauc zo Rauensberge here zo Heynsberg ind zo Lewenburch etc. vnse genedigste leifste here ind lantfurste vns beweicht ind vermocht hait synen genaiden zu lenen eyne benoempte somme gelds zo synre gnaden Reysen in Franckrich zo zehen ind wir sulchen sommo gelds zo der zyt neit en hadden, ind doch des synen gnaden do zo willen syn wolden ind sulcher lenongen neit weigern noch geweigert han, ind gelt vpbracht in vnsen schaden So bekennen wir Johan ind Ailheit elude vurss, oeuermitz desen brieff, vur uns ind vnse erben, dat wir darvmb reichtz boscheidons orffskouffs verkoufft hauen ind in crafft dys brieffs, den erffkouff also beweren ind bevestigen, den eirsamen Heyntz Vlachen ind

Catherinen syner eliger huysfrauwen de ouch vur sich yre eruen
off behelder dys brieffs mit yren willen, vmb vns gegulden han
zehen ouerlentsche gulden als veir ind zwenzich wyspennynge
eynen der wyspennynge gelden zweilff haller erfflicher jaerlicher
gulde ind renthen ind dat vmb eyno bescheiden somme gelds
als nemlich vur zweyhundert ouerlentsche gulden, als veir ind
zwenzich wyspennynge der eyn zweilff haller gilt vur eynen
yederen der gulden gerechent, do sy vns an goiden harden
gulden payment na werongen als bynnen der stat Sigberch
do wale genge ind geue was an eynor gantzer alynger sommen
zo eyme mail oeuer gezalt geleuert ind zo danke wal bezalt
hant wilchen gelt wir Johan ind Ailheit vurss do van stunt-
an in sicher behalt ind behoif des egenanten vnses gnedigen
leuen hern, gewant, gekeirt, verricht ind vortan gehantreicht
ind geleuert hant ind hervmb sullen ind willen wir Johan ind
Ailheit vurss ader vnse eruen dat wir ouch he mit zosagen ind
geloucn, den vurss Heyntzen ind Catherinen eluden yren ernen
off behelder vurss de vurss zehen gulden erffrenten, geuen ind
bezalen alle jairs vp vnser leuer vrauwen dach assumptionis
anders genant cruytwyong off bynnen den veirtzehen dagen
yrst darna volgen vngevairlich sonder eynich langer verzoch
ind de leuern bynnen de stat Sigberch vry loss ledich kommer-
loss ind sonder alle besweirniss sunderlings sonder alle gebot off
verbot eynicher hern off eynicher sachen off hynderniss we sulch
benoempt ind angestalt werden moechte ind dat in yr vry sicher
behalt ind gewalt an goiden harden gulden ind siluern payment
so jairs bynnen der stat Sigberch wale genge ind geue wero
wilche erffrenthe vurss wir he mit bowysen ind verschryuen in
unsen hoff gebuwe ind gezymmer zo Hammershouen we der
im lande van Lewenberg in dem hoiffsgerichte sent
Jacobs vp der Scheyder hoe im Kirspel van Aldenrode
mit ackerlande bomgarten beenden eckernwasso buschen ind
velden in nassen ind drugen gelegen is oeueraldar van neit vys-
gescheiden, dannen vys wir off vnse eruen, sulche erffrenthe
jairs zo zyden ind in maissen vurss geuen leueren ind bezalen
sullen ind willen ind an der bezalongen ind leuerongen ensal
vns noch vnse eruen neit beschudden noch vntschuldigen eynich

miswas der fruchte off wyne rouff noch brant wede herskracht, gebot noch verbot eynicher hern off luden noch geyne sachen we de van gode off den luden zokomen moechten ind eyncherwyse wir off vnse eruen sullen geliche wall de vurss erffrenthe bezalen ind leueren jairs zo zyde ind in maissen vurss ind deden wir des also neit ind darane versumelich off bruchlich wurden in deyle off zomaile off den vurss hoff verkoufften versetten verdeilten off versplissen anter also vervallen ind vergaen leissen, dat de vurss renthe dairane neit jairs zo heuen ind nemen were, in wilchen punten ind deylen wir off vnse eruen also verbreichen alsdan ind so balde mugen de vurss Heyntz ind Catherina yre eruen off helder dys brieffs vurss den vurss hoff mit syme zo ins ind ingehuere, als yre verwillekurde ind verpeinde vnderpende ind vysserdingde goit zo eigendom angryffen off angryffen doin ind nemen mit gerichte off sonder gerichte sulch hanthauen, gebruchen, wenden, keren dae van dragen ind voeren des ghenen dar vp jairs wassen ind vallen wurde, ind dat so lange beherden bis en van allen ervallen ind vnbezalden termynen der erffrenthen. vurss ind allen vpkomyngen ind schaden volkomen genoegde ind bezalong geschein were, da mit de hoff ind syn zughuere vns ind vnsen eruen, als dan weder denen (dienen) zostaen ind doin sal na als vur beheltniss den vurss eluden yren eruen off beholder vurss dan noch deser verschryuongen bezalongen ind leuerongen, der jairlicher erffrenthen vnder penen der ervelnissen in maissen vurss ind wurde sache wyr off vnse eruen umb misszalong ind verbrechong den vurss hoff mit syme zobehuere veruallen leissen ind de vurss elude Heyntz ind Catherine yre eruen off beholder vurss an der angryffongen ind gebruchongen des vurss hoiffs mit syme zobehuere van vns vnsen eruen off anders yemant van vnsenwegen gehyndert off danaff gewert wurden richtlich off geweltlich sullen ind mogen Sy sich als dan sulchs ind alle yrs achterdeyls bekomen ind erholen an vns vnsen eruen off an vns ind vnse eruen lyuen hauen ind guederen beweglich ind vnbeweglich dar de befunden wurden ind gelegen weren vnss vnser eruen lyue hauen ind guederen darvmb bekumberen helligen halden ind besweren richtlich off sonder gerichte ind dat so lange doin

ind beherden bis zu volkomenen vyssrichtongen alles gebrechs
schadens ind achterstands dar vntgaen vns vnsen eruen noch
nemans van vns wegen ouch als dan neit zostaden komen sall
eynich geleide off vryheit eyncher hern land ind platzen so we
wir de hedden offen verkrigen moichten in eyncherwyse, ind wir
vertzyen darinne alles reichten, geistlich ind werntlich vns ind
vnsen eruen vntgaen innehalt dys brieffs zo staden ind den
vurss eluden yren eruen off behelder vurss zo vnstaden staen
ader komen moechten gentzlich ind . zomaill ind begeue sich in
zokomenden zyden also dat sich erfunde de vurss elude yre
eruen off behelder dys brieffs vurss mit desem brieue neit reicht-
lich ind wal verwart weren sullen wir off vnse eruen allezyt
darzo verbunden ind schuldich syn zo yren gesynnen eynen
andern brieff ind verschryuonge zo geuen, darmit sy in allen
formen der reichten wale an ind mit verwart syn ind blyuen
mugen sonder wederrede. Jnd wes de vurss elude, yre eruen,
off behelder vurss, vmb miszalong ind verbrechong eynicher
dynge vurss her vmb deden off vurkeirden, sullen sy allet reicht,
ind wat wir allet dar tgaen deden vnreicht an ind vnbillich
gedaen hauen, ind wurde her vmb sache, dat den vurss Heyntzen
ind Catherinen yren eruen off behelder vnrss vp de vurss zehen
gulden erffrenthen, eynche schutzong vrygelt vngelt off eynche
swaricheit off hynderniss gesat off vpgelacht wurde we sich
sulch begeuen off beneompt werden mochte in eyncherwyse
sullen wir Johan ind Ailheit vurss off vnse eruen affdragen off
selffs gelden also dat den vurss Heyntzen und Catherinen yren eruen
off behelder vurss de vurss erffrenthe jairs (drei Worte erloschen)
vry loss ind ledich van vns ind vnsen eruen van dem vurss in
verschreuen ind bewysten goide volgen ind geleuert werden sal
ind dat vnder senen ind verbunde des ervelniss in maissen vurss.
He inne hant wir Johan ind Ailheit vurss vns ind vnsen eruen
behalden dat wir eynchs jairs zokomen zo vnsen beston gevallen
vnser leuer vrauwen dach cruytwyonge of bynnen den yrsten
veirtzien dagen darna volgen ind dat na doide Heyntzen ind
Catherinen vurss, yren neisten eruen off behelder dys brieffs,
de vurss erffrenthe mit zwenhundert ouerlentschen gulden der
glicher gulden vurss in dem erschenen termyno zu verlichen

ind bezalen veyle vynden ind affgelden mugen ind dat ouch na breue ind segell, wir des hauen. Alle de vurss dynge gelouen wir Johan ind Ailheit vurss vur vns ind vnse eruen in goiden truwen ind gelouen, ind an eydes stat den vurss Heyntzen ind Catherinen yren eruen off behelder vurss vast stede ind vnverbruchlichlich zo halden ind dat sonder alle indracht ind argelist ind des zo eyme waren vrkunde ind vastem stede halden han ich Johan Staill vurss myn ingesegel, des ich Ailheit vurss mit myner wist ind willen in desen sachen mit gebruychen vur vns ind vnse eruen vur an desen brieff gehangen ind wir hant samt vort geboden den vesten R o l a n t v a n W a l d e n b e r g g e n a n n t S c h y n k e r n e dat hey syn segel by dat vnse mit an desen brieff zor kunden alre dynge vurss hangen wille. Des ich Rolant vurss bekennen gern gedain han vmb beden willen der vesten Johans ind Ailheiden vurss ind so wir Johann Stail ind Ailheit vurss alle de dynge in maissen vurst gedain ind gehandelt hauen vur den hoiffschultiss ind den hoiffsluden des hoiffs sent Jacobs op der Scheyderhohe so de vurss vnse hoff zo Hamershouven mit syme zogehuere vp den seluen hoff sent Jacobs vurss als hoeffsgoit dinckplichtig gehuerich is, sint wir Johan ind Ailheit komen ind erschenen vur de eirsamen J o h a n n M a c k e n b e r g zor zyt hoiffsschultiss Peter van Scherue ind Rembolt van der Sultzen hoifflude des vurss hoiffs ind vur den der vurss zehen gulden erffrenthen vysgegangen als des vurss hoiffs reicht is ind da by alle de vurss dynge vur den gehandelt ind bekant ind hant sy des geboden yre segele zo noch merer kunden ind gezuge alle der dyngen vurss mit an desen brieff zo hangen. Des wir Johan Mackenberg hoiffsscholtis Peter ind Rembolt hoifflude vurss vermitz desen brieff bekennen, dat alle de dynge vur vns in maissen vurss gehandelt ind gescheit synt ●euermitz vnse gewoinlich reicht ind vrkunde dae van vntfangen ind dem ewige kunde ind gezuch zo syn, ind da by mit geboden sin van dem vurss juncher Johanne ind junffer Ailheit desen brieff zo besegelen ind wir geyn eygen segel enhan so hant wir vort geboden den eirsamen ind geistlichen heren D e d e r i c h v a n R o r i c h C a m e r e r des goitzhuyss z o ·S i g b e r c h als vnsen reichten hoiffs ind leenheren des vurss hoiffs sent Jacobs op der Scheiderhoo, dat hey syn segel vur vns an desen brieffs hangen wille. Des ich Dederich Camerer vurss als eyn leenhere des vurss hoiffs bekennen gern gedain hau vmb bede willen mynre hoiffsscholtiss ind hoiffsluden vurss. Gegeuen in den jaren vns heren duysent veirhundert nuyn ind nuyntzich vp sent Bartholomeus auent des hilligen apostels.

Von Johann und seiner Frau Aleid kam Sülze auf Wilhelm Stael, der nur eine Tochter Aleid hinterliess, welche den Sitz dem Wilhelm von Bellinghoven (mit dem rothen Mauerankeranker in Silber) in die Ehe brachte und folgender Art fortvererbte. [31])

Wilhelm von Bellinghoven zu Grossen - Bernsau h. gegen 1510 Aleid Stail von Holstein, Erbin zu Sülze.

Adolph von Bellinghoven, Herr zu Sülze, 1582 todt, h. Gertrud von Elverfeld, Tochter von Caspar von Elverfeld zu Isenburg und Elise von Bremt, 1582—85 Wittwe. [32])

1. Catharina von B. erhielt Sülze, h. vor 1600 Otto von Selbach genannt Loe zu Menden und Siverich	2. Anna v. B. h. Caspar von Zweiffel zu Wahn 3. Helene v. B h. Wilhelm von Zweiffel zu Wissen, nannte sich auch Herr zu Sülze. [33])

Im vorigen Jahrhundert gelangten die Freiherrn und Grafen von La Valette St. Georg im Besitz von Sülze.

Staelshof lag in Urbach, einem Kirchdorfe an der Landstrasse von Cöln nach Siegburg, mitten zwischen beiden Orten. Es war dort eine uralte Wegesperre, die noch jetzt durch den Ort Grengel (einige Häuser) bezeichnet ist.

---

[31]) vergl Fahne Cöln. Gesch. I 23, dessen Bocholtz I. 2. S. 9.
[32]) vergl II. 211. 236 und Fahne Cöln Gesch I. 93.
[33]) II. 236.

38—39. Die Reichsherrschaft Witten, Haus Berge, Rüdinghausen. Die Herren v. Witten, Stael, Brempt, Recke.

Witten, vormals Kirchdorf, in neuester Zeit Stadt mit grossartigen Fabrikanlagen, war bis zum Untergange des deutschen Reichs eine unmittelbare Reichsherrschaft, die auf sehr alten, höchst wahrscheinlich römischen Einrichtungen fusste. Bei Witten ging eine uralte Heeresstrasse über die Ruhr, die weiter östlich jetzt unter den Namen „der Hellweg" (d. h. Heeresstrasse) bekannt ist. Witten war also ein wichtiger militärischer Posten, der die Communication aus dem Bergischen nach Dortmund, Soest und den übrigen unter römischer Verwaltung stehenden Orten offen zu halten hatte. Zu diesem Ende waren dem Besitzer der Herrschaft sehr bedeutende Privilegien eingeräumt, berechnet auf die Sicherheit und auf ein reichliches Einkommen für die Vertheidigungszwecke. Er hatte einen grossen Bezirk unter seiner Gewalt, er war darin der oberste Gerichtsherr über Eigenthum, Leben und Tod, hatte eine entsprechende Mannschaft unter seinem Commando, die, durch Staatsgüter belohnt, Interesse hatten, die Scholle und die Einrichtung zu vertheidigen; er besass eine, sich weit durch das Land, selbst über die Aemter Bockum und Hörde streckende Jagd, sehr einträgliche Mühlen,

49

die Fischerei in der Ruhr und das ausschliessliche Recht zur
Ueberfahrt über den Fluss, ein Recht, das noch jetzt mit
dem Hause Berge verbunden ist. [34]) Dieses Haus, dessen
Abbildung von der Landseite her ich vorstehend gebe, liegt
am rechten Ufer der Ruhr, dicht am Flusse auf einem Felsen,
der sich gegen 50 Fuss über das Wasser erhebt. Die Besitzer desselben waren die eigentlichen Herren und die Ge-
rechtsamen, die ihnen als solchen zustanden, ergeben sich am
Besten aus den Lehn-Briefen, welche die deutschen Kaiser
ihnen von Zeit zu Zeit ausgestellt haben. Sie haben fast alle
denselben Inhalt und deshalb gebe ich hier nur den letzten,
welchen Kaiser Franz 1751 22. October ausgestellt hat.

Wir Franz von Gottes Gnaden, Erwehlter Römischer Kayser
zu allen Zeiten Mehrer des Reichs, in Germanien, und zu Je-
rusalem König, Herzog zu Lothringen und Bar, Gross-Hertzog
zu Toscana, Fürst zu Charleville, Marggraf zu Nomeny, Graf
zu Falkenstein etc. etc. Bekennen öffentlich mit diesem Brief
und thun kund allermänniglich, dass Uns Unsere liebe andäch-
tige Theodora Sophia verwittibte von Schirp, gebohrne von
der Reck, demüthiglich angeruffen und gebetten, dass wir ihr
das Gerichte Witten mit seinen Zugehörungen, und die Mann-
Lehen, so etwann die von Witten zu Rüdinghausen inn-
gehabt und getragen haben, und verschienen Jahren weyland
Kayser Maximilian der erste mildseeligster gedächtnus weyland
Heinrich von Brembdt als verschwiegen Reichs Lehen zur
rechten Erb Lehen aus Gnaden angesetzet und verliehen und
hierauf von weyland Kayser Ferdinand den anderten Hochmild-
seeligster gedächtnuss Lubert von Brembdt, vom weyland
Kayser Leopold, glorwürdigster Andenkens aber ihr Gross Vatter

---

[34]) In den ältesten Zeiten wurde die Ueberfahrt durch eine stei-
nerne Brücke in der Nähe des Richermanns Hofes zu Bommeren
(Bodenborne) vermittelt; sie gehörte 1337 Bernd v. Witten, 1426
Rötger und den beiden Brüdern Franco und Henrich v. Witten.
Später ist sie (durch das Wasser) zerstört und wurden 1503. 1553.
1675 vergebens Anstrengungen gemacht, sie wieder aufzubauen; es
fehlten die Mittel.

weyland Gerhard von der Reck, unterm dato den Sechze-
henden decembris Anno Sechzehenhundert Sechzig, jhr Vatter
Gerhard Wennemar von der Recke, den zwölften July
Sechzehenhundert und Sechzig und jhr Bruder Gerhard von
der Recke den Acht und zwantzigsten Juny Sechzehenhundert
vier und Neuntzig, imgleichen von weyland Kayser Josepho
Christmildesten Andenkens derselbe mehr unterm dreysigstem
January Siebenzehenhundert und Acht, dann von weyland Kayser
Karl dem Sechsten, glorwürdigster Gedächtnus, derselbe eben-
falls unterm Sechzehenden Marty Siebenzehenhundert dreyzehen
nicht minder von Unsern nächsten Vorfahrer am Reich, weyland
Kayser Carl dem Siebenden den Vierzehenden Augusti Siebenzehenhundert vier und viertzig, loztens aber von uns den
Sechsten February Siebenzehenhundert Sieben und Viertzig zu
Lehen empfangen, und getragen hätte, jhr aber nunmehro nach
tödtlichen Abgang ihres erstbesagten Bruders, Gerhard von der
Reck wiederum von Uns als jetz regierenden römischen Kaysern
zu Lehen zu ersuchen und zu empfangen gebührote, zu Lehen
zu verleihen gnädiglich geruheten; das haben wir angesehen
ernannter Theodore Sophie verwittibter von Schirp, gebohrner
von der Recke, demüthige zimliche Bitte, und darum jhr die
obbestimmte Lehen samt allen ihren Nutzungen und Zubehörungen, laut der alten Lehen-Briefen darüber sagend, zur rechten
Erblehen gnädiglich verliehen, als mit Nahmen Unsere Herrschaft
Witten auf der Ruhr mit dessen hohen Obrigkeiten, Herrlichkeiten, und Gericht über Halss und Haubt, und mit dessen
hernachbezeichneten, das Hauss Kringeldantz untertragene Mann-
Lehne, Wahrungen, zum Ersten das Steinhaus auf der Ruhr
mit seinen Zubehörungen, Hartenstein, Reichel, Schle-
busch, Brüggeney, Munckel-Beck, Brick, Waitmar,
Seevinghausen, Stain-Kaulen, Rawe-Höfe, Wiese-
forsch, daselwe zu Rär, Enkelinghoffen zur Heirnharpen,
Fillinghoffen, alten Mengode, Katzenstertze, Backlon, Ricklinghausen, Schaffesen, Hemmieren,
Landthusen, Grossholz, Heidhoffen, und Wixburg
und Worth mit der Freyung des Holtz, Gerichts, Marcks-Zolles
Zehends, Brüggen Recht über die Ruhr, Kirchenlehen, Mühlen-

Zwang zu Witten und Langendreer, Wasser auf der Ruhr, sonder
Mühlen, Schlacht und Krippe, Drifft und gemarcken, und der
Wittenscher Hof zu Dürstfelde, zehenden zu Ostpel Storckum,
habenscheiden und Wanden, nicht weniger der Adelichen Sitz
K r i n g e l d a n z wie der in seinen greffen, Mauern, Aeckern, Wiesen
und Holtzungen über dem Hauss gelegen, als mit Nahmen das
Wieschenholtz, Remelseip, Brandelholtz, Marckensweich und Dal-
hauser Holtz mit sammt den Potthoff, Buchholtz und Hügenberg, wie solche Gütter alle von Unsern Herrn und Vorfahren
Römischen Kaysern zu Lehen gehabt, und getragen worden.
Verleihen ihr die auch hiermit wissentlich und in Krafft dieses
Briefs, was wir ihr von Rechts und gnadenwegen daran verleihen sollen und mögen, also, dass gedachte Theodora Sophia
verwittibte von Schirp, gebohrene von der Reck solche Lehen
hinführo Lehensweiss innhaben, besitzen, auch Uns und dem
heiligen Reich von solcher Lehen wegen, getreü, gehorsam und
gewürthig seyn, sich damit, wie Lehens- und des heiligen Reichs-
Rechte und Gebrauch ist, halten und thun, auch alle Sorgfalt
anwenden sollen, damit die ohne Lehen-herrlichen Consens ab-
kommen, oder veräusserte ohnstreittige Lehens-pertinentien förder-
samst wiederherbeygebracht, und mithin das Lehen völlig er-
gäntzet werden möge, doch uns und dem heil. Reiche, und sonsten
männiglich an seinen Rechten ohnvergriffen und ohnschädlich;
Und solches alles getreulich zu leisten hat Uns mehr ernannte
Theodora Sophia verwittibte von Schirp, gebohrne von der Recke
durch ihren vollmächtigen Anwalt Unsern, und des Reichs lieben
getreuen Frantz Xaveri Franck, Agenten an Unserm Kayserl.
Hof, Krafft vorgebrachten schriftlichenGewalts, gewöhnliche Lehens-
Pflicht und Eyd gethan, sonder Gefährde. Mit Urkund dieses
Briefs, besiegelt mit Unsern Kayserl. anhangenden Insiegel, der
geben ist zu Wien den Zwey und Zwanzigsten Tag Monaths
Octobris, nach Christi Unsers lieben Herrn und Seeligmachers
gnadenreichen Geburt im Siebenzehnhundert Ein und fünfzigsten
Unsers Reichs im Siebenden Jahre.

Frantz　　　　　　　　Ad Mandatum Sac: ae Cœs ae.
　　　　　　　　　　　　　Majestatis proprium
　　　　　　　　　　　　　A n d r e a s　M o h r.

4*

Man sieht hieraus, dass mit der Herrschaft nicht weniger als 20 Rittersitze: Alten Mengede, Baclon, Bricke, Brüggeney, Encklinghoven, Fillinghouen, Hardenstein, Henrich-Harpen, Katzensterz, Kringeldanz, Munckelbeck, Rauwenhof, Recklinghausen, Reichel (Rockholt), Sevinghausen, Slebusch, Steinhausen, Steinkaulen, Weitmar, Wiesen (Wische) verbunden waren und ausserdem noch 6 Mannlehen.

Die Ortschaften dieses kaiserlichen Lehnbriefes und der ihn vorangegangenen, von denen einige mehr Pertinenzstücke aufzählen, haben gegenwärtig folgende Lage: 1. Alten-Mengede, Rittergut mit Bauerschaft an der Emscher Bürgermeisterei Castrop, grenzend an 2. Backlon, jetzt Baukloher-Haide, Höfe in der Bürg. Lünen, Gemeinde Lindenhorst an der Strasse von Dortmund nach Lünen. 3. Brandhausen, drei Kotten in der Bürg. Enneperstrasse, Thal der Ennepe. 4. Brüggeney, jetzt verschwundener Rittersitz an der Ruhr, in der Bürg. Blankenstein, Kirchs. Stiepel [55]); eine Ruhrschleusse daselbst trägt von ihm den Namen. 5. Bucholz, Bauerschaft im Kirchs. Stiepel an der Ruhr. 6. Dursfeld, jetzt Dorstfeld, Dorf bei Dortmund. Die Witten besassen dort einen Hof. 7. Encklinghofen, jetzt Eichlinghofen, Kirchdorf in der Bürg. Hörde am Hellwege, d. h. der Heeresstrasse von Witten über Unna nach Soest. 8. Fillinghoffen, jetzt Wellinghoven, Kirchdorf Bürg. Lütgendortmund am Ardey und südlich am Hellwege. 9. Gross-Holtz, jetzt wohl Haus Holte in derselben Bürg. am Hellwege. 10. Habenscheid, jetzt Hafkenscheid, Rittergut mit Bauerschaft in der Bürg. Bochum an der Landstrasse von Essen-Bockum nach Crengeldanz. 11. Hardenstein, das oben S. 21 beschriebene Schloss. 12. Heidthoffen, später Heidhoff, jetzt Bocks-Platz, Hof in der Gemeinde und Bürgermeisterei Pelkum, nahe der römischen Landwehr. 13. Heirnharpen, d. h. Heinrichs-Harpen im Kirchs. Harpen, Bürg. Bochum, nördlich der Strasse unter 10. 14. Hemmieren, jetzt Hemer Kirchdorf bei Iserlohn, Bürg. Hemer. 15. Heve, Rittergut mit Mühle in der Bürg. Bochum,

---

[55]) Seine ersten Besitzer bei Fahne westph. Geschl. S. 80.

Kirchs. Uemmingen, an der Strasse unter 10. 16. Hügenberg, Hagenberg Hof, unweit des Heidhofes, im Kirhs. Flie-
rich. 17. Katzensterz, nicht zu ermitteln. 18. Kringeldanz,
jetzt Krengeldanz mit dem Rittersitze Langentreer, Bürg.
Witten, Knotenpunkt des Hellweges und der Strasse unter
10.- 19. Landhausen, Dorf bei Hemer. 20. Munckel-Beck,
nicht zu ermitteln. 21. Oespel, Dorf in der Bürg. Lütgendortmund, nördlich am Hellwege. 22. Potthoff, jetzt am
Pöthen, Hof in der Bürg. Ennepe, Gemeinde Myhlinghusen.
23. Rör und 24. Rawerhof nicht zu ermitteln. 25. Ricklinghausen, jetzt Rehlinghausen, Hof in der Bürg. Bochum,
Landkirchspiel, bei Heve und der Strasse unter 10. 26. Ri-
chelt, Rocholt, Rittersitz in der Bürg. und Pfarre Volmerstein,
auf dem Bergrücken zwischen Ruhr und Ennepe. 27. Rüdinghausen, Rittersitz mit Kirchdorf in der Bürg. Hörde
nahe bei Witten südlich vom Hellwege. 28. Rüggeberg, Kirchdorf an der Ennepe, Bürg. Ennepe. 29. Schaffensen, jetzt
Schaafhausen, Rittersitz in der Bürg. Werl, Gemeinde Weluer,
nahe dem Hellwege. 30. Seevinghausen, Rittersitz und
Bauerschaft in der Bürg. Wattenscheid, nördlich an der
Strasse unter 10. 31. Stain-Kaulen, jetzt Stein-Kuhle, Rittersitz mit Bauerschaft in der Bürg. Bochum, südlich an der
Strasse unter 10. 32. Steinhaus, Burg, von der oben S. 38.
die Rede war. 33. Storckum, Stockum, Bauerschaft in der
Bürg. Lütgendortmund am Hellwege. 34. Waitmar, jetzt
Weitmar, Rittersitz mit Kirchdorf in der Bürg. Bochum,
südlich der Strasse unter 10 und an der Strasse von Hattingen nach Bochum. 35. Walden, in anderen Briefen Wanden,
wahrscheinlich Wannen, Bauerschaft an der Ruhr bei Heve.
36. Wiesche von dem jetzt nur noch die Wieschermühle im
Kirchs. Harpen übrig ist. 37. Wixburg, Kotten bei Hemer.
38. Worth, Hof in der Bürg. Enneperstrasse auf dem Bergrücken zwischen Ruhr und Volme [36]).

---

[36]) Ich zweifle, dass dieser Hof hier gemeint ist und glaube, dass
statt Worth, Vorth, d. h. ferner gelesen werden muss. Der Schreiber
des Lehnbriefes scheint nicht nur diesen, sondern noch andere Fehler

Von diesen gehörten Bucholz, Hügenberg und Pott-hoff zunächst unter Krengeldanz und mit diesem unter Witten, Fasst man nun alle diese Besitzungen im Ganzen auf, so scheinen sie immer mehr die Ansicht zu verstärken, dass sie ursprünglich zur Bewachung und Beschützung des Ruhrüberganges, der damit verbundenen Heeresstrassen und der umliegenden Landwehr gegründet und um die, für diesen Zweck nöthige einheitliche Führung zu sichern, unter die Herrn zu Witten gestellt sind

Alle Einwohner der Herrschaft (ursprünglich Hof ge-nannt) waren freie [37]) Reichsleute und als solche mit besondern Privilegien begnadigt und gekräftigt, so dass Witten also eine Machtstellung hatte, wie sie in der deutschen Vorzeit nicht häufig gefunden wird. Hoffentlich wird sein wichtiges Archiv, welches Herrn Friedr. Lohmann, als jetzigem Besitzer des Hauses Berge und der damit verbundenen Theile der ehemaligen Reichsherrschaft gehört, bald einen Bearbeiter finden.

 Die ersten Herrn der Herrschaft führten nach ihr den Namen und in ihrem Wappen quergetheilt, unten Silber, oben in Roth zwei mit dem Rücken gegeneinander gekehrte goldene Löwen. Sie gehörten zu den Edel-herrn, und sind von drei andern gleichna-migen Geschlechtern [38]) wohl zu unter-scheiden. Ich habe schon in meiner Ge-schichte der westphälischen Geschlechter S.

---

veranlasst zu haben, so kann unmöglich der Vater 1660 12. Juli die Belehnung empfangen haben, wenn sie der Grossvater erst 16. Dec. 1660 empfing. Wisseforsch ist ebenfalls Fehler, wahrscheinlich statt: Wiese, Forsch (Ersteres ist das obige Wiesche, Letzteres unbekannt, vielleicht ebenfalls forth) und statt Bricke ist Brincke zu lesen, das heisst auf'm Brincke, Weiler bei Pelkum.

[37]) Die Stadt Dortmund hat darüber 1506 5. Oct. aus ihren alten Büchern ein Zeugniss ausgestellt. [38]) Die drei anderen bei Fahne westph. Geschlechter S 414.

415 Nachrichten von ihnen geliefert und einen Stammbaum
nach Steinen, den ich für irrig halten musste; ich kann jetzt
jene vermehren und diesen verbessern. 1216 Friedrich von
Wittene Zeuge als Jonathan von Ardey dem Stifte Scheda
das Patronat der Kirche zu Mengede verleiht. (Stift Scheda)
1269 Herman v. W. Ritter, Burgmann zu Limburg. 1270
Hermannus de Wittene beim Friedensschluss zwischen Theoderich, Grafen von Limburg und der Stadt Dortmund (Fahne
Dortm. II. I. S. 50) 1282 Hermanus de Wittene nobilis
Greite seine Frau. 1284 Herm. v. Witten, der Jüngere. 1293 Con-
rad v. W. Propst zu Scheda (Stift Scheda). 1319. Ritter
Gerard v. Wittene vermittelt einen Frieden zwischen den
Gebrüdern von Hörde und der Stadt Dortmund (Fahne
Dortm. II. I. S. 105). 1342 Gert v. W., Droste zu Wetter.
1343 Gerard v. W. Knappe und Amtmann im Bündnisse
des Grafen Adolph von der Mark mit der Stadt Dortmund
(Fahne Dortm. II. 2. S. 81—99). 1360. Evert v. W., Bürge
für Henrich von Hardenberg. 1367 Herm. v. W. zu
Rudinghus und Evert v. W. Zeugen bei einem Vergleiche
Conrads von Elverfeld mit Neuelung und Henrich von Har-
denberg wegen der Mark zu Herbede. 1371 Hermann v.
Wittene zu Rüdinghausen und sein Sohn, Hermann, Zeugen
in einer Urkunde der Gebrüder Neueling und Henrich von
Hardenberg (Fahne Dortm. II. 2. 137.) 1391 und 1393
Herman v. Wittene, Wernykens Sohn, beim Bündniss des
Grafen Engelbert von der Mark mit der Stadt Dortmund
(Eb. S. 181. 191.) Er ist Gograf zu Unna und wird als
wortbrüchig verklagt. (Eb. S. 193—95. 244.) 1399. Bernt
und Gert v. W. Söhne Hermans v. W. zu Steinhaus. Ersterer
verpfändet sein Drittel für 100 Goldgulden dem Herman v.
Wittene, so dass es, wenn er selbst ohne Kinder stirbt, nur
von seinem Bruder Gert wieder eingelöst werden kann. Im
selbigen Jahre verpfänden dieselbe Brüder „von Wittene an-
dersgeheiten tom Stenhuse" die Steinhäuser Fischerei für
100 Goldg. an Werner v. Wittene. 1405 verkaufen Bernt
und Gert v. W. dem Hermann v. Witten das Holzgericht,
die Trift und 5 Malter Rente zu Witten. 1409 Hermann

v. W. (zu Kringeldanz) und Rötger v. W. Brüder, Franko
und Heinrich, des Ersteren Söhne, verschreiben der Neise
von Elverfeld das Hofesaatgut. 1413 Hermann und Rötger
v. W. siegeln für Arnt den Welder. 1446 wird Bernhard
v. Witten zu Broiche mit Darlengut und 1461 dessen Sohn
Aleff belehnt (Fahne Dortm. II. I. S. 310). 1419 Henrich
und Evert v. W. im Märkischen Bunde. 1434 sechs Tage
nach Ostern zogen die Dortmunder mit 700 Fussknechte, 50
Reutern und 12 Wagen über die Ruhr und rissen dem
Herman v. Witten zu Witten das Steinhaus nieder, als
hierauf Herman 1438 Dorsfeld plündern wollte, nahmen ihn
die Dortmunder gefangen. 1438 Herman v. Witten, Rütgers
Sohn, der den Dortmunder Bürger Dorstelman gefangen gehalten hat und deshalb sammt seinem Bruder Wennemar
mit der Stadt in Fehde gerathen ist, schliesst Frieden; er
nennt dabei Franco v. Witten, seinen Vetter, Friedrich, Jutta
und Johann seine Geschwister (Fahne Dortm. II. 2. S. 270.
271. 307.) also:

N. v. Witten.

1. Rütger v. Witten 1438 todt, Herr zu Witten und Steinhaus.	2. N. v. Witten 1438 todt.
1. Hermann v. Witten zu Steinhaus. 2. Wenemar. 3. Friedrich. 4. Jutta. 5. Johann, alle 1438.	Franco v. Witten wohnt zu Witten 1438.

1464 Jutta v. Witten, Ehefrau Lutters Stael, vergleicht
sich wegen ihrer Erbrechte mit Franco v. Witten und dessen
Sohne Rütger, so wie mit Herman und Bernhard v. Witten,
Söhnen Henrichs. (B.) Juttas Schwester, Johanne ist an
Johan v. Melschede verheirathet. 1484 Donnerstag nach
Lätare überlassen Hardenberg Stael v. Holstein, Hermann
und Bernard v. Witten Brüder, ihrem Vetter Rütger v.
Witten und dessen Frau Stinken Grundstücke zu Witten.
(B.) Die Stammfolge, die Steinen hat, ist, wie bemerkt, irrig,
sie muss also lauten:

I. Burchard von Wittene, Ritter, 1308 Zeuge in einer Lehns- und Vergleichs-Urkunde des Grafen von Limburg und Gerards von Wittene zu Rüdinghausen.

II. 1. Herman v. W. 1308 mit dem Vater, theilt mit seinem Bruder die Güter zu Steinhaus und Witten, erhält als Aeltester die Gerichtsbarkeit allein. Die Ruhrüberfahrt bleibt gemeinsam. 1326 Knappe (famulus) und Zeuge bei der Stiftung der Capelle zu Rüdinghausen, h. N.

2. Gerard v. W. 1319 Ritter (Fahne, Dortm. II. I. 105) erhält 1321 die Geldbrüchten von den Leuten auf den ihm zugetheilten Gütern. Verkauft 1321 mit seiner Frau dem Kloster Fröndenberg den Zehnten zu Barop und Overbicke. 1328 Richter des Landfriedens (Fahne Dortm. II. 1. 117.) wird 1334 von Hermann v. Wittene zu Rüdinghausen mit dem Bischofsgute zu Eiklinghoven belehnt, 1328—38 Droste zu Wetter. 1328 Herr genannt bei dem Vergleiche des Grafen von der Mark mit der Stadt Dortmund. (Fahne Dortm. II. I. S. 118.) h. Bathe 1321.

Wennemar v. W. Pastor zu Hagen in dem Behandigungsbrief von Oppenbrincke.

III. 1. Bernhard v. W. empfängt 1337 für geleistete Dienste bei Iburg vom Grafen Adolph v. d. Mark 30 Mark aus dem Zoll der Brücke zu Budenberne und von der Abtissin zu Herricke das Gut Oppenbrincke zu Budenberne, theilt mit seinen Brüdern Rötger und Evert, ist 1371 todt und wird sein Sohn Hermann mit Oppenbrincke behandigt.

2. Rötger v. W. wird 1371 (als todt) mit seinem Sohne Hermann in dem Behandigungsbrief von Oppenbrincke genannt, h. Bata (von Voss) 1413 mit ihrem Sohne Hermann.

3. Everhard v. W. wird 1371 (als todt) mit seinem Sohne Hermann in dem Behandigungsbrief von Oppenbrincke genannt, h. Elseben, mit der er in einem Reversal des Gert des Wysen genannt wird.

(Fortsetzung folgende Seite. A.)

(Fortsetzung folg. Seite. B.)

(Fortsetzung folg. Seite C.)

A.

IV. Hermann v. W. empfängt 1371 als Bernards Sohn das Gut Oppenbrincke, wird ebenso 1372 bei Belehnung seiner Tochter Cunna bezeichnet, ihm verschreibt 1369 Neveling v. Hardenberg 17 Malter Korn.

V. Cuna, siehe Fortsetzung folgende Seite D.

B.

1. Hermann v. W. 1374 mit seinem Bruder Rötger. 1377 Knappe, besitzt 1391 Antheil an der Aplerbecker Mark. 1392 als Rötgers Sohn in einer Urk. des Albert Bobbe zu Grimberg. besitzt 1397 Güter des Bernt v. Witten zu Rüdinghaus pfandweise, kauft 1400—1401 andere Güter des. von Hermann von Witten. Bewithumt 1403 seine Frau Elske h. Elske (von Dücker Tr. Everts v. Dücker) Erbin zu Kringeldanz.

1. Franco. 3. Hermann.
2. Henrich, siehe Fortsetzung folg. Seite E.

2. Rötger v. W. 1374.1375 wird 1438 u. 1450 in den Urkunden seiner Kinder als todt erwähnt, h. Bata, in dem Verzichte der Jutta v. Witten erwähnt.

1. Bernard 2. Wennemar. 3. Hermann.
4. Jutta, siehe Fortsetzung folgende Seite F.

3. Wennemar v. W. 1390 von Crafon v. der Mark mit Grütlinggut belehnt, kauft 1397 einen Theil von Rüdinghausen und 1398 Haus Berge von Bernt Hecken u. 1403 u. 1404 Güter der Cunna und Ermgard v. Witten h. Jutta.

4. Friedrich 1438.
5. Jutta 1438.

C.

1. Hermann v. W. 1371 an Brink mit behandigt, 1375 mit seiner Mutter u. seinem Bruder in dem Beversal des Gert des Wysen von der Vyrbecke, 1391 Hauptmann zu Dortmund 1402 Bürge für Nevolung von Hardenberg. 2. Evert v. W. 1375 mit Mutter und Bruder.

Everhard v. Witten.

Everh. v. Witten zu Bodelswing wird 1489 Bürge für Lutter Stail.

1. Evert. 2. Jutta. 3. Alecke. 4. Bata, siehe Fortsetzung folgende Seite G.

Herman D.

V. 1. Cunna 1369-1372 mit dem Zehnten zu Witten belehnt, überträgt 1404 die Fischerei zu Steinhaus, Haus Berge und andere Güter an Wennemar von Witten, h. Bernard Hacken von Herne.

2. Ermgard v. W. 1372 Mitbesitzerin des Wittener Zehnten. Verkauft 1403 Güter an Wennemar von Witten.

Herman E.

1. Franco v. Witten erwirbt 1424 durch Jutta von Witten das Erbe ihres Bruders Evert. Vergleicht sich 1426 mit Rötger und Heinrich v. W. über die Gerichtsbarkeit zu Witten. 1438 Fahne Dortm. II. 2. 270. erwirbt 1450 für 500 Goldg. die Güter Bernards, des Sohnes Rütgers v. Witten. 1461 vom Grafen von Limburg belehnt (h. Aleke).

3. Hermann.

2. Henrich v. W. Burggraf zu Kringeldanz, Stifter der Linie zu Kringeldanz, besass den Hof zu Witten mit seinem Bruder gemeinsam. 1419-1426 beim Verbunde der Ritterschaft und Städte. 1437 im Verbunde des Herzogs Adolph, besiegelt 1453 den Verzicht der Elsken v. Witten, verpfändet 1459 den Sondermühlenbach mit Fischerei dem Robert Stael und 1461 mit seiner Frau u. seinen Söhnen Renten zu Witten, h. Alverata.

Rötger F.

1. Bernard verkauft 1450 sein Erbe an Franco v. Witten † vor Bochum.

2. Wenneman 1438. 1454

3. Herman nahm den Dortmunder Bürger Dorstelmann gefangen. Die Dortmunder zerstörten Steinhaus. 1438 Friede (Fahne Dortm. II. 2. 270.)

4. Jutta, Erbin zu Steinhaus h. Lutter Stael. Sie vergleicht sich 1464 mit Franco u. Rutger v. W. Vater u. Sohn und mit den Brüdern Herm. u. Bern. Söhnen Henrichs v. Witten über Güter zu Witten.

5. Aleid h. Johann v. Melschede.

Wennemar G.

1. Evert v. W. 1419 bei Märk. Rittersch. † imp.

2. Jutta verzichtet zu Gunsten ihres Vaters Wennemar, ihres Bruders Evert eventuel zu Gunsten der Söhne ihrer Oheime, Herm. u. Rötger v. W., beerbt ihren Bruder und überträgt 1424 dessen Güter für 150 Goldg. an Franco v. Witten und 1440 ein jülisches Mannlehn an Franco und Henrich v. Witten, h. Amt von Bogge.

3. Alecke. 4. Bato.

VI. Herman, siehe Fortsetzung folgende Seite.

1. Bernd, Fortsetzung folgende Seite.

1. Bernd, Fortsetzung dieser Linie zu Kringeldanz folgende Seite.

Franco.

Linie zu Kringeldanz.

VI. 1. Herman 1446. 3. Johann 1465 Priester. 4 Sophie. 5. Elsken, beide Verzichten 1453 auf die Güter, erstere erhält den Pothof, die zweite die Rente auf Ecklinghausen.

2. Rütger verpfändet den Staderhof an Cracht Stecke, löst ihn 1474 zurück, beleibzüchtigt unter Zustimmung seines Vaters seine erste Frau mit 400 Gulden und 1478 seine zweite, wird 1464.1482.1491. 1505 vom Grafen von Limburg belehnt. 1510 todt (II. 165.) h 1. Catharina von Walsum 1458, 2. Stincken N. 1473, sie ist 1510-1514 Wittwe und wohnte in einem Hause des Stifts Hörde zu Miethe, † 1514 zu Clarenbeck.

1. Bernard' von Witten z.Kringel-danz.1461 mit sein. Vater, 1485 Zeuge bei einer Beleh-nung des Rütger von Witten, h. Jutta.

2. Herm v. W.1461 mit dem Vater. 1485 Zeuge bei der Belehnung Rüt-gers v. Witten, 3. Ger-trud, 4. Anna, 5. Mar-garetha, 6. Franco 1486-1491 Priester B. M. V. zu Witten.

VII. 1. Catharina v. Witten, Erbin des Gerichts und Hofes zu Witten. h. 1481 Diedrich Stael zu Hardenstein (Spaen). Vergl. II. S. 149. 150. 164. 165. 168.
2. Fiecken renuncirte 1498 auf die Güter h. Wilhelm v Fürstenberg zu Neheim 1498.

1. Hermann v. Witten zu Krengeldanz 1502 vom Kaiser Maximilian belehnt. h. Margaretha Gräfin von Limburg.

2. Lutter 1501.
3 Wilhelm v. W. wohnte 1503 auf dem Kerkhofe, war Hauptmann der Stadt Soest h. N.

4. Gert v. W. zog nach Liefland.
5. Stina verkauft 1518 ihren Antheil an H. v. Brempt, h.Adolph Quad von Unterbach.

VIII. 1. Clara von Witten, Erbin zu Kringeldanz, 1502 mit ihrem Vater belehnt, † 1575 als die letzte des Geschlechts, begraben zu Witten II. 259, h. Stephan von Hoete zu Westhusen, vertauscht 1551 und 1562 Ländereien mit R. v. Brempt. Ihre Tochter Anna von Hoete, Erbin zu Kringel-danz, heirathete Johan Friedr. v. Stamheim, der nach Liofland auswanderte und sie mit ihren Söhnen, Johan und Diedrich, zurückliess.

2. Perpetua, Nonne zu Stoppenberg, 3. Belecke h. Ludwig von Bödinghaus zu Altenhagen deren Tochter Belecke v. Bödinghaus sich an Johan v. Kalle zu Dael verheirathete.

Margaretha von Witten h. Caspar von Graffelen zu Alt-Mengede.

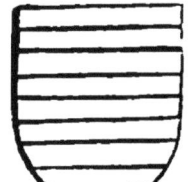

Von den Stael kam die Herrschaft Witten an die vom Bremt, welche einen quer (8, 9 auch 10mal) in Silber und Blau gestreiften Schild führten. Sie vererbten sie also:

[34]) Engelbert v. Bremt zu Vlasrath h. N. v. Blitterswyck.

1. Evert erhält Flasrath 1515. 2. Heinrich von Bremt theilt mit seinem Bruder 1515, † 1539 28 Oct , begraben zu Witten, [35]) h. Beatrix Stael von Holstein, Tochter von Diedrich Stael von Holstein und Catharina von Witten, Erbin der Herrschaft Witten und eines Theils von Hardenstein, der andere Theil wurde von Neveling Stael von Holstein gekauft.

Reinhard Stael von Brempt, Herr zu Witten und Hardenstein h. 1. Catharina von Sohenking zu Ruwenhagen und Bevern 1533. 2. Catharina v. Plettenberg 1560 Wittwe, Tr. von Died und Ida von Ense.

Ex I m a 1 Henrich v. Bremt, Herr zu Hardenstein. 1573 in der Caland Bruderschaft zu Herdicke h. 1578 9. März Marg. von Hagedorn zu Moyland, Tr v. Gerard und Segewitt vom Steen	2. Johann. 3. Rötger. 4. Beatrix. 5. Theodor.	6. Wennemar von Bremt, Herr zu Berge und Witten erhielt 1548 von seinem Vater den Hof zu Witten. 1575 von Graf Adolph von Neuenahr, als Graf von Limburg belehnt. 1585 17. Mai von Hardenberg Stael v. Steinhaus wegen eines Braukessels erstochen , h. Justa Went von Holtfeld. Tr von Lubbert W.
Elisabeth von Bremt Erbin zu Hardenstein, geb. 1580, † 1635 h. 1603 23.Oct. Melchior von und zu Laer.	1. Reiner ertrank. 2. Lubbert v. Bremt Herr zu Berge Gerichtsherr zu Witten. 1612 von Magd Gräfin von Nevenar und 1628 von Friedr. Ludolph Graf von Bentheim belehnt, h. Irmgard v. Ense zu Westerkotten Tr. v. Adrian von E. und Johanne v. Raesfeld zu Dülmen.	3. Robbert v. B. Domherr zu Hilheim. 4. Catharina h. Johan v. Loe zu Holte. 5. Sophia 6. Sibilla h. Henrich Ovelacker zu Nierhof.

[35]) Es wird durch diese Abstammung, welche aus den Urkunden des Archivs Berge, resp. des Generals Stael v. H. hervorgeht, die

1. **Anna Johanna** v. Bremt Erbin zu Berge und Witten h. 1623 Gerard von der Recke zu Scheppen.
2. **Jost Sybilla** h. Philipp Otto v. der Dornenburg, gt. Aschebrock.
3. N. Stiftsdame zu Vlassem.

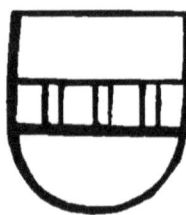

Die Vererbung durch die Recke, welche in Blau einen silbernen Querbalken mit drei rothen Pfählen führten, geschah also:

Gerhard von der Recke zu Berge, Mallinkrodt und Scheppen, brandenb. Justizrath zu Cleve 1644 bis 1660 [39]) h. 1628 Anna Johanna v. Brempt, Tochter Lubberts, letzterer übertrug in dem Ehevertrage den jungen Eheleuten das Gericht und die übrigen Güter zu Witten, worüber zwischen ihm und seinem Schwiegersohne lange Jahre Prozess zu Dortmund geschwebt hat

---

1. Gert Wenemar von der Recke, Gerichtsherr zu Witten, er fand die Ansprüche der Stael und Stammheim an die Herrschaft ab: Herr zu Berge, Mallinkrodt und Scheppen, 1666 und 1683 von dem Grafen v. Bentheim belehnt 1682 und 1686 Religions-Commissar, h. Helena von Dincklage zu Loixen und Osthoff. Tr. von Johann und Helena v. Plettenberg zu Meiderich.

2. Mordio von der Recke, Herr zu Scheppen, D. O.-Ritter, brandenb. Hofrath, Commissar der lutherischen Gemeinden der Mark bei den Unterredungen zwischen Churbrandenburg u. Churpfalz. † 1681 3 Januar.
3. Maria Sibille h. Hugo v. Dinklage.

---

1. Gerhard, Freiherr v. der Recke, Herr zu Witten, Berge, Scheppen und Mallinkrodt, Märkischer Landdroste, er errichtete zu Witten eine Tabaks-Fabrik und zu Borbecke einen Stahlhammer. Testirte 1729 und hinterlegte sein Testament bei dem Gerichte zu Loberich, ernannte seine Frau zur Erbin und substituirte deren Töchter. † 1747 5. Aug. h. 1718 16. Juli Anna Maria Amalia Freiin von Gymnich, Wittwe von Johann Arnold von Bocholtz, † 1747 11. Juli. Sie brachte ihm zwei Töchter in die Ehe nämlich: 1.

2 Theodora Sophia, 1714 Wittwe, h. 1774 Alex Friedr. v. Bolten-

---

Genealogie bei Fahne Bocholtz I. 2 S. 204-208, wesentlich ergänzt und verbessert, namentlich erwiesen, dass dort Nr. II. und VI. zusammen gehören.

[39]) IL S. 259.
[40]) Vergl. Fahne v. Hövel 1. 2 Tafel XIII.

Maria Marg. v. Bocholz, h. Ludwig Jos. Wilh. von Mir- berg, gen.
bach. 2. Anna Francisca v. B. h. 1730 Adrian Constantin Schirp zu
von Bentink zu Wolfrath und Limprecht, welche die Herr- Lunten-
schaft Witten erbten. beck.

Die wichtigste Gerechtsame, woran sich die eigentliche
Herrschaft und die Reichsunmittelbarkeit knüpfte, war die
hohe und niedere Gerichtsbarkeit, welche sich auf zwei
Stunden Umkreis respective das ganze Kirchspiel Witten
erstreckte. Durch sie hatte der Herrschaftsbesitzer über alle
Anwesenden in seiner Herrschaft den Blutbann, d. h. die
Strafgewalt an Leib und Leben, den Königsbann, d. h. das
Recht innerhalb der Grenzen der amtlichen Wirksamkeit
Machtgebote zu erlassen, deren Nichtbefolge eine Geldstrafe
nach sich zog und die ausschliessliche Befugniss, die Rechts-
streitigkeiten abzuurtheilen. Die Ausübung geschah 1. durch
Scheffen, von deren Urtheil an den kaiserlichen Stuhl zu Dortmund appellirt werden konnte, 2. durch den Freistuhl,
der in Witten selbst stand und durch einen Freigrafen prä-
sidirt wurde. Der Herrschaftsbesitzer selbst war diesen Gerichten nicht unterworfen, gegen ihn konnte man nur vor
dem Könige selbst, resp. dem Reichsgerichte Klage erheben.
Die Gerichtsbarkeit brachte den Besitzer nicht allein höhere
Ehre, sondern auch ein erhebliches Einkommen, weshalb
sie denn auch bei allen Theilungen die erste Stelle einnahm.
Als 1321 die Brüder Herman und Gert theilten, blieb sie
dem ersteren als ältesten, der zweite erhielt insofern einen
Theil davon, dass die Geldstrafen, welche die Leuten auf
den ihm zugetheilten Gütern zahlen mussten, in seine Tasche
flossen. Sonntag, 20. Dec. 1406 wurde Franco v. Witten
vom Kaiser Sigismund mit dem Gerichte zu Witten, seinem
Zubehör und den Mannlehnen, welche die von Witten zu
Rüdinghausen zu haben pflegten, belehnt, dadurch fand
sich sein Oheim, Rötger von Witten, beeinträchtigt und wurde
1426 verglichen, dass Franco und sein Bruder Heinrich mit
Rötger das Gericht gemeinschaftlich haben sollten. Den
Antheil des Letzteren und verschiedene Güter verkaufte
dessen Sohn Bernd 1450 an genannten Franco für 500 Gold-

gulden, dadurch war aber Lutter Stael von Holstein, welcher Jutta von Witten, Schwesters des genannten Bernd's zur Frau hatte, nicht abgefunden. Er verglich sich 1464 7. Januar, unter Vermittelung des Ritters und Landdrosten, Goswin Ketteler dahin; dass Rütger von Witten, Franco's Sohn, Herman und Bernd von Witten, Heinrichs Söhne, die Herrlichkeit und das Gericht Witten besitzen, also auch die Eingesessenen der Güter des Lutter Stael, so weit sie in der Herrlichkeit Witten gelegen, mit Geldstrafen belegen, diese aber ihm, Lutter, auszahlen sollten. Catharina, die Tochter Rötgers v. Witten, erhielt 1481 in dem Ehevertrage von ihrem Vater das Gericht und die Güter zu Witten und brachte sie so dem Diedr. Stael von Holstein zum Hardenstein in die Ehe. Aus dieser entspross nur eine Tochter Beatrix Stael v. Holstein, welche Gericht und Güter an ihren Eheherrn, Heinrich von Brempt brachte, der sich 17. Sept. 1516 vom Römischen Könige Max I. zu Freiburg in Breisgau damit belehnen liess. Hiergegen erhoben die von Stamheim, als Nachfolger der von Witten zu Kringeldanz, Klage; sie beanspruchten auf Grund eines Lehnbriefs des Kaisers Max I. de dato Inspruck 26. Febr. 1502, ertheilt an Herman von Witten und dessen Tochter Clara, ein Viertel der Gerichtsbarkeit. Dieser Brief wurde als unächt bestritten. Der Prozess war noch 1584 im Gange und ist ohne Resultat geblieben.

Auch mit Catharina Voss, der Wittwe des Hardenberg Stael von Holstein zu Steinhaus, hatten die Bremt wegen der Gerichtsbarkeit Prozess. Catharina hatte, um zu ihrem Rechte zu gelangen, die churbrandenburgischen (Cleve Märkischen) Gerichte angerufen und hier obgesiegt, dagegen Lubbert Bremt wegen Verletzung der Reichsunmittelbarkeit an den Kaiser appellirt und von ihm wirklich folgendes Mandat erhalten:

Wir Ferdinand der Ander, von Gottes Gnaden, Erwölter Römischer Kayser, zu allen zeiten Mehrer des Reichs, in Germanien, zu Hungarn, Böheimb, Dalmatien, Croatien, vnd Schla-

vonien, etc. König, Ertzherzog zu Oesterreich, Hertzog zu Bur-
gundt, Steyr, Kärndten, Crain vnd Würtemberg, Graff zu Tyrol,
etc. Empieten dem Durchleuchtig Hochgebornen Georg Wilhelmen, Marggraven zu Brandenburg, Stettin, Pommern, der
Cassuben vnd Wenden Hertzogen, Burggraven zu Nürnberg, vnd
Fürsten zu Rügen, des Heyl. Röm. Reichs Ertz-Cämmerern,
vnserm lieben Oheimb vnd Churfürsten, wie auch deroselben
im Land zu Cleve vermeintlich angeordneten Regierung, vnd
andern angemassten Beamten, Officirn, auch Befelchshabern,
vnd Kriegs volck, vnser Frundschafft, Kays. Gnad vnd alles
gutes. Durchleuchtiger, Hochgeborner lieber Oheimb vnd Churfürst, vns hat vnser vnd des Reichs lieber getrewer Lübbert
von Brembdt zu Berge vnderthänigst klagend vor vnd angebracht,
was massen E. L. vermeintlich angeordnete Stadthalter, Cantzler,
Hoff vnd Landräthe, zu Emerich, Düsseldorf, Cleve, Marck vnd
deroselben Landt-Drosten, Ober: vnd Niedere Beambten, sonderlich der Richter des Ambts Bochumb, Matthiae Danielis, vnd
andere Beamten, jhne nicht allein ohne einigen vnderscheidt, auf
anruffen dieser vnd jener Partheyen, an die Düsseldorff-Clev-
und Marckische Hoff: vnd Land Cantzleyen zu citiren vnd evo-
ciren zu lassen, sondern auch da er schon daselbsten ob noto-
riam incompetentiam zu erscheinen billich beschwer trage, vnd
nullitate salva von dem ad instantiam Catharinae geborner Vossinne, weyland Hardenbergs Staelss von Holstein, zum Steinhauss hinterlassenen Wittiben, für dieselbe vnd wider ihne, tanquam à Judicibus notorie incompetentibus gefellten Mandatis
vnd bescheiden an vnser Kays: Cammergericht appellirt, Pro-
cessuss erhalten, vnd der gebühr iusinuiren lassen, dannoch wider
ihne vnd seine in vnserm Lehenbaren Gericht vnnd Jurisdiction
Witten gesessene Vnterthanen mit allerhand executionsmitteln
zu procediren, in specie aber auff ansuchen Johan Friederichens
von Stamheimb vnd dessen vermeinten Cessionarij Niclasen von
Höete, gans wider Rechtliche Mandata executorialia zu erkennen, vber ihne zu inquiriren, vnd gantz praejudicirliche actus zu
exerciren, vnd was noch mehr seye, ihne vnd jetztberührten
Gerichts Vnterthanen, allerhand vnerträgliche Contributiones,
Schatzungen, Stewr, vnd Vngelter auffzutringen, dieselbe mit

Kriegsleuten zu belettiren, sich vnterstehen vnd gelüsten lassen. Wann aber für sich selbsten notorium seye, das obgedachte Jurisdiction vnd Herrlichkeit Witten, immediate vnser vnd des Heyl. Reichs Lehen darinnen er alleine vnd sonstèn an keinem andern Orth sein Domicilium vnd Wohnhauss, das Hauss zu Berge genandt, auch seinen ordinarium Judicem primae Instantiae habe, von welchem die appellationes an vns ihren ordentlichen Lauff hetten, vnd er ferner gemelte Jurisdiction Hoch. vnd Herrligkeit zu Lehen trage, auch dern in notoria possessione gefunden werde, dahero E. L. vnd euch mit nichten gebühret, ihne Supplicanten, an obberührte vermeintliche Düsseldorf: Clev: oder Märckische Obrigkeit dern Beamten vnd Richtern zu avociren, viel weniger wider ihne vnd die seinige in vnserer vnd dem Heil. Reich immediate Lehen Rührern (sic), der Jurisdiction, Hoch. vnd Herrlichkeit mit executionsmitteln zu procedirn, deren eingesessene Vnterthanen, mit allerhand Contributionen, Collectationen, Vngeldern vnd Belettierung zu beschweren, welches nicht allein mit keinem schein Rechtens zu justificiren, sondern auch in des Heil. Reichs Abschieden bey hoher Poen ausdrücklich verbotten, vnd sonsten vns wegen vnserer Lehens Gerechtigkeit, so wol als besagtem Clägern, zu höchstem vnwiederbringlichem nachtheil, eingriff vnd schaden gereiche, welchem mit stillschweigen zuzusehen ohne dass mit nichten gebühren wolle. Als hat vns solchem nach oben benenter von Brembdt vmb vnsere Käys. Mandata und Ladung, so wol wieder E. als vnsers lieben Vettern vnd Schwagern Pfaltzgraff Wolffgang Wilhelmen zu Neuburg, E. L. vnd deroselben beyderseits intitulirte vnd vermeinte Stadthalter, Cantzler vnd Räthe, auch andere hohe vnd niedere Beamten, zu erkennen vnd mitzutheilen vnderthänigst angeruffen vnd gebetten, Inmassen derselbige auch erlanget, die gebettene Mandata vnder heutigem dato auff reiffe der Sachen erwegung wider dieselbe zu vollziehen erkandt worden. Hierumben so gebieten Wir demnach, E. L. vnd obgemelten deroselben vermeintlich angeordneten Regierung, vnd andern angemassten Beambten vnd Officiren, wie obgemelt, sampt vnd sonders, wie auch Johan Friederichen von Stamheimb, dessen Cessionario Niclasen von Höete, Catharina Vossinne Wittib Staels, vnnd

deren Kinder Vormünder, als Johan Voss zu Aplerbeck, vnd
Robbert von Staell zu Herbeck, vnd andern gravanten, von
Röm. Kays. Macht auch Gerichts vnd Rechtswegen, vnd bei
Poen viertzig Marck Löttiges Golds, halb in vnsere Kays. Cam-
mer, vnd den andern halben theil mehrbesagtem Clägern vn-
nachlässlich zu bezahlen, hiemit ernstlich vnd wollen, dass E.
L. vnd ihr den nechsten nach vberantwort: vnd verkündigung diss
vnsers Kays. Gebots von obangezogenen vngebuhrlichen evocatio-
nen, executionen, exactionen, attentata vnd andern beschwerlig-
keiten, wie auch von abforderung der Contributionen, Schatzungen,
Stewr vnd Vngeltern, ab vnd zu ruhe stehen, vnd sich dessen
hinfüran gänzlichen enthalten, deme vnd also zu wider nicht
thun, noch hierinnen seumig oder vngehorsamb seyen. Als lieb
E. L. vnd euch ist obbestimbte Poen vnd vnser Kays. Vngnad
zu vermeiden, dass meinen Wir ernstlich. Geben in vnser Stadt
Wien, den achtzehenden Decembris, Anno sechszehn hundert
acht und zwanzig, Vnserer Reiche, des Römischen im zehenden,
des Hungarischen im eilfften, vnnd des Böheimischen im zwölfften.

Ferdinand.

Vr

Phil. Stralendorff.

Ad mandatum Sac: Caes:
Majestatis proprium.
Johan Söldner.

Maasloser benahm sich obiger Gert·von der Recke. Als
ihm der Gerichtsbote eine Klageschrift insinuirte, durch die Gert
seine Reichsherrschaftliche Unmittelbarkeit beleidigt glaubte,
zwang er denselben die dickleibige Schrift zu zerkauen und
herunterzuschlucken. Auf die Klage des Boten wurden zwar
verschiedene Schriftstücke zwischen der Churbrandenburgischen Regierung und Gert gewechselt, aber ohne Erfolg.

Ein zweites, seiner Zeit nicht minder wichtiges Recht
der Besitzer von Witten war das Patronat über die dortige,
dem h. Dyonisius geweihte Pfarrkirche. [41] Sie hatten da-

---

[41] Die Investitur gebührte dem Dechant von St. Georg in Cöln.

durch, neben der weltlichen, auch die geistliche Gewalt in ihrer Herrschaft. Die Verleihung geschah · in Form einer Belehnung, so wurde 1518 Henrich von dem Varste vom Hause Asbeck ⁴²) durch Diedrich Stael von Holstein und Rötger, Herman und Lutter von Witten mit der Kirche zu Witten belehnt. Witten war, was die Sache noch wichtiger machte, der Hauptort der gleichnamigen Christianitas und der dortige Pastor der Dechant. Als solcher wird 1318 Conradus Decanus Christianitatis in Wittene aufgeführt. Der letzte katholische Pastor hiess H. Heidman, † 1602; er war ein herrschsüchtiger, hartherziger Mann und kennzeichnete sich schon gleich 1557 als solcher beim Antritte seines Amtes. Er hatte einen ganz unnöthigen Bau angeordnet und zu dessen Ausführung die Pfarreingesessenen aufgeboten. Mehrere, darunter die Leute des Edelmanns Robert Stael von Holstein (dieser selbst bekannte sich zu der Lutherischen Lehre) weigerten ihre Beihülfe, dafür versagte Heidman ihnen die Sacramente und verbot auch dem Vicar die Austheilung an dieselbe, so dass Stael Klage erheben und bitten musste, dass man den lutherischen Pastören zu Wengeren, oder Langentreer solches zu thun erlauben wolle. Heidman hatte, wie sein Vorgänger Wilhelm von Ryth, † 1557, nach Sitte der damaligen Zeit eine Concubine, ⁴³) Nolke Stölting, die Tochter des Wittener Schullehrers, mit der er ein Kind

---

⁴²) Die Pastorstellen wurden in jenen Zeiten vornehmlich von nachgeborenen adeligen Söhnen gesucht.

⁴³) Eine, wenn auch immerhin noch geschmückte Darlegung des Zustandes der Kirche zu jener Zeit in hiesigen Landen findet sich in dem Fundberichte des Dr. Henrich Oligschleger Scholaster zu Aachen, Jülich-Berg. Canzlers und des Drosten Johann von Loe, welche 1533 im Auftrage des Herzogs Wilhelm von Jülich-Cleve-Berg nach Vorschrift des Erasmus von Rotterdam im ganzen Lande die Kirchspiele, Kirchen vnd Pastore besuchten und letzteren Maassregeln zu ihrem Verhalten beizubringen hatten. Aus dieser ist obiges Factum In den Stiften Münster und Mainz wurden erst 1548 Zwangsbefehle an die Geistlichen erlassen, ihre Concubinen fortzuschicken (Fahne Dortm. I. 188) und zwar nicht überall mit Erfolg.

zeugte. Als er einige Jahre später es nützlich fand die Lutherische Lehre anzunehmen, verstiess er Mutter und Kind, entzog ihnen den Unterhalt und heirathete Catharina Schettmann. Da die Stölting den hartherzigen Vater nicht auf gütlichem Wege zu der Unterhaltung des Kindes bewegen konnte, so erhob sie Klage beim Gericht und gewann 1576 ein Urtheil für 8 Jahre Rückstand.

 Rüdinghausen, von dem vorher die Rede war, ist ein Dorf am Ardeigebirge, im vormaligen Amte Hörde, ³/₅ Meilen östlich von Witten. Der Ort soll, wie Zeugen in einem Prozesse zu Anfange des 17. Jahrhunderts bekundeten, seinen Namen von den vielen Hunden (plattdeutsch Rüen) erhalten haben, [44]) die dort in ausserordentlich grosser Zahl gehalten würden, weil die Besitzer von Rüdinghausen eine unermessliche Jagd besässen, so dass sie bis nach Cleve auf die dritte Treppe jagen dürften. Das Hofgericht gab diesen Aussagen im Berichte von 1678 die Auslegung, dass die Herrn von Rüdinghausen vor anderen Gütern, zu der groben Jagd berechtigt seien. Die Herren von Witten, welche dort ihren Sitz hatten, sind von den oben besprochenen verschieden, sie führten drei (rothe) Wecken (in Gold). Ihre Stammfolge ist:

1269 Herman und Everhard von Wittene Brüder (Ar. Elsey).

N. v. Witten zu Rüddinghusen hatte einen Burgsitz in der Burg Limburg an der Lenne.

1. Gödert, oder Gerard v. Witten zu R. 1308 Knappe, 1318 Ritter, hatte eine lange Fehde mit dem Grafen Theoderich von Limburg, sie wurde dadurch 1308 beendigt, dass Gerard für sich und seine Söhne und Töchter dem Grafen die Güter zu Niedermassen: Burnichus, Herckinghus u. Stercking-

2. Margaretha.

3. Mette beide schenk-

[44]) Aehnlich wird von Recklinghausen (jetzt Stadt) behauptet: es habe seinen Namen von den dort gehaltenen vielen Reckeln (was plattdeutsch einen männlichen Hund bezeichnet).

möle, als ein Burglehn von Limburg auftrug, dagegen den ten das
Burgsitz in Limburg, wie ihn seine Voreltern gehabt hatten Voskes-
und die Jagd zurückerhielt, wurde 1320 Bürge für Herman gut zur
und Bernd v. Strünckede beim Grafen von Cleve, war 1326 Funda-
Ritter und gründete die Capelle zu Rüdinghusen unter Zu- tion der
stimmung seiner Frau und seiner Kinder, 1333 Ritter und Rüd-
ertauscht von Died. v. Romberg den Hof zu Romberg, ding-
sambt Mühle und gibt ihm dafür den Hof zu Mölhusen und huser
Hoyngen, h. Lenecke, auch Helena 1326. Capelle
1326.

1. Herman v. Witten, 1317 in dem Privile- 2. Bernt 1317. 1326 bei
gium des Grafen Engelbert von der Mark der Stiftung. 1335.
für Iserlohn, 1326 bei der Stiftung der Ca- 3. Gerard 1317. 1326 bei
pelle zu Rüdinghausen, erlangt 1352 vom der Stiftung und 1321 bei
Erzbischof von Cöln die Bestätigung der der Theilung der Brüder
Stiftung, er ist 1362 mitberechtigt wegen Herman und Gerard zu
Ostergut to Ospel an der Stockumer-Mark. Steinhausen, lebt noch
1368 der Alte zu Rüddinghausen Knappe. 1338. 4. Wilhelm 1317-
h. Aleid 1352. 1335. 5. Everhard. 6.
Edeland, alle drei bei
der Stiftung.

Herman v. Witten zu R. 1372 bei der Belehnung der Cunna von
Witten, 1372 trägt ihm Göddeke Distel ein Gut zu Lehn auf, vergleicht sich 1383 mit dem Herzoge von Jülich, h. Greite 1377.

1. Hermann, im Vergleiche von 1383 Herman junior 1. Gerhard v.
genannt, 1370 mit seinem Vater Zeuge in einer Schuld- Witten zu Rü-
urkunde der Gebrüder v. Hardenberg. Verkauft 1398, dinghausen,
Löse vorbehalten, Rüdinghausen und den Zehnten zu belehnt 1392
Ospel und Annen an Herman, Rötger und Wenemar Wichard
von Witten, verkauft 1400 seine Vasallen dem Her- Balcke mit
man v. Witten und 1401 und 1402 an Rötger von dem Hofe zu
Witten Güter zu Hörde und Bochum. Sidinckhusen.

1. Greta v. Witten h. 1417 Ernst Knosel, Sohn von Ernst K. und
Elsbe, welche drei linksschräge Wecken führte. Syvard Vridag
v. Hockerde und Henrich Vinck (mit links schrägem Balken) waren
Hilinxfreunde. (B) 2 Gert. 3. Herman lebte noch 1440 4. Evert
Im folgenden Jahrhundert sind die Neheim Besitzer
von Rüddinghaus.

42—47. Rittersitze Uestorp, Lövenich, Bosslar, Krange und Landgüter, Suthausen, Wulften, Zehnthoff.

Uestorf, 1282 Oustorp [45]), ist ein Weiler im Landkreise Cöln, Pfarre Lövenich, zählte 1844 in 14 Wohnhäuser 98 E. In einer anderen Pfarre Lövenich, Kreis Erkelenz, hatten die Stael den Rittersitz Bosslar liegen, wegen dessen Ferdinand Adrian Stael von Holstein 1697 bei der Cölnischen Ritterschaft aufgeschworen wurde. [46]) Der Sitz heisst jetzt „Haus Bosslar" und besteht aus einem Hause, 1852 mit 17 E., er gehörte früher zum Herzogthum Jülich.

Krange, Rittersitz an der Emscher, neben dem gleichnamigen Dorfe im ehemaligen Märkischen Amte Bockum, gehörte 1440 Diedrich von Eickel, Sohn Johannes, der es 1441 als Mannlehn vom Herzoge Adolph von Cleve, als Grafen von der Marck, zu Lehn empfing. Dieser zeugte mit seiner Frau, Beda von Elberfeld, unter anderen einen Sohn, Johann, der Krange erhielt und eine Tochter, Maria, welche zuerst Heinrich von Lindenhorst, Grafen von Dortmund und später Lutter Stael v. Ickern heirathete. Nach Diedrich wurde Walbrecht von Eickel Besitzer, der einen Theil des Gutes an Vincenz Stael von Holstein brachte. Letzterer schrieb sich Herr zu Krange und starb 1527; seine Antheile fielen an die v. Eickel zurück. [47])

Suthausen und Wulften liegen im Fürstenthum Osnabrück. Das erstere ist ein Landgut, unter dem Namen Wulften aber werden zwei Bauerschaften verstanden, von denen die eine, mit 376 Einw. bei Osnabrück, die andere mit 314 Einw. im Amte Bersenbrück bei Badenbergen liegt. Ich hoffe von allen dreien im Laufe dieses Werkes mehr Nachrichten zu liefern.

Ein „Zehnthof" liegt im Kirchspiel Mülheim an der Möhne, Kreis Arnsberg, und gehörte bis 1807 zum Gerichte

---

[45]) II. S. 5. [46]) II. 227. 234.
[47]) Steinen, 3. S. 286. Fahne, Westph. Geschlechter S. 146-149.

Warstein. Jetzt besteht es aus drei Wohnungen. Ein zweites Zehnthof liegt im Landkreise Aachen, Pfarre Richterich, es ist ein Hof, der vormals zu der jülischchen Unterherrschaft Laurenzberg gehörte; ein drittes „Zehnhof", endlich liegt im Kreise Jülich, Pfarre Dürwiss, es ist ein Landgut, welches vor der französischen Revolution zu dem jülischchen Amte Wilhelmstein gezählt wurde.

48—57. Achtundzwanzig andere Besitzungen.

Andere Besitzungen der Stael sind, 1. Angerot, vormals Schloss, jetzt Landgut im Kirchspiel Huckingen. 2. Berchausen, Hof im ehemaligen Amte Kaiserswerth, Lehn der Grafen von Sayn. 3. Hof zum Berge bei Altvolberg an der Sülze. 4. Erbe Blembrock, jetzt Broich bei Lohmar, bestehend in mehreren Höfen. 5. Die Höfe: Hamershof auf der Scheider-höhe, 6. Honrath, 7. Leichlingen, 8. Meyrenbroich, jetzt Hof Meienbroich bei Neuhonrath, alle drei in der Pfarre Altenrath. 9. Rittersitz Martfeld [48]) bei Milspe, resp. Schwelm. Die Höfe, 10. Aldenbroich, 11. Rettscheroth und 12. Scheidt in der Pfarre Ruppichteroth. 13. Hof Ovendorp bei Werden. 14. Burg Salzwedel in der Altmarck. 15. Hof Sleid bei Richrath. Ausserdem besassen die Stael Burghäuser: 16 zu Arnsberg, 17. zu Bergheim zwischen Cöln und Jülich, 18. zu Cöln, 19. zu Lüttich, 20. zu Rheine, 21. zu Siegburg, 22. zu Urbach, ferner Manngelder und Renten 23. zu Bergheim 24. zu Cöln, 25. zu Harf und 26. im Amte Steinbach. Endlich Weinberge 27. zu Rheide und 28. zu Berchem. Von diesen fanden sich 2. 3. 4. 5. 7. 8. 22. 28 und 29 1401 im Besitze des Wilhelm Stael v. H. und wurden weiter in der Sülzer Linie vererbt; 14. besass 1738 Friedr. Alex v. Stael, Preuss. Oberst, nach dessen Tode kaufte es 1764 der Historiker Gercken. Jetzt ist es im Besitze des Königs Wilhelm I. und durch ihn restaurirt.

---

[48]) König hat, wie II 227 abgedruckt ist, Mortpedt, allein irrig.

IV. Die Stammfolge.

1. Der gemeinsame Stamm.

Um keine Verwirrung in die Geschichte zu bringen, ist zuerst zu bemerken, dass es mehrere deutsche Geschlechter Flecke und Stael gibt, die mit den hier zu behandelnden in keinerlei Verbindung stehen. Schon in dem Urkundenbuche S. 4 ist auf das Geschlecht Flecke mit dem oben und unten gezinnten Querbalken aufmerksam gemacht, von dessen Bedeutsamkeit und Verzweigung im zweiten Bande dieser Forschungen weitläufig die Rede war. Ein anderes Geschlecht Fleck, mit dem Beinamen „von der Baalen" führte einen Querbalken von drei Seeblättern begleitet, zwei über, eins unter dem Balken. Von ihnen ist das Betreffende in der Geschichte der Cölnisch - Jülischchen und Bergischen Geschlechter, Bd. I. S. 101, II. 42 u. 217 beigebracht. Ein Dynasten-Geschlecht Fleck findet sich im Urkundenbuche S. 3 Anmerkung 1. Auch das Geschlecht Sobbe hat einen Fleck aufzuweisen, denn es kommen im Deutschordensarchive der Commende St. Catharina zu Cöln 1282. „Albertus Zoybbe und Henricus Vleck" als Brüder vor.

Die Stael in verschiedener Schreibweise (sogar in weiblicher Form Stahlin, Stehlin) sind neben dem unserigen in eilf Geschlechtern vertreten, nämlich:

1. Stahel, Stahil, als Dynasten im Trierschen begütert, davon geschah Bd. II. S. 3 Anmerkung 1 Erwähnung.

2. Stalle in Belgien. Sie waren Herrn zu Stalle und Ruysbrouch bei Brüssel. Ihr erster bekannter Stammvater war Florenz de Stalle 1312; mit seinem Ueberurenkel Heinrich, Herrn zu Beersele, Ruysbrouck, Woluwe, Adroue de Duffel, starb 1442 das Geschlecht aus.

3. Steel, Scheffen zu Lüttich. Sie führten in Silber im Schildeshaupte 2 rothe Rosen, im Schildesfusse ein Vergissmeinnicht. Der Adelsbrief datirt vom 12. Febr. 1626, ertheilt vom Kaiser Ferd. III.

4. Staal, auch im Staal und von Staal, Schweizerischer

Adel, führten in Schwarz eine goldene Greifklaue. (Siebmacher I. 203. V. 182.)

5. Staal, Patriziergeschlecht der Reichsstadt Nördlingen, führten in Blau einen rothen, mit einer blauen Wolfsangel beladenen Schrägbalken, begleitet zu jeder Seite von einem blauen Sterne, auf dem Helme einen offenen Adlerflug. (Sieb. V. 241.)

6. von Stahl, ein Rittergeschlecht, führte einen quadrirten Schild: 1. in Gold einen Mohren, der in jeder Hand eine Schlange in die Höhe hält; 2. in Gold einen schwarzen springenden Löwen; 3. in Gold drei schwarze Sparren übereinander; 4. in Schwarz einen goldenen Stern. Auf dem goldgekrönten Helme eine goldene Straussfeder zwischen zwei schwarzen. (Sieb. V. 339.)

7. Stahel, ein Rittergeschlecht, führte einen quadrirten Schild, 1. und 2. in Blau, einen goldenen, gekrönten Löwen. 2. und 3. in Silber einen blauen Schrägbalken. Auf dem gekrönten Helme einen goldenen Löwen mit einer Stange in seinen Pranken. (Sieb. IV. 159).

8. Sthaal, ein geadeltes Geschlecht, führte in Gold einen schwarzen Maueranker und auf dem bewulsten Helme einen offenen Adlerflug. (Sieb. IV. 160.)

9. Stahl, auch Stähl und Stahlin zu Stocksburg, Schwäbischer Adel, führten in Blau einen silbernen Adler, dessen Kopf mit einem Helme bedeckt ist, und auf dem goldgekrönten Helme einen Storchen-Hals. (Siebmacher I. 118.)

10. Stebelin, Patrizier der Reichsstadt Wangen, führten in Blau eine absteigende, goldene, mit einer blauen Armbrust beladene und zu jeder Seite von einem goldenen Stern begleitete Spitze. (Sieb. III. 200.)

11. Stebelin, geadeltes Geschlecht, führte einen quadrirten Schild, 1 und 4 in Roth ein über drei blaue Berge schreitendes goldenes Einhorn. 2 und 3 in Gold einen über drei blaue Berge schreitenden silbernen Krieger. (Sieb. IV. 174.)

Ausser diesen scheint noch ein Geschlecht Stale im Corveyschen geblüht zu haben, denn es kommt zur Zeit des Abtes Wigbaldus (erwählt 1146) unter den vornehmen Geschenkgebern der Abtei Uffed Stale vor. Zuletzt muss ich hier noch eines merkwürdigen Mannes gedenken, der aus der Familie Stael herstammen und auf deren Stammgut Stael geboren sein wollte. Er hiess Johan Stael, nannte sich später Stallmann, war 1577 geboren und Protestant. Er besuchte verschiedene Schulen, auch die zu Emmerich, wo er sich sein Brod mit Singen vor den Thüren verdienen musste. Zu Herborn studirte er die Rechtswissenschaft, mit der er später 1603 zu Steinfurt zu practiziren anfing. 1609 war er Oberschulteis zu Budingen. 1612 fürstl. Anhalt. Rath zu Cöthen, letzte Stelle legte er 1628 nieder. Gustav Adolph, König von Schweden, ernannte ihn zum Gouverneur des Fürstenthum Anhalt, zum Canzler der Stifte Magdeburg und Halberstadt und schenkte ihm Kloster Gottesgnade. 1631 als der König in der Schlacht bei Lützen gefallen war, nahm der Canzler Oxenstirn ihm alle Ehrenstellen sammt dem geschenkten Kloster. Dieses reizte seinen Zorn gegen die Schweden so sehr, dass er 1635 mit einem Pomeraner, Johann Capo, eine Verschwörung gegen den General-Feldmarschall Banner anzettelte. Die Verschwörung wurde entdeckt und Johann auf der Flucht an der polnischen Grenze ergriffen. Um einer harten Behandlung zu entgehen, stach er sich ein Messer in den Bauch. Die Wunde war aber nicht tödtlich. Man setzte ihn ins Gefängniss und verurtheilte ihn zum Tode; aber er gewann den Corporal, der ihn bewachte und entfloh mit ihm nach Wien. Er starb nicht lange nachher auf einer Reise nach Prag, 1632 wurde er in die fruchtbringende Gesellschaft aufgenommen und führte dabei den Namen: der Abgezogene. Er hinterliess zwei Söhne: 1. Johann, sass längere Zeit, wegen eines angerichteten Unfugs, zu Cöthen im Gefängniss, entfloh und wurde Ober-Amtmann zu Graveneck; 2. Philipp Emmerich sass aus gleichem Grunde in Cöthen gefangen, war später Einsiedler im Wald bei Graveneck.

Es handelt sich hier nur um die Flecke und Stael,

welche die 8 Kugeln in ihren Wappen führen. [49]) Diese finden sich schon zur Zeit der ältesten Nachrichten in so mächtiger Stellung, dass sie sich sogar mit dem Grafen von Berg zu messen wagen. Ihre Güter erstrecken sich weithin am rechten und linken Rheinufer. Fasst man die ältesten zusammen, so liegen die auf dem rechten Ufer (mit Ausschluss von Holstein und Leichlingerhof) in den Kirchspielen Altenrath und Richrath, (in jenem: Berge, Blembrock, Eulenbroich, Hamershof, Honrath, Meienbrock, Schiffelbusch und Sülze, in diesem: Bergerhausen, Eigen, Graven, Lanquit u. Schleid) und machen, wenn auch nicht das Ganze, doch den bedeutensten Theil dieser Kirchspiele aus. Sie beherrschten dort die Mündung der Sülze in die Agger und die Strassen in das bergische Land und hies die wichtige Militair- und Handelstrasse von Cöln über Dortmund, Soest in das fernere Westphalen, ein Umstand, der ihren Einfluss nach dieser Richtung weithin ausdehnte, wie sich im Verlauf der Geschichte ergeben wird.

Noch wichtiger, fast geschlossen, wird diese ihre rechtsrheinische Stellung, wenn man in Betracht zieht, dass das, unter dem Namen von Zudendorp vorkommende Geschlecht aus ihnen hervorgegangen ist, wie Vornamen und Wappen unzweifelhaft andeuten. Dieses nannte sich nach dem Dorfe Zudendorp, jetzt Zündorf, zwei Kirchdörfer bei Langel am Rhein im Kreise Mülheim, Bürgermeisterei Wahn, nämlich: Nieder- und Oberzündorf, von denen 1840 dieses 657, jenes 330 E. hatte.

Die Genealogie dieses Zweiges ist zur Zeit noch nicht klar zu stellen; es sind bisheran nur einzelne Bruchstücke davon aufgefunden. Um diese nicht nutzlos liegen zu lassen, und doch die weitere Darstellung damit nicht zu unterbrechen, mögen sie hier ihren Platz finden.

---

[49]) Ein Heraldiker des 14. Jahrhunderts blasonirt so: La maison Stail von Holstein porte d'argent à huict tourteaux de gueules, tymbré de deux cornes de boeuf naissantes d'une couronne de gueules chacune accompagnée de quatre tourteaux de Gueules.

Der Erste, welchen die Urkunden von ihnen nennen, ist Richwin de Zudenthorp. Er war 1167 1. Aug. zu Rom im Gefolge des Kaisers Friedrich I., als dieser dem Erzbischofe Reinold von Cöln, für die ihm mit dem Cölnischen Heere geleisteten Hülfe gegen die Römer den Reichshof Andernach mit der Münze, dem Zolle und der Gerichtsbarkeit, sowie den Reichshof Eckenhagen mit den Silbergruben schenkt. [50]) Richwin besass auch Ländereien und Zehnten in der Pfarre Erpel, welche er, vor 1218, der Abtei Siegburg verkaufte. [51]) Ferner kommen vor: 1212 30. Nov. Henricus de Zudendorph, zu Aachen im Gefolge des Kaisers Otto IV. als dieser der Stadt Cöln die Zollfreiheit bestätigt. [52]) 1221 derselbe Henrich, im Gefolge des Cölnischen Erzbischofs Engelbert I., als dieser zum Seelenheil seines Bruders Adolph, Grafen von Berg, dem Kloster Gräfrath den Hof Ehingen im Kirchspiel Mündelheim schenkt. [53]) 1222 Requinus de Zudendorp, im Gefolge desselben Erzbischofs, als dieser den Bürgern von Wipperführt Steuerfreiheit gewährt. [54]) 1246 April Gerardus de Zudindorp, im Gefolge des Edelherrn Walram von Jülich, als dieser der Abtei Brauweiler den Rottzehnten verkauft. [55]) 1266 Gerardus Ritter (Miles) de Zvdendop, der sammt dem Ritter Winrich von Vischenich bei der Sühne der Stadt Cöln mit dem Edelherrn Theoderich von Falkenburg thätig ist. [56]) 1397 24. Oct. Herrich von Zudendorp bei der Ritterschaft von Berg. [57]) 1402 Rembolt v. Z., Knappe, der die Theilung zwischen Graf Adolph von Ravensberg und dessen Bruder besiegelt; er war 1405 Bergischer Rath und Vermittler in der Gefangenschaft des Herzogs vom Berg und 1411 unter dem Namen „Rembold von Tzudendorp genannt von Engelstorp" bei der bergischen Ritterschaft. [58]) 1406 Wilhelm Zudendorp [59]).

---

[50]) L. I. 296. [51]) L. II. 44. [52]) L. III. 22. [53]) L. III. 52. [54]) L. III. 59. [55]) L. III. 156. [56]) Ennen, Quellen zur Geschichte Cölns II. S. 511. [57]) L. IV. 920. [58]) L. IV. 10, 32, 69. [59]) Fahne Cöln. Gesch. Tafel IV. Nr. 199.

Auf dem linken Rheinufer waren es die Rittersitze Uestorf und Pesch, das Truchsesamt von Hochstaden und Burglehne zu Neuerburg und Berchheim, welche den Flecken resp. Stael auch dort eine hervorragende Stellung gaben. Dazu kamen Manngelder auf beiden Ufern in Summen, die für ihre Zeit ausserordentlich hoch waren (z. B. 40 Malter Waizen jährlich zu Harf) und bekunden, dass das Geschlecht mit grosser Mannschaft in das Feld gerückt ist, also über eine, für ihre Zeit grosse Menge von Hintersassen gebieten konnte.

Leider liegen über die Sitze, welche die Stael an dem Brölbache hatten: Saurenbach, Rotscheroth, Altenbroch, Scheid, sowie über jene am Dühnbache: Düneburg, Stall, Saal, keine Nachrichten vor, aus denen man bestimmen könnte, wie diese untereinander mit dem ursprünglichen Hauptsitze, dem Schlosse Holstein, in Verbindung gestanden haben und wie vielleicht durch diese eine Weiterverzweigung vermittelt ist. Aus dem bis jetzt vorliegenden urkundlichen Materiale lässt sich nur ersehen, dass, nachdem das Stammschloss Holstein in die Familie der Edelherrn von Schinne übergegangen war, die Hauptsitze der Flecke und Stael zu Zündorf, Lanquit und Sülze gewesen sind, und dass sich insbesondere von den beiden Letzteren aus die zahllosen Zweige nach den Bergischen, Clevischen, Lüttigschen, Märkischen, Münsterischen, Osnabrükschen, Arnsbergschen Landen, so wie nach Schweden und Liefland verbreitet haben. Die Zusammenhörigkeit aller dieser mit dem Schlosse Holstein wird aber nicht allein durch den Beinamen „von Holstein“, den sowohl die Linie Fleck, als die Linie Stael fortzuführen nicht unterlassen hat, dargethan, sondern auch dadurch, dass der Erbe des Schlosses Holstein, Godefrid von Schinne, 1295 für den Ritter Theoderich II. Flecke v. Holstein Bürge wird [60]) was nach damaliger Sitte in der Regel eine Verwandtschaft voraussetzte.

Die Lage des Schlosses Holstein am Broelbache habe ich oben S. 6 nachzuweisen versucht. Es war Lehn der

---

[60]) II. 8.

Herrn von Heinsberg [61]) welche damals das Schloss Löwen-
berg im Siebengebirge mit der dazugehörigen Herrschaft, [62])
so wie das Schloss Blankenberg an der Sieg, ebenfalls
mit zugehöriger Herrschaft [63]) besassen. Im Jahre 1256
war Heilwigis, Wittwe des Ritters Heinrich Fleck von Holstein, Besitzerin desselben; sie verzichtete darauf, so wie auf
ihr ganzes Vermögen zu Gunsten ihrer Tochter Benedicta [64])
und deren Eheherrn Theodorich von Schinne am Sonntage [65])
11. Juni. Die Burgmänner von Blankenberg waren Zeugen
bei dem Acte, es gehörte also in den Bereich dieser Herrschaft und war vielleicht, sogar trotz seiner späteren Ein-
pfarrung nach Nümprecht, ein feudum infra curtem.

Durch den Besitz dieses Schlosses wird das Geschlecht
als den alten Territorialherrn zugehörig nachgewiesen, denn
sowohl nach dem Urtheilspruche des Königs Heinrich VII.
von 1231, als des Kaisers Adolph von 1295, 10. Oct. [66])
durften nur sie Burgen anlegen. Es spricht nicht minder
hierfür die Verheirathung der Benedicta an einen Edelherrn, wie unten gezeigt werden soll, denn nach den Begriffen jener Zeiten musste die Frau ebenbürtig sein, wenn
die Kinder dem Range ihres Vaters folgen sollten.

---

[61]) Ihre Genealogie bei Fahne Booholtz I. S. 277. [62]) Sie
ist oben S. 20 als Amt Lewenberg beschrieben. [63]) L II. 344.
Sie ist oben S. 27 unter dem Titel Amt Blankenberg beschrieben. Die
darin gelegenen Rittersitze waren: Allner, Attenbach, Awel, Berling-
hoven, Zum Dahl, Dorp, Elsfeld, Velderath, Honrath, Lomar, Menden,
Merten, Niederbach, Niederpleis, Ravenstein, Roedt, Saurenbach,
Seelscheid, Stein, Weschpfennigsbroel. 1363 kam Blankenberg durch
Kauf an die Grafen von Berg, II. 28 und L III. [64]) II. 5. In der
Ueberschrift steht irrig statt: Benedicta Heilwigis [65]) Wie dieser
Tag der Freiheit von knechtischer Behandlung in den frühesten
Zeiten, selbst über das Mittelalter hinaus bis in die neuere Zeit, be-
trachtet und behandelt worden ist, werde ich in meiner Geschichte
der Sonntagsfeier an vielen hunderten Beispielen nachweisen. Traurig,
wenn auch auf die Dauer erfolglos, stehen daneben die gleisnerischen
Bemühungen, ihn von neuem im hierarchischen Interesse zu einem, sogar
geistigen Sclaventage zu machen. [66]) Kindlingers merkwürdige Nachrichten S. 91.

Um die Edelherren-Eigenschaft der v. Schinne darzulegen hebe ich hier folgende urkundliche Nachrichten von ihnen aus:

1208 ist Thiricus de Scinne, Ritter, Zeuge in der Urkunde des Herzogs Henrich von Limburg, worin dieser zum Heile seiner Seele der Besteuerung der, dem Aachener Marienstift zugehörigen Leute zu Walhorn entsagt; [67]) er steht der Rangordnung nach unmittelbar hinter Walram, dem Sohne des Herzogs. Derselbe erscheint 1218 als Theodericus de Schinna mit seinem Sohne Godefridus in einer Urkunde des Herzog Heinrich von Limburg, worin dieser mit Breisig belehnt wird und nimmt den ersten Platz unter den Zeugen ein. [68]) 1256 11. Juni wird, wie Oben gesagt, Theoderich v. S. Besitzer des Schlosses Holstein, sein Siegel, worin ein einfacher geschachter Wappenschild mit der Vierung, hat die Umschrift: S. THEODERICI DE SCHINNE. 1268 verkauft Th. (auch Tilman genannt) de Schinne, Edelherr, mit seinem ältestgeborenen, alleinigen Sohne Godfried und dessen Frau Heylwigis, und deren Vormund, Edelherrn Arnold von Stein, dem Marienstifte zu Aachen den Hof Binghenrode. [69]) Dieselben, Vater und Sohn, beide Edelherrn genannt, welche gegen die Stadt Cöln Feindseligkeiten geübt haben, versöhnen sich 1271 12. Juni mit ihr, werden ihre Bürger, verpflichten sich ihr auf Erfordern mit vier Rittern und fünf Knappen beizustehen und tragen zur Sühne ihre Weingärten zu Rhöndorf bei Honnef zu Lehn auf. Wenn die Stadt länger als 40 Tage ihre Hülfe nöthig hat, so muss sie dem Vater, als Bannerherrn, monatlich 12 Mark, jedem Ritter 6 Mark und jedem Knappen 3 Mark zahlen. [70]) In der Urkunde wird Winand als frater noster aufgeführt, ohne dass sich unterscheiden lässt, ob er Bruder des Vaters Theoderich, oder des Sohnes Godfried sei. Nach einer Urkunde

---

[67]) L. II 14. [68]) L. II. 41. [69]) L. II. 337, vergl. Quix cod. dipl. aquens. II. 2 S 130 anno 1263. Das Stein, wonach sich Arnold schrieb, liegt an der Maas (Prov. Limburg). [70]) L. II. 362. Das Wort Banrothec hat Ennen sehr richtig in Banrothor verbessert.

vom 12. Sept. 1263 [71]), worin der Edelvogt Rutger (von Alpen) mit der Stadt Cöln einen Vertrag schliesst und Herrn Winand von Schinne zum Bürgen stellt, und nach der vorher angeführten Urkunde von 1268 scheint das Erstere zweifellos. Eben dieser Winand, Ritter, wird im selbigen Jahre 21. Dec. Bürge für den Edelherrn Th. von Valkenberg [72]) und erscheint 1269 28. Januar unter den Edelherrn, welche sich für die Rückkehr des Herzogs Walram von Limburg ins Gefängniss verbürgen. [73]) 1270 2. Aug. verbürgt sich Giselbertus de Schinne für die, von seinem Verwandten, Goswin de Puteo mit der Stadt Cöln geschlossene Sühne [74]) 1271 9. Juli verbürgen sich die Edelherrn: Wilhelm v. Vrenze, Godefrid Sohn des Th. von Schinna, Gerard Vogt von Cöln, Godefrid, Sohn des Winand von Schinna, Gerard von Scherrewie, Harper von Hemersbach und Arnold von Giemennich gegenüber der Stadt Cöln, dass der Edelherr Theoderich von Schinne seine, mit der Stadt bezüglich seiner Gefangenschaft geschlossene Sühne halten werde. [75]) 1273 22. März wird der nicht benannte Enkel des Edelherrn Th. von Schinne, Sohn des obgenannten Godfried von S., wiewohl noch Kind, gezwungen, auf den Hof (curia) Binghenrode zu Gunsten des Stiftes B. M. V. zu Aachen zu verzichten, nachdem fünf Tage früher, 16. März, sein Vater Godfried, der noch nicht lange mündig geworden war, mit seiner Frau Heilwigis, Letztere unter Beistand ihres Vormundes, des Edelherrn Arnold von Stein, dasselbe gethan haben. Der Hof bestand aus vielen Mansen mit seinen Leuten und Renten und war den Eheleuten, Godfried und Heilwigis, von seinen Eltern übertragen; das Stift zahlte für den Abstand 300 Mark zu 12 Schillinge. Auch eine Schwester Godfrieds, verheirathet an Herrn Jacob von Stein, verzichtete. [76]) 1276 30. Aug. ist der Edelherr Th. de Schinne Zeuge in einer Urkunde des Grafen Wilhelm von Jülich, worin dieser einen Schiedspruch über die Berechtigungen im Walde Havert fällt. [77])

---

[71]) Ennen II. 485. [72]) Eb. 492. [73]) Eb. 553. [74]) Eb. III. 9.
[75]) Eb. 36. [76]) Quix Cod. I. 2 S. 141—142. [77]) L. II. 406.

1277 ist Tilmannus de Schinne, Ritter, Burgman zu Montfort. [78]) 1285 24. Nov. setzt Henrich, Edelherr von Schinna,
seiner Braut Guderadis, Tochter des Cölner Bürgers Hildeger
von Stessen, für ihre Aussteuer von 1000 Mark sein Schloss
Schinna, bestehend aus dem Obernhause, der Vorburg und
der unteren Wohnung, sämmtlich in vier Gräben eingeschlossen, Lehn des Bischofs von Lüttich, den Hof Sueyc-
husen und sämmtliche zu Schinna gehörigen Ländereien,
Lehn der Herrn von Falkenberg, mehrere Mansen bei Muls-
vort und Renten, Lehn des Erzbischofs von Cöln, endlich
Renten zu Blisne, Lehn der Grafen von Los, als Widerlage. [79])
Bei dieser Hochzeit waren seiner Seits anwesend: Walram,
Herr von Montjoie und Falkenberg, Goswin Herr von Burne
(Born, führt 3 Sparren übereinander), Oysto, dessen Sohn,
Henrich, Herr von Petersheim (Reutersiegel, im Schild ein
Löwe), Gerard von Oye (3 Rosen), Johann von Rinedorp
(zwei Balken), Alexander von Brunshorn, Stiftsherr zu Lüttich,
Propst zu Mecheln, Herman von Withem und Arnold von
Gymnich, (beide führten ein Spindelkreuz), Herman von
Eynenberg (in Steinen bestreutem Felde ein Schrägbalken)
endlich Helwigis, Frau zu Schiderich (Eine Dame zwischen
zwei Wappen, rechts gestreift mit Andreaskreuz, links in
Steinen bestreutem Felde ein Schrägbalken). 1288 18. Febr.
belehnt Henrich, Edelherr von Schinne, den Ritter Henrich
von Krikenbeck mit einem Gute in der Pfarre Hinsbeck. [80])
1289 7. März besiegelt er, als Henricus de Schinne, Ritter,
eine Urpfede des Hermannus de Luwe. [81]) 1289 18. Oct.
bekundet und genehmigt Graf Walram von Jülich, dass ihm
der Edelherr Henrich von Schinne an Stelle des Hofes Baes-
weiler mit dem Patronate über Oidweiler, welche dem Nor-
bertus-Stifte zu Heinsberg verkauft sind, Allodial-Güter
zu Schinne zu Lehn gestellt hat, nämlich: 9 Schillinge von
fünf Wachspflichtigen mit deren Curmut und drei Vasallen:
Johann v. Schinna, Wilhelm von Minentheim und Wilhelm

---

[78]) Bondam S. 527. [79]) L. II. 481, vergl. Fahne Cöln. Gesch.
I. S. 64. [80]) Ennen III. 269. [81]) Eb. 277.

den Sohn des Ritters Conrad von Streithagen. [82]) Im Jahre 1292 2. Oct. verzichtet Godfried Edelherr von Schinne, Ritter, mit Elisabeth, seiner Frau, Tochter des verstorbenen Edelherrn und Ritters Henrich von Blankenberg, auf Besitzungen in den Hof des Cölner Domstifts zu Rheydt gehörig, die er als Theile der Aussteuer seiner Frau in Anspruch genommen hat. [83]) Er lebte noch 1295. (II. 8.)

Am 14. Febr. 1347 beurkundet Mathilde von Geldern, Frau zu Mechelen und Eyke, von Johann, Herrn von Montjoie und Falkenberg mit Haus und Herrlichkeit Schinne belehnt zu sein. (A. I.)

Im Jahre 1367 22. Juli bekennt Lambrecht von Goer, dass er in Uebereinkunft mit Mechtilde von Geldern, Gräfin von Cleve, an dem Hause zu Schinne 5000 goldene Schilde zum Burgbau verwendet habe, dass er und seine Erben gedachtes Haus bis zur Erstattung jener Summe lehnsweise besitzen sollen und eine Jahresrente von 80 Gulden, welche dem „Diedrich die Rode" daraus verschrieben und nun an Johann Huenken übertragen worden sei, mit 800 Goldgulden lösen und in der Pfandschaft verrechnen dürfen. (A. I. 800.)

Derselbe Lambrecht bekundet 1386 18. August, dass ihm von Wilhelm, Herzog und Maria Herzogin von Jülich und Geldern, 600 holländische Gulden, wofür ihm von weiland Mechtilde von Geldern, die im Lande Falkenberg liegende Herrschaft Schinna verpfändet worden, zurückgezahlt seien und verzichtet dabei auf die Herrschaft (A. I. 1118).

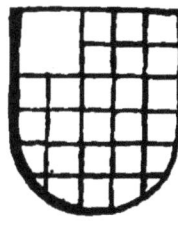

Das Wappen des Theoderich von 1256 ist, wie gesagt, ein geschachtes Feld aus dem im rechten Oberwinkel eine Vierung geschnitten ist. [84]) Ein solches Feld führte auch der Edelherr Th. von Schinne an der Urkunde von 1276. Dagegen hat Heinrich von Schinne 1285 ein anderes Wappen, nämlich, wie hierneben

[82]) L. II. 520. [83]) L. II. 522. [84]) Ueber diese Wappengruppe siehe Forschungen II. I. 8. 9 und oben S. 10.

6*

 in einem mit Steinen bestreuten Felde einen rechtsschrägen Balken; er gehört also einem anderen Geschlechte an, was auch aus der Umschrift seines Siegels hervorgeht, welche, so weit noch lesbar, lautet: S. Henrici Militis . . . . ler (de Wiler). Dasselbe Wappenbild haben auch Helwigis, Frau von Schidderich und Herman von Eynenberg, welche beide ebenfalls die Urkunde besiegelten. Die Stammfolge der hier in Betracht kommenden Edelherrn dürfte also folgende sein:

I. Thirich oder Theoderich Edelherr von Schinne 1208—1218.

II. Godfrid von Schinne 1218.

III. 1. Theoderich, Edelherr von Schinne 1268-1276   2. Winand Edelh. Benedicta Erbin des Schlosses Holstein, Tochter   herr von Schinne des Ritters Henrich Flecke zu Holstein 1256.   1263-1271 h. N.

IV. 1. Godfried, einziger   2. Tochter   Godfried, Edelherr von S. 1270 Sohn, Edelherr, 1268 bis   h. Jacob   bis 1295 h. Elisabeth von 1273 h. Helwigis 1268-73.   Herrn von   Blankenberg, Tochter des
Sohn 1273 noch Kind.   Stein.   Ritters Heinrich v. B.

Was nun die Stammfolge unserer Flecke, oder Staele angeht, so ist bis jetzt noch nicht zu ermitteln gewesen, wie die Eltern und Voreltern des Ritters Heinrich Flecke zu Holstein geheissen haben, es steht nur fest, dass vor ihm schon hierhergehörige Flecke gelebt und ansehnliche Stellungen eingenommen haben. So die drei Brüder: Herman I., Reinard und Theoderich I., Fleck, Söhne des Truchses in Hochstaden. [85]) Von diesen dreien kommt Theoderich I. auch noch 1238. Hermann I. 1238. 1242 und 1243 vor, [86]) letzter war Mundschenk des Cöluischen Erzbischofs, Conrad von Hochstaden und heisst 1249 in einer Urkunde des Abts Hermann von Corvey, der ihm für 200 Mark Darlehn die abteilichen Weingüter zu „Kestenich" bei Bonn verpfändete,

---

[85]) Dieses Schloss lag an der Stelle des jetzigen Hoisten bei Neuss   [86]) II. 2.

Hermann von Are genannt Flecke, Mundschenk des Erzbischofs von Cöln. [87])

Die Nachkommenschaft dieser drei Brüder, sowie ihr
Verwandtschaftsgrad mit dem zuerst genannten Ritter Heinrich, Besitzer des Stammschlosses Holstein, lässt sich aus den
seither aufgefundenen Urkunden nicht mit Sicherheit nachweisen, indessen soviel scheint zweifellos, dass

1. der gemeinsame Stammvater jener drei Brüder und
des Ritters Heinrich schon mehrere Generationen zurück,
also mindestens im 12. Jahrhundert gesucht werden muss,
einmal weil eine so weite Verzweigung, mit so von einander
entfernt gelegenen Gütern und Ansiedelungen, eine längst voll-
zogene Trennung der Linien voraussetzt und weil, wenn
beispielsweise Heinrich und die drei Brüder einen Vater,
oder selbst ein und denselben Grossvater gehabt hätten,
Schloss Holstein, als terra aviatica, nicht sowohl an Henrichs Tochter Benedicta, sondern an die drei Brüder gefallen
sein würde. [88]) Nach der gewöhnlichen Erbfolge in jener
Zeit war das Weib von den Erbgütern ausgeschlossen und
blieb dem Aeltesten das Stammgut, also hier das Schloss;
die nachgebornen Söhne fanden ihr Glück durch Heirath,
oder in Hofdiensten. So werden auch die Flecke, resp.
Stael in den Besitz des Truchsesamts zu Hochstaden und
weiter zu Gütern gelangt sein.

2. Dass Conrad Stail von Hainroide, nach dem Siegel
Conrad Stail von Hostaden, [89]) der 1343 mit seinem Bruder
Godfridus de Vlecke, Mönch zu Gladbach, [90]) vorkommt,
aus der Hochstadener Linie stammt.

3. Dass ein Theoderich Flecke (den Jahren nach obiger
Theodrich II.) der Gründer der nachfolgenden Generation

---

[87]) Wigand's Archiv Band 1, Heft 2, S. 64, Kessenich kam
bald darauf an das Kloster Hardehausen, wo das Weitere zu
suchen sein würde. [88]) Lex Rip. LVI. 1—4. Fahne Bocholtz I. 1.
S. 266. Vergl. Kindlinger L. o. S. 95. [89]) II. 20 und Tafel 12 Nr.
55. Dass an erster Stelle von Holstein steht, ist Druckfehler. [90]) vergl.
Fahne Bocholtz IV. 41.

gewesen ist und zwar deshalb, weil Theoderich III. in der Urkunde von 1290 [91]) junior genannt wird, was nach den damaligen Verhältnissen in der Regel einen gleichnamigen Vater, oder Oheim, voraussetzt.

2. Die Verzweigungen.

A. Die beiden Hauptlinien: Flecke zu Holstein und Flecke zu Hochstaden, Erlöschen der ersteren, Verzweigung der zweiten in drei Linien.

Nach den, im vorhergehenden Abschnitte gemachten Mittheilungen ist die älteste Abstammung etwa folgender Art aufzufassen:

I. N. Fleck, Herr des Schlosses Holstein.

II. N. Fleck, Herr des Schlosses Holstein.　　2. N. Truchses im Schlosse Hochstaden, 1227 todt.

| II. N. Fleck, Herr des Schlosses Holstein. | 1. Herman I. Fleck 1227 Sohn des Truchses. 1238—43 Mundschenk des Cöln. Erzbischofs Conrad v. v. Hochstaden. 2. Reinard Fleck 1227. | 3. Theoderich I. Fleck 1227 mit seinen Brüdern alsSohn desTruchses. 1238 mit seinem Bruder Herman I. |

IV. Heinrich, Herr des Schlosses Holstein, letzter männlicher Spross dieser Linie, 1256 todt, h. Heilwigis. Sie überträgt 1256 als Wittwe Schloss Holstein ihrer Tochter.　　N. (Theoderich II.) Fleck (kann auch SohnHermanns I. gewesen sein)1282 todt.

V. Benedicta erhält mit ihrem Manne Schloss Holstein, h. Theoderich von Schinne.　　I. Henrich I. Fleck von Holstein Ritter, 1290—95 2. Theoderich III. Fleck von Holstein Ritter, 1282—1301 Marschall Dapifer. 3. Henrich II., genannt Stael, Ritter, 1282—90) Herr zu Oustorf.

Wir erhalten also zunächst zwei Hauptlinien: Flecke zu Holstein und Flecke von Holstein zu Hochstaden. Die Erstere erlischt im 13. Jahrhundert durch die Erbtochter Helwigis, welche das Schloss Holstein an ihren Eheherrn

---

[91]) II. 7.

Theoderich von Schinne und dessen Geschlecht bringt. Die andere Linie spaltet sich um dieselbe Zeit durch drei Brüder, Söhne Theoderichs II., in drei Linien, von denen die eine, gestiftet durch Ritter Heinrich I. genannt Fleck [92]), auch Heinrich Fleck von Holstein, die älteste war und die zweite (Hochstaden-Lanquaden) durch dessen Bruder Theoderich III. genannt Fleck von Holstein gegründet wurde, der seinem Vater in den Hochstadenschen Besitzungen folgte und deshalb auch Theoderius Flecko, Truchses zu Hochstaden hiess. [93]) Seine Nachkommenschaft theilte sich in viele Linien, von denen die, bis auf uns herab fortblühenden den Namen Stael von Holstein festhielten und sich nach ihren verschiedenen Sitzen durch Beinamen unterschieden, wie unten weiter gezeigt werden soll. Der dritte Bruder, Heinrich II. mit dem Beinamen Stael, wurde Stammvater einer linksrheinischen Linie. Alle drei Brüder waren Ritter und treten in folgender Weise auf.

V. Henrich II. erscheint 1282 unter dem Namen Henricus Stael, Ritter, als Herr zu Oustorp mit seinen drei Kindern, Aleid, Tilman (was in jenen Zeiten mit Theoderich synonim gebraucht wurde) und Henrich, mit seinem Bruder, Theoderich III. genannt Fleck und seinem Schwager, Gobelinus von Gleuel. [94]) Er ist demnächst 1290 8. August bei der Aussöhnung seiner Brüder mit dem Grafen von Berg thätig und büsste dabei die Rente von 40 Malter Waizen aus Harf ein. [95]) Ueber seine Nachkommenschaft sind mir keine Nachrichten vorgekommen. Wahrscheinlich gehören dazu die, im Urkundenbuche vereinzelt erscheinenden Stael, unter Anderen: Johann Stael mit seiner Frau Agnes, die 1342 Pesch besitzen. [96]) Dann Johann Stael, der 1392 der Stadt seinen dreimonatlichen Sold mit 225 Mark quittirt, [97])

---

[92]) Der Name wird Fleck, Vleck, Flecke, Vlecke geschrieben. Der Gleichmässigkeit wegen werde ich, wenn nicht aus Urkunden citirt werden soll, Fleck schreiben. [93]) II. 11. 12. [94]) II. 5. [95]) II. 6. [96]) II 22. [97]) II. 48.

eine Summe die bekundet, dass er sich ihr mit 18 Mann [98]) (damals bedeutend [99]) zur Verfügung gestellt hatte. Balduin Stael 1397 Comthur des deutsch Ordenshauses zu Coblenz, 1402 Vogt zu Schiffelbein und in der Neumark, 1408 Vogt zu Grebin, 1409 Comthur zu Strassburg, fiel 1410 15. Juli in der Schlacht bei Tannenberg. [100]) Hopgen Stail, der sich 1416 18. April mit dem Erzbischofe Diedrich von Cöln versöhnt und dessen Mann wird. [101]) Wilhelm Stail von Molenbroich, der 1498 vom Erzbischofe von Cöln mit der Vogtei zu Buschhouen und Mutenkoven, so wie mit dem Hofe zu Gelstorf belehnt wird [102])

V. Von Heinrich I., genannt Fleck, auch Fleck von Holstein, wird berichtet, dass er unter Anderm vom Grafen von Berg Burglehne zu Neuerburg [103]) bei Kelberg in der Eifel) und die Vogtei zu Langel im Besitz gehabt habe. Es erhob sich aber Fehde zwischen ihm, dem seine beiden Brüder, nach damaliger Anschauung von der Solidarität der Familienangelegenheiten [104]) und Gerard von Frechen (wahrscheinlich ein Schwager von ihnen) Hülfe leisteten, einer Seits und dem Grafen Adolph von Berg, Everhard von der Marck und Theoderich von Limburg anderer Seits, wobei unter Anderm der Ritter Adolph v. Urbach den Grafen beistand. Bei dem Grafen von Berg handelte es sich

---

[98]) vergl. II. 12, wo 12 Mann mit 150 Mark dreimonatlich besoldet wurden. [99]) Denn wer 14 Mann unter sich hatte, galt für einen Bannerführer. [100]) II. 48 die dortige Jahreszahl 1392 muss 1397 heissen. [101]) II. 63. [102]) II. 151. Buschoven, eine römische Niederlassung, jetzt Kirchdorf in der Eifel, vormals Amt Rheinbach; das dortige, jetzt verschwundene Jagdhaus Erzbischofs Hermann V. von Cöln ist durch dessen reformatorische, von dort geleitete Bestrebungen berühmt geworden. Muttinghoven, jetzt Müttinghoven ist ein Hof bei Buschoven im ehemaligen Amte Bonn. Gelstorf ist ein grosses Dorf mit Burg in der Eifel, jetzt Sitz des Bürgermeisters, vormals Grafschaft Neuonar. [103]) Jetzt Nürburg, eine starke, weitläufige Burg der hohen Acht gegenüber, einer der höchsten Punkte der Eifel, auf Grundlage eines Römercastells. [104]) Schon bei Tacitus Germ. 21.

um Geldansprüche, die Zwistigkeitsgründe bei den andern sind nicht angeführt. Nach Sitte damaliger Zeit galt es, sich durch Brand, Raub und Nahme auszuzeichnen, d. h. eine Partei suchte die andere durch das Verbrennen ihres und ihrer Hörigen, resp. Hintersassen Eigenthum, durch das Entführen von Vieh (denn das war in jener Zeit, neben den schwerer zu transportirenden Früchten in der Regel der einzige Reichthum einer Familie) und durch das Einfangen der Personen der Gegner selbst, zum Behufe eines Lösegeldes, möglichst hart zu beschädigen. Wirklich fingen die Brüder den Grafen Theoderich von Limburg ein und schleppten ihn ins Gefängniss, indessen auf die Dauer konnten sie doch der Macht der Gegner nicht wiederstehen; es wurde am 8. Aug. 1290 Friede geschlossen. Die beiden Heinrich mussten auf die Nürburger Lehne, die Vogtei von Langel und die 40 Malter Waizen verzichten, alle drei Brüder und auch Gerard von Frechen ihr ganzes, gegenwärtiges und zukünftiges Vermögen dem Grafen von Berg zu Lehn auftragen, den Grafen von Limburg freigeben, allen Feindseligkeiten gegen die Grafen und deren Helfer entsagen, und ihre Ansprüche gegen den Grafen Everhard von der Mark dem Schiedspruche des Grafen von Berg und dessen Bruders, Henrich, Herrn von Windeck, unterwerfen. [105])

Fünf Jahre später ist Henrich I. mit den Cölner Bürgern in Zwist, weil sie seinen Sohn gefangen und eingesperrt haben; die Sache wird einem Schiedssprucho unterworfen, der von vier Personen gefällt werden soll, nämlich auf Seiten Heinrichs von dessen Bruder Theoderich und dem Ritter Daniel von Bachem, auf Seiten der Stadt Cöln von Hildeger Heinrich genannt Birklin und Bruno genannt Hardevust, denen, wenn sie sich nicht einigen können, der Ritter Johann genannt Scherfgin als Obmann beigegeben ist. [106])

Auch von den Nachkommen Heinrich I. sind bisher keine andere bestimmte Nachrichten gefunden, als dass er 1295 jenen gefangenen Sohn hatte. Ganz gewiss werden

---

[105]) II. 5—8. [106]) II. 8.

solche noch in den verschiedenen, bisher ungeordnet gebliebenen Archiven zum Vorschein kommen. Denn, da Heinrich I. der älteste Sohn war, so muss sein Grundbesitz unbedingt grösser gewesen sein, als der seiner beiden Brüder, und wenn wir seinen Bruder Theoderich III. in den Besitz von vielen Höfen finden, die später als bedeutende Rittergüter dastehen, so muss soviel mehr ähnliches von dem Aeltesten gelten. Die Nachrichten über solche bedeutende Grundbesitzungen sind aber gewiss nicht ganz verloren gegangen. [107]) Ich vermuthe übrigens, dass die, nach und nach einzelnen auftauchenden Flecke von ihm abstammen, ich will also diejenigen, welche mir begegnet sind, hier aufführen.

Johann genannt Flecke hat zu Cöln eine Rente an drei Kindstheilen eines Hauses von zwei hölzernen Häusern in der Schildergasse (platea clypeatoris) neben dem Hause des Schildmachers (clypeatoris) Conghin gelegen. Da ihm die Rente nicht gezahlt wird, so lässt er sich in Besitz des verpfändeten Gegenstandes setzen und wird in Folge dessen (1386 11. August) daran geschrieben (Col. Cleri). Im Jahre 1388 werden an dieselbe Rente (9 Goldgulden) folgende Personen geschrieben: Johannes dictus Vlecke lebend, Nesa seine Frau todt, 1. Magister Herman, 2. Peter, 3. Johann Priester, 4. Margaretha Nonne zu St. Clara in Cöln, beider Kinder, Margaretha erhält die Rente, welche nach ihrem Tode auf dem Priester Johann fallen soll. 1450 wird Johan Vlecken von Uest im Lande Randerode zum Jülischen Landtage verschrieben. [108])

V. Der dritte Bruder, Theoderich III., setzte die Hochstadener Linie fort. Er war Herr zu Langwaden (Lanquit) Bergerhausen und Sleid, Marschall und Truchses (dapifer), zu Hochstaden und besass einen, jetzt unbekannten, Hof Merat bei Monheim. Er kommt zum ersten Male 1281 vor, wo er

---

[107]) Es ist heut zu Tage die gewöhnliche Entschuldigung derjenigen Familien, welche alt sein wollen, ohne es beweisen zu können: ihre Urkunden seien sämmtlich verbrannt. Unter 1000 Fällen mag dieses einmal richtig sein. [108]) Fahne cöln. Gesch. II. XL

Lancwaden und die Höfe zu Bergerhusen bei Richrath und Sleden bei Monheim, dem Edelherrn Henrich von Windeck zu Lehn aufträgt. 1284 26. Febr. erscheint er als Marschall unter dem Namen Theoderich genannt Vlecke von Holstein, und zwar zu Brühl als Zeuge, bei Gelegenheit wo Erzbischof Siegfried von Cöln den Theoderich Luf von Cleve, Bruder des Grafen Theoderich von Cleve, mit dem Schlosse Grevenbroich belehnt; er hat bei dieser Gelegenheit eine Rangstellung vor dem Marschalle von Alfter. [109]) Er focht 1288 in der berühmten Schlacht bei Worringen auf Seiten des Erzbischofs, wurde vom Grafen Walram von Jülich gefangen genommen und musste sich 1289 30. Nov. durch die Abtretung der Hälfte seines Hofes Merat aus dem Gefängnisse lösen. [110]) Er wird im selbigen Jahre Ritter genannt und stand in dem darauf folgenden in der Fehde seines Bruders Heinrich auf dessen Seite gegen den Grafen Adolph von Berg, musste sich aber unterwerfen und seine Güter in dem Friedensvertrage von 8. Aug. 1290 [111]) zu Lehngütern des Grafen machen. In diesem Vertrage wird er als Theoderich der jüngere (im Gegensatz zu seinem Vater) genannt Flecke aufgeführt. Vier Monate später (20. Dez.) entlässt auf sein Bitten Walram von Jülich, Herr zu Bergheim, den Hof Bolant, gehörig dem Caecilienstift zu Cöln, aus der Vogtei. Bei dieser Gelegenheit heisst er: Theodericus dictus Vleckon de Holstein, Ritter. [112]) Unter demselben Titel verspricht er 1295 24. April den Cölner Bürgern, sich in ihrer Stadt sammt 5 Bürgen, oder statt ihrer je ein Knappe, (famulus), jeder von einem Pferde begleitet, zum Einlager zu stellen, falls sein Bruder, Ritter Heinrich genannt Flecke von Holstein, dem Schiedsspruche nicht gehorchen will, den er, Theoderich, mit den Rittern Daniel von Bachem, Hildeger Heinrich genannt Birklin und Bruno genannt Hardevust, eventuell der Obermann, Ritter Johann genannt Scherfgen, fällen wird

---

[109]) L. II. 469. Der Marschall von Alfter war der höchste Beamte des Erzstifts. Vergl. Fahne Salm. [110]) L. II. 521. [111]) II. 5. [112]) L. II. 538.

und der die Streitigkeiten seines genannten Bruders mit der
Stadt wegen der gefänglichen Einziehung dessen Sohnes
schlichten soll. Die Bürgen sind: die Herrn und Ritter,
Godfried von Schinne, Arnold von Elverfeld, Herman von
Immelhusen, Tilmann genannt Raitze und Reinard genannt
von Gerolshoven, Stiftsherr von St. Georg in Cöln. [113]) Sein
an dieser Urkunde hängendes Siegel mit der Umschrift
† S. Th. Flecken de Holst. Milit. habe ich gleichzeitig mit
dem des Raitze (Umschrift † S. Theoderici Dei (dicti) Razo
Militis) Tafel I. Nr. 1 und 4 abgebildet, es enthält die 8
Kugeln ohne Beizeichen.

Mit demselben Siegel [114]) besiegelt er, sammt dem Edelherrn Walram von Brughe und Gumpert von Gerstorp, 1301
25. Mai eine Urkunde des Godfried von Nyvenheim, worin
dieser dem deutschen Orden seine sämmtlichen Besitzungen
zu Orken verkauft; in dieser Urkunde wird er einmal Flecko
von Hostadin und das andere Mal Th. genannt Flecko
Dapifer genannt. [115]) Später habe ich keine Urkunde mehr
von ihm gefunden. Er war 1320 16. März todt und hinterliess vier Söhne.

1. Theoderich Vlecke IV., der den Stamm fortsetzte,
wie folgt VI. Sein Siegel unterscheidet sich von dem seines
Vaters durch das Beizeichen: einen Stern im Schildesherzen,
und die Umschrift, welche lautet: † S. Theoderici Flecke. [116])

2. Daniel. Er war Canonicus zu St. Cunibert in Cöln,
was ihn jedoch nicht abhielt das Kriegshandwerk zu treiben.
Wir finden ihn 1320 mit seinem bewaffneten Knechte im
Solde der Stadt Cöln und war für beide der dreimonatliche
Lohn 25 Mark (c. 10 Thlr.) Er kommt auch noch 1333 und
1343 11. Juli vor. Sein Siegel hat als Beizeichen einen Turnier-

---

[113]) III. 8. [114]) Die Abbildung auf Tafel II. Nr. 5 ist nicht
correct. Der Wachs-Abdruck ist gequetscht, dadurch sind die beiden
h. verändert und das L. in Holstein zu einem scheinbar i. umge-
staltet. Eine genaue Ausmessung hat ergeben, dass dieser Abdruck
und der obige von 1295 aus ein und derselben Form genommen sind.
[115]) II. 9. [116]) Tafel I. Nr 2.

kragen, wonach er, der gewöhnlichen Regel gemäss, der ältesto Sohn gewesen ist, während der Stern bei Theoderich den Zweitgebornen verkündigt. Die Umschrift lautet: † S. Daniel: Flecce. kan. Sci. Kunib.ti [117]) Die beiden anderen heissen: 3. Winrich und 4. Engelbert. Alle vier Söhne standen 1320 als Söldner bei der Stadt Cöln in Kriegsdiensten. [118])

VI. Theoderich IV., auch Tilmann, beide Vornamen wurden synonim gebraucht. So nennt ihn die Urkunde vom 16. März 1320 sowohl im Texte, als im Siegel Theodericus Flecke, dagegen die Urkunde desselben Jahrs vom 15. Dec. im Texte Tilmannus Flecke, während das Siegel dasselbe ist, wie am 16. März; es ist Tafel I. Nr. 2 abgebildet. In jener Urkunde erscheint er zum ersten Male als Knappe (armiger) mit seinen Brüdern, 1. dem Stiftsherrn Daniel, 2. Winrich, 3. Engelbert und mit seinem Sohne, Flecko, und seinem Schwiegersohne, Gerard genannt Garz, alle fünf ebenfalls Knappen. Sie stehen sämmtlich bei der Stadt Cöln im Kriegssolde und haben als solche, jeder seinen Genossen unter sich, für die sie, ebensowohl wie für sich, der Stadt den dreimonatlichen Sold mit zusammen 150 Mark cölnisch quittiren. In der zweiten Urkunde vom 15. Dec. stellt er, mit denselben Personen, der Stadt eine Generalquittung über die Besoldung aus, während er ihr 13. Nov. 1321 unter dem Namen Flecke senior, durch das anhangende Siegel aber als Theoderich IV. erkannt, für seine Person allein den Empfang von 8 Mark Niessbrauchsgeld bescheinigt[119]). In einer Urkunde vom 2. Oct. 1324, die er mit dem beschriebenen Siegel (Tafel I. Nr. 2) besiegelt hat, bittet er diese 8 Mark dem überbringenden Boten zu zahlen.

Viris discretis . . thesaurariis civitatis col. Theodericus dictus flecko dicto civitatis feodalis suum servitium tam debitum, quam paratum. Vestram discretionem deprecor seriose, quatenus latori presentium octo marcas, quas in feodum porri-

---

[117]) Tafel I. Nr. 3. [118]) II. 12. 13. [119]) II. 12. 13.

getis, tanquam mihi si propria persona adessem porrigatis. Datum anno dni. M⁰. CCC⁰ XXIII⁰ feria tertia post remigii. (C. St.)

Man sieht er war ein gewandter Lateiner.

Am 12. November 1329 tritt er als Ritter auf und führt als solcher, wegen der grösseren Würde mit dem Titel Herr, ein neues, von dem oben beschriebenen verschiedenes Siegel, das Tafel II. Nr. 6 abgebildet steht und die Umschrift hat: † S. Dni Deoderici Flechke. In dieser Urkunde, worin er sich Theodericus Flecke von Hoilsteyn, Ritter, nennt, quittirt er der Stadt Cöln seine 8 Mark Manngelder. [120]) Am 17. Dec. 1333 ist er todt und zwar haben die Cölner ihn mit seinen beiden Söhnen: Ritter Flecke (in der Urkunde vom 15. Dec. 1320 Tilmann genannt) und Franke, in der Stadt Cöln selbst erschlagen und im Kloster Weyer (piscina), vor dem Weyerthore zu Cöln, begraben. [121])

Den Verpflichtungen der damaligen Zeit entsprechend nahm die Familie die Blutrache auf, es folgte zwischen ihr und den Cölner eine lange Fehde, die endlich durch Schiedsrichter ausgeglichen werden sollte, an deren Stelle aber, da sie nicht einig werden konnten, der Graf Adolph von Berg, als Obmann trat und unter obigem Datum dahin entschied: die Familie soll den Cölner Bürgern den Todtschlag verzeihen und, wie es bei Todfehden, d. h. in denen einer erschlagen wurde, Sitte ist, schwören, dass weder sie, noch ihre Nachkommen sich deshalb jemals an die Stadt rächen, auch darüber nicht Klage führen wollen. Dagegen soll zwischen der Familie und der Stadt Cöln ein ewiges Freundschaftsbündniss bestehen. Jene soll in dieser stets gefriedet und geschirmt sein und wie ein Cölner Bürger behandelt werden; dagegen soll sie aber auch überall, wo sie kann, die Stadt mit Rath und That nach all ihrer Macht unterstützen, und, wenn sie aufgefordert wird, ihr dienen und zu Hülfe kommen. Für diesen Fall soll die Stadt jedem,

---

[120]) II. 14. [121]) II. 15. 21.

so lange er dient, neben der Kost monatlich 5 Mark Cölnisch zahlen. Ausserdem soll die Stadt den drei Söhnen
des erschlagenen Theoderichs IV., mit Namen: Lutter genannt Stale, Werner und Winrich, so wie ihren Nackkommen
zusammen jährlich 150 Mark behändigen, welche sie
jedoch mit 1500 Mark Capital ablösen kann. Dieser Schieds-
spruch ist vom Grafen Adolph und von den Verwandten
der Söhne des Erschlagenen namentlich: den Herrn und
Rittern, Gotschalk von Dürscheit, genannt von Burwordink-
husen, Henrich Stall von Slicheim, Henrich von Schoynrode,
Johann Krane von Inevelt, Mathias von Stommel, so wie
von dem Canonicus zu Cunibert Daniel Fleck, Conrad Stael
von Honrath, Fleck von der Mülen und Meys von Broiche
besiegelt. [122]) Man sieht aus dieser Verwandtschaft, welche
den ersten rheinischen Familien angehört, dass die Flecke
resp. Staele in jener Zeit eine hervorragende Stellung ein-
nahmen.

Theoderichs IV. Frau hiess Gertrud; sie war entweder
aus dem Geschlechte Elverfeld, oder Horst, denn diese nennt
der Sohn seine mütterlichen Anverwandten. [123]) Der Name
Gertrud ist besonders bei den Elverfeld vertreten. Er zeugte
mit ihr 11 Kinder:

1. Flecko, auch Tilmann Sohn Tilmanns des Flecko genannt. Unter dem ersten Namen kommt er mit seinem
Vater in den Urkunden vom 16. März 1320 und 17. Dec.
1333, unter dem zweiten, am 15. Dec. 1320 ebenfalls mit
seinem Vater vor. [124]) Er war Ritter [125]) und wurde mit
seinem Vater von den Cölner erschlagen. [126])

2. Franke, der ebenso mit seinem Vater und Bruder
das Leben verlor. [127])

3. Lutter I., der genannt ist Staile, oder Stale, er setzte
den Stamm fort und wurde Stifter der Linie zu Lanquit
und Sülze. (Folgt unten B. VII.)

4. Werner kommt 1333 17. Dec., 1336 2. Mai, 1337

---

[122]) II. 15—20. [123]) II. 26. [124]) II. 12. 13. [125]) II. 15. [126]) Eb.
[127]) Eb.

2. Mai, 1340 6. Januar mit seinem Bruder Lutter vor und führte als nachgeborner Sohn den Turnierkragen im Wappen; es steht Tafel II. Nr. 8 abgebildet, die volle Umschrift nach dem Siegel an der Quittung von 1337. [128]) lautet: † S. Werneri Flec _*

5. Winrich, im Siegel Wirich Fleck, führt ebenfalls als nachgeborner Sohn den Turnierkragen, wie sein Siegel Tafel XI. Nr. 53 zeigt. Er kommt 1333 bei der Sühne vor, die er besiegelte.

6. Winrich, ein zweiter dieses Namens, wird im Siegel Winric Fleck (Tafel II. Nr. 9, verbessert Tafel XI. Nr. 54) in der Urkunde von 1341 8. Mai aber Henrich genannt; auch dieser hat als Nachgeborener den Turnierkragen. Er besiegelte nachträglich, 8. April 1338, die Sühne und quittirte 1341 8. Mai bis 1363 mit seinem Bruder Lutter der Stadt Cöln die 100 Mark jährliche Manngelder.

7. Congin (Conrad) von Hoven, 1333 bei der Sühne, er führte den Beinamen wahrscheinlich von einem Gute Hoven.

8. Dederait verheirathet mit Gerard Garze (wohl Gürtzen von Sintzigh). Dieser war 1320 16. März Knappe und mit seinem Schwiegervater im Solde der Stadt Cöln. 1333 erscheint er mit seiner Frau bei der Sühne.

9. Sophia verheirathet mit Rorich von Hainroyde (Honrath).

10. Aleid und 11. Gertrud, deren Ehemann Johann hiess, alle fünfe ebenfalls bei der Sühne.

B. Linie zu Langwaden, Graven und Sültze.

VII. Lutter I. Herr zu „Lanquaiden" [129]) kommt zum ersten Male 1333 17. Dec. bei Gelegenheit der Sühne mit der Stadt wegen des Todschlages seines Vaters und Bruders vor und heisst Lutter genannt Staile, Sohn des erschlagenen Ritters Tilman (Theoderich) Flecken. Es werden

---

[128]) Eb. 14. 15. 21 und Cöl. St   [129]) II. 26. 27. Sein Siegel an der Dortmunder Urkunde ist das Tafel III. Nr. 10 abgebildete, also die Identität nicht zu bezweifeln.

ihm und seinen beiden Brüdern und Nachkommen jährlich 150 Mark aus der Cölner Stadtkasse zuerkannt. [130]) Von diesen fallen ihm später in Folge brüderlicher Theilung 100 M. zu, die er indessen am 2. Mai 1334 und 1336 und 1337 noch gemeinschaftlich mit seinem Bruder Werner, weiter bis 1363 mit seinem Bruder Winrich (Henrich) besitzt und mit ihnen der Stadt quittirt. Das Siegel der ersten beiden Brüder an den Quittungen von 1334—37 ist noch dasselbe wie am 17. Dec. 1333 und Tafel II. Nr. 7 und 8 abgebildet; das des Lutter hat die Umschrift: † S. Lutter Stail de Hoilstein. Die Verzierungen um den Schild sind Palmzweige, je zwei an jeder Seite. In der Urkunde von 1334 crastino dominica qua cantatur miserere werden beide Brüder Söhne des verstorbenen Ritters Tilman Flecke genannt. [131])

1340 ist Lutter Ritter geworden und stiftet als solcher mit seinem Bruder Winrich (dessen Siegel Tafel II. 9 resp. XI. 54 steht) zum Seelenheile ihres erschlagenen Vaters und Bruders ein Jahrgedächtniss in dem Kloster Weyer vor Cöln gelegen, wo beide begraben sind. Sie geben dazu 3 Mark jährlich aus den Gefällen zu Berchcim an der Erft. Es soll dafür alle Jahr auf Allerseelenabend das Grab ihrer Eltern erleuchtet und ihr Jahrgedächtniss gefeiert werden. [132])

Als Ritter führt Lutter ein neues Siegel, welches ich auf Tafel XIII. Nr. 56 abgebildet habe, mit diesem besiegelte er feria sexta ante dominicam misericordia 1340 und Goydisdags anddays Payschen 1352 zu Cöln die Quittungen über die 100 Mark. [133]) Dabei nennt er sich in der ersteren Lutterus Stail de Hoilsteyn miles, in der letzten aber Lutter Stayl Vlecke von Hoylsteyn Ritter. Er führte als Ritter neben diesem Siegel aber auch ein anderes, welches ich Tafel III. Nr. 10 abgebildet habe. Mit diesem hat er 1341 in octava Philippi et Jacobi apost. [134]) und 1350 in die Philippi et Jacobi, ferner 1353, 1354, 1355, 1358, 1363 die

---

[130]) II. 15. [131]) Col. St. [132]) II. 21. [133]) Cöl St. A und II. 25. [134]) II. 22. Die Anmerkung hat einen Druckfehler, sie muss lauten: Das Siegel Lutters ist nicht dasselbe wie 1333. Tafel II. 7.

gedachten 100 Mark quittirt, jedes Mal in grünem Wachs mit Ausnahme von 1363, wo das Wachs roth ist.

Lutter genoss ein besonderes Ansehen. 1347 5. Februar wurde er mit Heinrich von Grafschaft und Ludwig Vogt von Lülstorf auf Seiten des Grafen Adolph von Berg in dessen Bündnisse mit der Stadt Cöln zum Schiedsrichter ernannt. [135]) 1343 bewirkte er, dass der Rath zu Cöln sich der Klagen des Sander Jüdden annahm. Lutter nennt diesen seinen Neffen, es scheint also, dass er ein Sohn seiner Schwester war. Die Klagen geben ein Bild der Zeit. Göbel, Jüdden, Ritter, ein Bruder Sanders und beide Söhne des Ritters Daniel Jüdden, hatte, beim Tode des letzeren, Sanders Mutter, welche Daniels zweite Frau war, schmählich beleidigt, er hatte ihr nämlich das Haus, als sie es verlassen hatte, um der Leiche ihres Mannes in die Kirche klein St. Martin zu folgen, hinter dem Rücken verschlossen, so dass sie bei Rückkehr aus der Kirche obdachlos war; er hatte ihr alle Kleinodien vorenthalten und auf Aufforderung nur ein Bett und zwei Paar Kleider herausgegeben, er hatte ferner ihm, Sander, die Kindestheile an dem Erbe des verstorbenen Vaters, so wie es in den Karten und in dem ersten Theile des Schreins der Amtherrn von klein St. Martin geschrieben steht, verweigert, nämlich: 1. an einer Hälfte des Hauses des Henrich Judden in Rheingasse, 2. an Bruno (Jüdden) Haus daselbs neben Constantins (von Lyskirchen), 3. an Philipps Hardevust-Haus daselbst, 4. an dem Hause des Albrecht Gemelick auf dem Rheinufer, 5. an der Hälfte eines Viertels und an ⅓ der Hälfte eines Viertels eines Hauses in der Klappergasse, 6. an dem Hause des Mathias Goselin gegenüber dem Bürgerhause von St. Martin, woran Sanders Mutter geschrieben stand, 7. an einer Rente von 1 Mark aus Haus Butscho in der Rheingasse. Fernerhin beklagte sich Sander: dass sein Bruder ihn gezwungen habe über Berg zu reiten, wodurch er 300 Mark Schaden gelitten und dass er durch sein Verschulden 14 Jahre habe im Gefäng-

---

[135]) II. 22.

niss sitzen müssen, wodurch er ebenfalls um 200 Mark beschädigt worden, endlich dass er nach überstandenem Gefängniss, als er mit Henrich von der Ehren eine Kaufmannschaft begonnen, 200 Mark Schaden gelitten.

Zehn Jahre später 1353 hat Lutter eine Fehde mit der Stadt Dortmund, die Gründe sind nicht bekannt; die Ritter Godart Winter von Aldenroide, Diederich von Elner und der Knappe Wilhelm Hane helfen ihm. 4. Nov. 1353 erfolgt die Sühne, welche Namens Lutters unmündiger Kinder die Verwandten seiner Mutter, die Gebrüder und Ritter Diedrich und Johann von Elverfeld und der Knappe Balduin von der Horst mitbesiegelten. [136]) Er wird bei dieser Gelegenheit Herr von Lanquaide genannt. 1355 befindet er sich unter den Freunden des Grafen Gerard von Berg und Ravensberg, welche dessen Vergleich mit dem Vater, Markgrafen Wilhelm von Jülich, vermitteln helfen. [137]) Er war Amtmann und Rath des genannten Grafen Gerhard und besiegelte als solcher 1358 zwei Urkunden desselben. [138]) Zuletzt erscheint er 1363 1. Juli und zwar als „Herr Lutter Stail von Langqueden" bei der bergischen Ritterschaft, als diese den Verkauf des Frohnhofes zu Solingen und des Patronats daselbst durch Margaretha, verwittwete Gräfin von Berg und deren Sohn Graf Wilhelm an die Abtei Altenberg genehmigt. [139]) Er muss bald darauf gestorben sein, denn 1363 tritt sein Sohn Wilhelm auf. Er hinterliess ausser 2 Söhnen noch mehrere andere Kinder, welche damals nach der Urkunde vom 4. Nov. 1353 noch minderjährig waren. [140]) Bekannt sind nur:

1. Wilhelm I. der dem Vater zunächst in Langwaden folgte und Stifter der Linie zu Sülze wurde. s. unten C. VIII.

2. Lutter II. der die Langwadener Linie fortsezte und als Stifter der märkischen Linie folgt siehe unten E. VIII.

3. Eine Tochter, welche mit Wilhelm von Lülstorp verheirathet wurde. [141])

---

[136]) II. 26. [137]) II. 27. [138]) II. 27. [139]) II. 27. [140]) II. 26.
[141]) II. 47, denn dieser wird Oheim Wilhelm's II. genannt.

4. Auch war wahrscheinlich Diederich, der 1388—1395 als Condottiére in Dortmund und Cöln erscheint, [142]) ein Sohn von ihm. Sein Siegel steht Tafel XI. Nr. 52.

C. Die Linie zu Sülze.

VIII. Wilhelm I., bald nur Stail, bald Stail von Holstein genannt, war zuerst Herr zu Langwaden, wie die Umschrift seines Siegels sagt, besass aber zuletzt, wie sein Theilact von 1401 nachweisst, wahrscheinlich in Folge Theilung mit seinem Bruder Lutter, als Hauptsitz das Haus Sülze, ferner die Höfe zu Schiefelbusch, Berge, Berchusen, Hammershoven, Leichlingen, ein Erbe zu Blembroch, Meinenbrock, Wein-gärten und Erbe zu Reide nnd Berchem, Mannlehne zu Blan-kenberg und Cöln etc.

Er erscheint zum ersten Male mit dem Titel Knappe 1366 10. August als Bürge des Ritters Johann von Elver-feld, wie oben angegeben, seines Oheims. [143]) Das Siegel, welches er bei dieser Gelegenheit führte, habe ich Tafel III. Nr. 11 abgebildet, es trägt die Umschrift † S. Wilhelm Stail Hollstein. Neun Monate später, 6. Mai 1367 quittirte er der Stadt Cöln die bekannte Rente von 100 Mark. Die Urkunde lautet:

Ich Wilhem Stail doen kunt allen Luden und bekennen dat ich vpgeburt ind entfangen haen van den Ersamen luden ind hern hern Goebelen vanme Cusyne und hern Goebelen van Lysenkirgnn Rentmeistern der Stede van Coelne hondert marke Coeltz payementz die mir eruielen an der Stat von Coelne van myme jaerrenten zu sent Walburgmissen dat nyest leden is. Ind schelden die vurss. Stat van Coelne ind yre Rentmeistere vurss van yren wegen van den vurgt hondert marken as van dem zyde vurss ind allen zyden de nu leden sint, los quyt ind wail betzailt auermitz desen brief sonder alle argelist. Vrkunde myns Segels gehangen an desen brief. Datum anno dni millesimo trecentesimo sexagesimo septimo feria quarta proxima post In-ventionem ste crucis.

---

[142]) II. 48. 50. [143]) II. 62. 63. Fahne von Hövel II. 58.

Das an diese Urkunde hangende Siegel in grünem Wachs habe ich Tafel XIII. Nr. 56 abgebildet, es hat die Umschrift: † S. Wilhelmi Stail d. Lancwaden. [144]) Die ferneren Quittungen, welche Wilhelm über jene 100 Mark 1370, 1373, 1375, 1377, 1378, 1379 15. Mai 1383 und 1384 30. Nov. ausgestellt hat, haben das Siegel wie Tafel III. Nr. 11; später dagegen, nachdem Wilhelm Ritter geworden ist und zwar zuerst 1385 bis 1399 [145]), gebraucht er ein anderes Siegel, welches Tafel III. Nr. 13 abgebildet steht und die Umschrift hat: † S. Wilhelm Stail milit. und zwar geht die Trennung, sonderbar genug, mitten durch die beiden m.

Wilhelm war ein reicher Mann, das zeigt sich bei verschiedenen Gelegenheiten. So kaufte er 1374 29. Nov. von den Kindern des Ritters Roylff, (Rudolph) von Stommel den schönen Rittersitz Mützenrath. [146]) 1375 23. Juni übernimmt er für die Summe von 1500 Goldgulden, welche der Ritter Gerard von Kniprode dem deutschen Orden schuldet, die Bürgschaft, er wird bei dieser Gelegenheit als Knecht, was gleichbedeutend mit Knappe, bezeichnet. [147]) 1383 15. Mai erscheint er als Ritter und Erbdroste des Herzogthums Berg und als Rath des Herzogs, [148]) wird 1384 Bürge für Wilhelm v. Wyse, quittirt 1384 30. Nov. dem Herzoge von Berg 20 Mark Mannlehn von Blankenberg, [149]) erscheint 1386 16. März bei dem Weisthume des Kirchspiels Deutz [150]) und übernimmt, ohne zu Rechnungslage verpflichtet zu sein, 1388 12. Mai die Verwaltung des Amts Windeck. [151]) Die Verpflichtungen dabei sind folgende: Er erhält Schloss, Land und Leute auf seinen Gewinn und Verlust, er soll sie treu verwahren und vertheidigen, keine ungewöhnliche Schatzungen (Abgaben) erheben, es sei denn mit Wissen des Herzogs, das Schloss in Nothbau, d. h. in Mauern und Dach unterhalten, dort mindestens 8 Bewaffnete als Besatzung haben. Möchte

---

[144]) Hiernach ist die Bemerkung II. S. 35 mit Rücksicht auf die Quittung von 1367 zu modificiren. [145]) II. 42 u. 53. [146]) II. 35. [147]) II. 37. [148]) II. 40. 67 Anmerkung. [149]) Eb. II. [150]) II. 41. [151]) II. 44.

er Gefangene machen, so soll er sie nicht entlassen, ohne dass er in der Urpfehde den Herzog und seine Erben mit aufgenommen, d. h. in den Eid der Zuentlassenden den Zusatz gesetzt hat: dass sie sich wegen der Gefangenschaft auch an den Herzog und seine Erben nicht rächen wollen. Er soll allen denjenigen Feind sein, die der Herzog ihm bezeichnet und ihm gegen sie helfen auf seine eigene Gefahr, Gewinn und Verlust. Nur wenn der Herzog ihm und seiner Mannschaft befiehlt auszureiten (d. h. ins freie Feld zu rücken) oder wenn der Herzog selbst im Felde erscheint mit seinen Bannern und Wimpeln, wodurch er sofort den Oberbefehl erhält, also sein Hauptmann wird, so soll nicht Wilhelm, sondern der Herzog für allen Verlust, den Wilhelm und die Seinigen leiden, einstehen. Dem Herzoge soll Schloss Windeck stets offen stehen, um sich darin zu decken, oder daraus Ausfälle zu machen. Wilhelm darf nur mit Willen des Herzogs von Windeck aus jemanden Feind werden und beschädigen, auch muss er von jeder begonnenen Feindschaft auf Befehl des Herzogs abstehen. Endlich hat Wilhelm jährlich nichts weiteres zu zahlen, als die 30 alten Schilde (Schildducaten) welche nach alter Gewohnheit als Manngeld erhoben zu werden pflegen. Der Herzog kann die Verwaltung 3 Monate und 6 Tage kündigen.

Die Urkunde ist von Lutter Stael, Bruder und Wilhelm von Lülstorp, Schwager des Ausstellers besiegelt.

Um diese Zeit hatte ein Cölner den Balduin von der Horst, Erbschenk des Herzogthums Berg schwer verletzt, eine Fehde stand in Aussicht, sie zu beseitigen schrieb Wilhelm I. an den Cölner Rath:

Mine vruntlige groisse vurschreuen. Guede vrunden Baldawyn van der Hurst hait mir gesaicht, so wie dat yem unrecht geschie ind veronrecht werde in urre stat van uren medeburgern dar grois unrait yn vallen moicht, as ich vernomen, dat mir ! leyt were, ind soge gerne, off id uch so synne were, dat ir Baldewyne vurschreven ure Stede vurwarde geven weuldt, mit synen vrunden in ure stat zu komen, die ure vyande nyet en weren ind aldae dage zu leisten, dar ich ouch gerne mit yem komen weulde, omb zu besehen, off men yet guets darentuschen verraymen ind gedadingen kunde, ind so wat die uyrs willen is, des begeren ich ure guitliche beschreven antwerde mit desem boyden, brencger dis briefs, unser herre got sy mit uch.

Datum Bensberg in crastino undeciem milium virginum, meo sub sigillo.

Wilhelm Staill van Houlstein, ritter erffhoefmeister zum Berge.

Das aufgedruckte Siegel ist dasselbe wie Tafel III. Nr. 13.

Im Jahre 1388 30. Juni wird Wilhelm vom Herzoge Wilhelm von Berg zum Schiedsrichter in Sachen der Gebrüder von Plettenberg ernannt.

1388 14. Dec. ist er des Herzogs Bürge und 1390 bei einem Acte des Archivs Thomburg thätig. Gleichzeitig steht er mit Adolf und Wilhelm, Söhnen des Herzogs von Berg, den Rittern Gerlach von Isenburg, Reinhard von Schönrath und Conrad von Horst, Erbschenk von Berg gegen den Jungherrn Johan von Sayn in Fehde, wird mit ihnen von Letzterem beim Landvogte als Landfriedenbrecher angeklagt und vergleicht sich.

27. April 1390 besiegelt er eine Urkunde des Edelherrn Philipp von Falkenstein, ist sechs Monate später Vertreter des Herzogs Wilhelm von Jülich Berg, wird von diesen 1396 24. Februar zum Schiedsrichter in dem Friedensbündnisse mit dem Erzbischofe von Cöln ernannt und gelobt 1397 2. Sept. mit mehreren andern Edelleuten den Grafen von Cleve und Mark, welche den Herzog Wilhelm von Jülich und Berg bei Cleve besiegt haben: dass Letzterer ihnen binnen 14 Tage das Amt Windeck einräumen, oder sich selbst wieder zum Gefängniss stellen soll, und dass, wenn der Herzog das Eine oder Andere nicht erfüllen möchte, sie sich selbst der Haft überliefern wollen. [152])

---

[152]) II. 49—52.

1397 24. Oct. übernimmt er mit mehreren anderen Edelleuten die Bürgschaft für die Erfüllung des Vergleichs, der zwischen dem Herzoge Wilhelm von Jülich Berg und dessen Söhnen Gerard, Adolph und Wilhelm zu Stande gekommen ist und besiegelt 1398 5. Sept. die Uebereinkunft des Grafen Adolph von Berg, Grafen zu Ravensberg, mit dessen Vater, Herzog Wilhelm von Jülich Berg, über die Benutzung der freien Stühle in der Grafschaft Ravensberg. [155])

Wilhelms I. vorletzter Act ist vom 24. August 1401, worin er eine Erbtheilung unter seinen Kindern vornimmt. Seinem ältesten Sohne erster Ehe, Wilhelm II. überträgt er schon bei Lebzeiten den Sitz Mutzenrath mit dem Hofe zur Schauren im Kirchsp. Stommeln, den Hof zu Berghusen mit 20 Schilde zu Kaiserswerth, Mannlehn der Grafen von Sayn. Derselbe soll ferner nach seinem Tode haben das Haus zur Sültze mit allem Zubehör, das Erbhofmeister- und Erbdrostenamt mit dem dazu gehörigen Hofe zu Schiefelbusch und 30 Gulden zu Mülheim, ein Haus zu Siegburg, den Hamershof auf der Scheiderhöhe, die 100 Mark zu Cöln, endlich alle Mannlehn, die er Wilhelm I. zur Zeit des Lebens und nach dem Tode Wilhelm II. Mutter besessen hat. Ferner das Erbe und den Weingarten zu Reide, 2 Morgen Weingarten zu Berchem, den Hof zum Berge, jedoch diese nur gegen Zahlung von 200 Gulden an die Kinder zweiter Ehe. Dagegen soll das Erbe zu Blembrock, die Höfe zu Leichlingen und Meinenbrock, alles was während der zweiten Ehe gewonnen und erworben, sowie das Geld, was auf das Haus zu Luchtmar von Aleid der zweiten Frau eingebracht ist, den Kindern zweiter Ehe gehören. Das gereide Vermögen soll Aleid, die Mutter der zweiten Kinder, allein erhalten unter Verpflichtung, die Gereideschulden zu zahlen, nur die Geschütze zu Haus Sültze, nemlich die Donnerbüchsen, Armbrüste und anderen Geschosse ausgenommen, welche in zwei gleiche Theile getheilt werden und von denen ein Theil Wilhelm II., den andern seine Brüder und Schwestern aus zweiter Ehe erhalten sollen.

---

[155]) II. 52—53.

Diese Theilung wurde vermittelt durch den Herzog Wilhelm von Jülich und Berg und durch die Anverwandten: Luther Stael von Holstein, Wilhelm von Lülstorp, beide Ritter, Conrad von der Horst den Alten, Ludwig von Lülstorp und Rumblian von Luchtmar. [154])

Nach diesem besiegelte Wilhelm I. noch am 3. Sept. 1401 [155]) mit seinem Bruder Lutter einen Schuldbrief der Eheleute Heinrich Rumblian von Luchtmar und muss bald darauf gestorben sein. 1403. 26. Febr. war er todt.

Wilhelm I. war zweimal verheirathet. Die Frau erster Ehe ist nicht bekannt. Mit ihr hat er nur einen Sohn, nämlich:

1. Wilhelm II. der ihm in Sültze folgte. Der Vater übertrug es ihm noch bei Lebzeiten 1401 24. Aug. dazu das Erbhofmeister- und Erbdrostenamt von Berg, Schiefelbusch, Mutzenrath, Schüren, Berchusen, Homershof, die Weingärten zu Rheide und Berchem. [156]) Am 26. Febr. 1403 wird er mit mehreren anderen Adligen Bürge bei Rütger von Alpen für 1100 Gulden, welche dieser an Adolph, Sohn des Herzogs von Berg geliehen hatte. Im selbigen Jahre steht er auf Seiten des Herzogs Wilhelm von Jülich und Berg gegen die Herrn von Heinsberg und Sayn, wird aber von letzteren gefangen und verliert dabei seinen Hengst. Das Lösegeld und die Kosten des Pferdes betrugen 1200 Gulden, welche ihm der Herzog ersetzte und er am 6. Nov. 1403 unter Mitsiegelung seiner Oheime, Lutter Stael Ritters und Ludwigs von Lülstorp quittirte. [157]) Sein daran hangendes Siegel ist Tafel IV. Nr. 19 abgebildet; es hat die Umschrift: † Wilhelm † Stail † von hol. Mit demselben Siegel quittirt er 1407 13. Mai der Stadt Cöln die jährlichen 100 Mark. [158]) Um diese Zeit stellte er sich in einer Fehde des Edelherrn Johan von Loen, Herrn zu Heinsberg und Lewenberg gegen Jungherzog Adolph von Berg, Sohn Wilhelms, auf Seiten des Ersteren. [159]) Es wurde ein Streifzug in das herzogliche Land

---

[154]) II. 211—215. [155]) II 54. [156]) II 211. [157]) II. 57. [158]) II. 58. [159]) Die übrigen Helfer waren wohl die II. S. 61 und 62 in den Anmerkungen Genannten.

nach Beute bis Bensberg gemacht, man schien es auf die Gefangennehmung des Jungherzogs abgesehen zu haben, aber es schlug fehl; der Jungherzog fing seine Feinde und Wilhelm II. musste sein Vergehen gegen ihn schwer büssen. Er musste sein „Haus und Schloss zu Sültze" zu dessen Offenhaus und Lehn machen, auf das Erbdrosten und Erb-hofmeisteramt von Berg verzichten, allen Schaden aus Nieder-lagen quittiren und dabei schwören sich für seine Gefangen-schaft, in die er bei Bensberg gerathen, weder an den Her-zog noch an irgend einen seiner, bei dem Scharmützel im Felde mitgewesenen Helfer zu rächen. [160]) An allen diesen Urkunden hängt ein, von dem Vorigen verschiedenes Siegel, welches Tafel III. Nr. 14 abgebildet ist mit der Umschrift: Sigill † Wilhelm † Stayl.

Nach dieser Niederlage verschwindet er für lange Zeit aus den Urkunden, es erscheint statt seiner, sein Oheim Lutter als sein (Momber) Vormund. Dieser quittirt als solcher 1416 30. März der Stadt Cöln die bekannten 100 Mark [161]) und später nach Lutters Tode stellt dessen Wittwe 1428 und 1439 die Quittungen aus. [162]) Die Gründe, warum er unter Vormundschaft stand, sind nicht bekannt. 1440 7. Mai erscheint er wieder selbständig und quittirt als Wilhelm Staell von Hoelsteyn der Stadt Cöln die 100 Mark, was er auch 10. Mai 1441 als Wilhelm Stail von Hoilstein. 23. Mai 1442 als Wilhelm Stail v. Houlstein und 1443 8. Mai als Wilhelm Stael v. Houlstein thut. [163]) An diesen drei Urkunden hängt wieder das Siegel Tafel IV. Nr. 19. Er starb kinderlos, seine Halbbrüder folgten ihm im Besitz von Sültze.

Die zweite Frau Wilhelms I. war Aleid Rumblian (genannt Calcum) von Luchtmar (Lichtenberg). Sie überlebte ihn und nahm noch 1423 mit ihren Söhnen, Lutter und Died-rich, so wie mit ihrer Tochter Cunigunde, Wittwe Krüwel und deren Tochter bei den Nesselroden ein Capital von 300 Gulden auf. [164]) Mit ihr erzeugte er mehrere Söhne und

---

[160]) II. 58—62. [161]) II. 63. [162]) II. 68. [163]) Col. S. und II. 85. [164]) II. 65 und 132.

Töchter, welche sämmtlich bei seinem Tode noch minderjährig waren, namentlich:

2. Cunigunde, welche an Johann Krüwel von Gimborn
verheirathet, 1423 Wittwe und Mutter von Aleid K. v. G.
war. [165])

3. Catharina, welche sich 1416 mit Adolph von Calcum genannt Lohausen verheirathete und ihm 1100 Gulden
in die Ehe brachte, für welche 1446 noch ihr Bruder Diedrich und dessen Frau Guetgen als Schuldner angeschrieben
stehen. [166]) Sie war 1446 23. Febr. todt.

4. Lutter III., er kommt 1423 bei der Capitalaufnahme
mit seiner Mutter, seinem Bruder und seiner Schwester Cunigunde vor. Redinghoven erwähnt ihn auch 1436 und gibt
ihm 2 Söhne. [167])

XI. Wilhelm Stail von Holstein zum Vlenbroch   2. Lutter Stail zum
1483. Also Stammvater dieser Linie. S. unten D.X.   Rosendal 1383.

5. Diedrich, der die Sültzer Linie fortsetzt. IX.

6. Johann vergleicht sich 1458 ebenfalls als Herr zu
Sültze sammt seinem Bruder Diedrich, beide Söhne Wilhelms,
mit der Stadt Cöln wegen der längere Zeit nicht gezahlten
100 Mark. Sein Siegel ist Tafel V. Nr. 24 abgebildet und
hat die Umschrift: Segl. Johan Stail. dr. jung. 1462 bittet
er mit seinem Bruder Diederich die Stadt Cöln um Zahlung
der bekannten 100 Mark. [168]) Von ihm scheint auch folgender, im Cölner Stadtarchive befindlicher, an den Herzog
von Berg gerichteter Brief vom 26. Dec. 1482 zu sein.

Mynen schuldigen, willigen, bereiten deinst altzyt zuvoren.
Durchluchtiger, hoichgeboren furste, gnediger, alreliefster herre,
as mir uyre furstligen gnaden doin schryven mit eyns inge-
lachten [169]) briefs (von) burgermeister ind rait dor stede Colne
uyren furstligen gnaden geschreven, antreffende Schoult Bert-

_____

[165]) Eb.   [166]) II. 63. 93.   [167]) Red. Sam. Bd. 67. S. 708.   [168])
C. St.   [169]) Auf solche einfache Communicationsmethode kommt man
bei uns erst jetzt allmählig zurück.

holt Questenberg yren burger, uyren fürstligen gnaden der dinge cleirligen zo kennen zo geven, vmb vurder in dem besten an de van Colne sich zer widderantworden zo richten (zu) haven etc. so, gnediger, alrelifste herre, enweiss ich mit dem vurvurschreven Bertholt Questenberg geynreley schoult mit eme sunderlinge zo doin oeder uysstainde zo haven ind erbieden mich des tgain uyren furstligen gnaden hoegen rait [170]) mit dem vurschreven Bertholt zo dage zo komen, biddende deinstligen uyre furstlige gnaden as uyre gnaden undersaissen vor bescheidongen mit dem vurschreven Bertolt zo daige zo komen, [171]) wes sich dan durch erkentenisse uyre furstligen gnaden hoegen rait ich dem vurschreven Bertholt syme personen zo doin were, dem genoich zô syn dat kenne der almeigtige got, de uyre furstligen gnaden zo langen seligen zyden in hoicheit ind wailfaired wille gespairen mir altzyt zo gebiedende gegeven vnder myn siegel up sente stephains dag anno et cetera octogesimo secundo.

Johan Staill van Hoilsteyn.

IX. Diedrich Stael v. H. das fünfte Kind Wilhelms I. kommt 1423 mit seiner Mutter, seinem Bruder Lutter und seiner Schwester Cunigunde bei dem Darlehn vor. Redinghoven findet ihn auch 1436. [169]) Er war Herr zu Sültze und auch zu Honrath, 1446 mit Guetgen verheirathet und mit dieser 1100 Gulden, als Brautschatz seiner verstorbenen Schwester Catharina deren Ehemann, Adolph von Calcum gt. Lohausen schuldig. [172]) 1458 13. Oct. [174]) bekundet er mit seinem Bruder Johann, beide Herrn zu Sülzen und Söhne Wilhelms, dass zur Zeit des Todes ihres Vaters und Bruders, ebenfalls Wilhelm genannt, wegen ihrer Unmündigkeit das Erbmannlehn von 100 Mark, welches die Stadt Cöln zahlen müsse, lange Zeit unbemannt gewesen

---

[170]) Das Hofrathscollegium war also damals schon organisirt.
[171]) heisst in jetziger Sprache: ich bitte um Mittheilung des Termins, wann ich mit Bertold ver dem Hofrathe erscheinen soll. [172]) Red. Samm. Bd. 67 S 708. [173]) II. 93 wo der Sitz Haynre heisst. [174]) II. 117.

sei. Es sei nun ein Vergleich mit der Stadt geschlossen,
wonach ihnen dieselbe jetzt für den Rückstand 400 Mark
überzählt habe. Diedrich besiegelte diese Urkunde mit
einem Siegel, welches Tafel V. Nr. 23 abgebildet steht und
die Umschrift hat: (Die)drech. Stayl: van :: hol . . . .

Diedrich wohnte lange Zeit zu Cöln und kommt deshalb mehrmals in den Urkunden des dortigen Stadtarchiv's
vor. Namentlich bei einer Gelegenheit, wo sein Sohn Wilhelm angeschuldigt wurde, gegen die Stadt in Kriegsdiensten
gestanden zu haben. Der Brief den Diedrich deshalb an
den Stadtrath (leider ohne Datum) schrieb, lautet in heutiges
Deutsch übersetzt also:

> Ehrsame, vorsichtige, weise und gnädige, liebe Herren.
> Mir wird mitgetheilt, dass Eurer Ehrsamkeit hinterbracht sei:
> mein Sohn Wilhelm habe gegen euch gedient. Da ich nun
> einige Zeit schon hier meine Wohnung gehabt habe und noch
> habe, so kann es mir nicht lieb sein, wegen eines meiner
> Söhne oder eines Andern, der in meiner Gewalt steht, euch
> unwillig zu sehen und bitte deshalb eure ehrsame Weisheit
> und Gnaden, so fleissig und dienstlich ich kann, meinem ge-
> nannten Sohne Wilhelm einen Monat lang Geleit und Vor-
> wort in eurer Stadt zu geben, damit er reden, sich verant-
> worten und, sollte er schuldig sein, was, wie ich hoffe und
> vertraue, nicht sein darf, sich vergleichen kann, wozu ich ganz
> besonders gern mitwirken und helfen will. Ich habe mich
> in diesem Augenblicke auf euer Rathhaus begeben, um dort
> eure gütliche und tröstliche Antwort abzuwarten.

Dederich Stail von Holstein, hern Willems Son.

Da der Rath sich entweder gar nicht, oder nicht günstig
geäussert hatte, so schrieb Diedrich am nächsten Rathstage
noch einmal also:

> Ehrbare, liebe Herren. Ich hatte euer gnaden geschrie-
> ben und gebeteh, Wilhelm, meinem Sohne, ein starkes Geleit
> einen Monat lang zu geben, weil ich vernommen hatte, dass
> er euch gegenüber sei betrogen worden. Da ich nun gern

hätte, dass er sich verantworte, und ich auch höre, dass er
glaubt sich vollständig reinigen zu können, so bitte ich eure
Ehrsamkeit, ihm das Geleit zu geben und seine Vertheidigung
zu hören. Ich hoffe, dass ihr niemals ihm dieses versagen werdet und sähe ungern, dass er (wenn er nicht gehört wird) etwas gegen euch, oder die eurigen thue und bitte eure geneigte
antwort, die ich auf eurem rathause erwarten will.

Dederich Staell von Hoilstein.

Im Jahre 1457 wurde Diedrich mit seiner Familie zu
Cöln in einer Weise misshandelt, wie sie in unseren Zeiten
unbegreiflich erscheint, für jene Zeiten aber characteristisch ist.
Diederich hatte sich auf Sonntag 20. Juni mit seiner
Frau und Tochter in die Kirche St. Johann begeben, um
seine Andacht zu verrichten. Während derselben bricht die
Frau des Theoderich von Landsberg mit mehreren Männern
in die Kirche und stürzt grade zu auf Diedrich und die
Seinigen los. Ein Theil der Leute ergreift Diedrichs
Schwiegertochter, stösst und zieht sie mit Gewalt zur
Kirche hinaus, ein anderer Theil eilt zum Diederich hin,
wirft ihn zu Boden, stürzt sich auf ihn und hält ihn nieder.
Als Diedrichs Hausfrau dieses sieht, ruft sie „Waffen" [175])
und versucht dabei die Buben von ihren Mann zu ziehen,
weil sie fürchtet, dieselben möchten ihn ermorden. Bei
dieser Gelegenheit schlägt ihr einer derselben in das Auge.
Auch die Schwiegertochter ruft, während die Buben sie zur
Kirche hinausziehen und weiter weg führen wollen: „Waffen"
Darüber kommen die Nachbarn herbeigestürzt, befreien die
Tochter und ihre Stiefeltern und schlagen die Kirchthür zu,
so dass die Frau von Landsberg mit ihren Helfern bis zur
Ankunft der Rathsherrn innen eingesperrt bleiben. [176])

---

[175]) Es ist dieses ein uralter Hülferuf, dem Jedermann Folge
leistete, der aber auch für straffällig angesehen wurde, wenn man
ihn ohne Noth gebrauchte, oder missbraucht hatte. [176]) Solche Scenen
in Kirchen sind das ganze Mittelalter hindurch nicht selten. Sie
gingen häufig sogar von der Geistlichkeit selbst aus, wie dieses die

Um nun die Hülfe des Raths zur Stelle zu bringen,
schrieb Diedrich an ihn folgenden Brief:

Eirbere, wissen, genedige, leuen heren, ich clagen urren
genaden clegelichen, dat gesteren up den hilgen sondach zo sent
Johan in de kyrge lude quaymen ind gryffen myn dochter,
myns soyns eliche husvrauwe geweltlichen an ind bestoynden
sy myt gewalt usser der kirchen zo dynsen, ind der lude en
deyll griffen mych ind worpen ind dunsen mych myt gewalt
darneder ind veyllen up mych ind heilden mych myt gewalt,
ind doy myn husvrauwe dat sach, do reyff sy waiffen ind sy
hette de bouffen gern van myr getreckt, hette sy gekont, want
sy hatte sorge, de bouffen de soulden mych ermort han, ind
do sloich der boyuen eyn myn husvrauwe myt eynre fust up
eyn ouge, dat ir dat sere we deyt ind sere myssten, ind do
de up myr laigen ind heilden mych, doy treckten de andern

Annalen, von dem Kampfe ab, den der Bischof von Hildesheim und der
Abt von Fulda im Jahr 1063 zu Goslar im Dome über den Vortritt
bei der Prozession unter den Augen des Kaisers Heinrich IV selbst
veranlassten und der wohl hundert Menschen ihres Gefolges das
Leben gekostet hat, bis zu der Misshandlung die in Berlin einem
Brautpaare vor dem Traualtare von einem Consistorialrath 1868 zu
Theil wurde, berichten. Es ist ganz natürlich, das Angesichts solcher,
von den Lehrern der christlichen Demuth und Liebe gelieferten Vor-
bilder, das rohe Volk nicht anders handelte, wie ebenfalls Beispiele
aus frühester Zeit bis jetzt beweisen. 1436 prügelten sich in Dortmund die Zünfte während der Heiligthumsfahrt (Prozession) nach
Aachen, um den Vortritt, ähnliches sah ich 1830 in Marseille. Vor
ungefähr 20 Jahren war ich selbst Zeuge, dass in der Abenddämme-
rung zu Cöln an der Pantaleonskirche einer Excellenz aus Berlin von
einem Bauernlümmel ein heftiger Stoss auf die Seite beigebracht und
der Hut vom Kopf geschlagen wurde, um einer aus dem Eisenbahnhofe
hinterher kommenden Prozession von etwa 30 Wallfahrern Platz und Ehr-
furcht zu verschaffen. — Es fehlt auch nicht an Beispielen, dass das
Volk in der Kirche selbst seine Prediger misshandelte. 1547 27. Februar zu Werl jagten die Weiber einen Franziscanermönch mit faulen
Eiern, Rüben etc. von der Kanzel und schlugen ihm die Kerzen auf
dem Leibe entzwei. (F. D. L. 187.)

myns soyns husvrauwe myt gewalt ind weder eren willen vort
ind wolden sy zo der kirchen us trecken ind wolden myt ir
aywech geweltlich, doy reiff sy waiffen, ind wir reiffen de
naber an, der groisser unrechter gewalt neit zo gehengen in
der kirgen ind in urre vryer stat, do dayden de naber uir flich
ind werden dat ind sloygen de kirche zo bys an unse heren,
ind die bouffen ind eyne vrauwe, de de gewalt halp dryven ind
hantdedich myt was, die synt noch in der kirgen, so rouffen
ich arme alde man urre genaden an, durch got ind genade de
bouffen also zo zuchtigen, dat mern eyn ander daran denke ind
dat sych eyn ander des intforte (fürchte) sulgen gewalt in urre
vryer stat zu bedryuen, want, wat myr hude geschiet, dat gescheige
anders ouch eym andern, he willen sych urre genaden inne
bewisen, ind ich han verstanden, dat sy nemans kneichte en
syn, dan sy gelt da aff haffen sullen, ind ir gelt, ind ich arme
alde man sytzen ind woynen in urre stat ind seisse gern myt
vreden, ind ich will eyder manne zo rechte stayn, geistlich of
werentlich, ind ich denken in urre stat zo blyuen up dem myme
ind unsem heren goide zo denen, ind uch eyn getruwe undersaisse zo syn ind zo blyuen, ind urre genaden sullent mynne
mechtich syn zo eren ind zo rechte intgeyn alremallich, ind urre
genaden bewisen sych he by, dat des eyn ander hoide, da ich
doch neit an en zwyuelen ind urre genaden geboden (gebieten)
allezit zo myr.

Gegeven under myme segell des mayndachs na sent Ailexis
dache in den iaren 1457.

Dederich Stail van Holstein de alde.

Auf dem Rücken des Originals steht von der Hand des
Stadtschreibers: Theoderici Stael senioris p. Violen. illate sibi
et uxori sue in ecclesia sti Johannis per uxorem Theoderici de
Lantzberg et suos complices.

Der Rath sandte die Gewaltherrn, lies den Thatbestand
erheben und sich Bericht erstatten. Die Sache selbst aber
wurde, ob in Folge der Mittheilung des Raths, wie wahrscheinlich ist, oder von Amtswegen, durch den erzbischöflichen
Richter (Official) zum Behufe der Aburtheilung untersucht.

Als Diedrich hiervon durch eine Vorladung auf Montag den 8. Aug. 1457 in den Saal Kenntniss erhielt, um beim Zeugenverhör zugegen zu sein, schrieb er unter 8. August desselben Jahres an den Rath und beschwerte sich zunächst darüber 1. dass der Official die Sache an sich genommen habe, während sie doch, soweit es die Gewaltthätigkeit angehe, vor die städtischen Richter gehöre und 2. dass derselbe nicht gerecht verfahre, indem er die meisten Zeugen ungeladen gelassen habe und zwar grade recht brave Leute, die den Vorfall am besten kennten. Der Brief lautet:

Minen willigen deynst, gnedige leue heren. Der afzeiail de hait mych geladen in den sall [177]) hude diesen mayndach etzliche kunde zo verhoiren, de hey meynt, dat (sie) na synen willen sagen willen over de gowalt, de zo sent Johan gescheit ist, und den meisten deyll der kunden hait hey ungeladen gelaissen, vil biruer eirber lude, de de wairhait wal wissent, der ich uch noch en deil he myt bezeygent senden, ind wat der weir, de ir neit verhoiret en hait, de wilt noch verhoiren ind so uren genaden de wairheit uesvreischet, so myr leuer ist, ind der afzeiaill hait myr ouch geschreuen, bynnen fuf dachen im zo antwerden in dem sal fur dem geystlichen gerichte antreffende de gewalt, so meynen ich, de gewalt, de treffe an ure genaden ind an de eirber stat van Collen ind anders nemane, ind want ich dan ure ingesessen undersaisse byn, so bidden ich urre genaden, so ich deynstlichste mach, mych verstayn (zu) laissen, we ich mych da inne halden sulle, of der afzeiaill de gewalt richten sulle of en (neit) sulle, want ich bussen ure gnaden rait ind willen neit doyn en will, want ich neman anders fur gewaltheren en kennen dan ur genaden, ind ich senden uch usgeschrichte, we der afzeiaill mych geladen ind gemant hait ind fur de gewalt. Ich will komen up ur raithus dissen morgen, da laissen mych urre genaden verstayn ure meynynge. Gegeven

---

[177]) Das erzbischöfliche Gericht wurde also noch auf dem Domhofe im Palaste gehalten.

wider myme segell in den iaren uns heren 1457 up sent Cyryaix dach.

Dederich Stail von Holstein de alde.

Im folgenden Jahre wurde Diedrich beim Stadtrathe von Cöln durch den Herrn von Reifferscheid verklagt: er habe ihn zu St. Tönis angehalten und ihm gedroht. Diedrich antwortete 1460 22. Sept.

> Vursichtige lieven heren. Also as der here van Rifferschyt urre wisheit geschreven hait, ich have yn angevordicht zo sent Anthonius ind yn alda versprochen ind gedrauwet, mit me worden syn brief innehelt, begeren ich derselver uro wisheit zo wissen, dat ich nodo yemo oder yemantz anders drauwen woulde, in urre stat eynich arch off gewalt zo doin, ind als hie dan schreifft, dat urre wisheit mich underwisen, yemo eyne kerunge darumb zo doin etc. So solent uren eirsamheit mynnre mechtich syn vur uch off vur eynichen urren gerichte mit dem heren van Rifferschyt recht zo nemen ind zo geven, [178]) dan souldt ir wail die Wairheit vernemen, wat worde wir under eynander gehadt hetten.
>
> Gegeven under myme sigel up mayndach na sent matheus dach anno etc. 60.

Dederich Stail van Hoylsteyn.

Im selbigen Jahre hatte Diederich einen Streit mit dem Cölner Rathsherrn Wilhelm Offerkamp, der ihm mehr Zinsen für ein Darlehn abgenommen hatte, als nach der Rathsverordnung (damals Vertrag genannt, weil die Rathsherrn durch

---

[178]) Wenn gleich Diedrich in Cöln wohnte, so stand er doch deshalb noch nicht unter der städtischen Gerichtsbarkeit. Diese erstreckte sich nur über ihre Bürger und über Verbrecher, über andere freie Leute aber nur dann, wenn diese ihre Ermächtigung dazu gaben und so der Richter ihrer mächtig war, wie die Urkunde sich ausdrückt. In diesem Falle trat also eine Art delegirter Gerichtsbarkeit ein, jedoch nicht so, dass der delegirte Richter im Auftrage des Königs, oder des Landesherrn, sondern im Auftrage der zu richtenden, freien Person, vermöge deren Autonomie handelte.

115

Abstimmung sich vertrugen) erlaubt war. [179]) Um ihn zu entscheiden hatten beide Parteien sich dem Urtheile des Raths
unterworfen und Diedrich an dem bestimmten Gerichtstage seine
Klageschrift mit Antrag versiegelt überreicht, worauf dem Offerkamp auferlegt worden war, innerhalb gewisser Frist darauf zu
antworten; dieser hatte aber (wohl aus Furcht vor der Strafe)
vorgezogen, aus Cöln zu entfliehen. Da nun nach Gebrauch
derjenige, der den gerichtlichen Auflagen nicht genügte,
verurtheilt werden musste, so nahm Diedrich 1. Oct. 1460
folgenden Antrag.

Eirsame, vursichtige, wise, leve heren. Also ich uren
wisheit etweduck müntlich ind ouch schrifftlich vurbracht ind
geclaget haven oever Wilhem Offerkamp, uren mit gekoren
raetzheren, antreffen den woicher et cetera. Der sachen, die
egenanter Wilhem ind ich an derselver urre wisheit bleven
ind ingegangen syn, uns daroever zo orkennen, wes hie myr
na lude urs verdrags darumb schuldich sy, ind ich ouch uren
eirsamheit des myne versigelde anspraiche, schrifft ind gebreche
up den benanten dach yr myr gesat hatten oevergeven, ind hie
myr ouch bynnen eynre benanter zyt darzo antworden ind oevergeven soulde, verstayn ich, so wie die egenante Wilhem dan
uysser ure stat Coelne dem rechten untwychen sy, Bidden ich
demoitlich daroever zo erkennen ind die egenante gebreche recht-
ferdigen ind uysseren, na lude urs verdrags, wes myr dainne zo
geneissen stee, getruwen ouch zo gode ind dem rechten, sulchs
sich wail gebueren ind den egenannten Wilhem dainne geyne
redelige sache untschuldigen noch verbalden sulle, man sulle
myr myne anspraiche tgayn yn gewonnen wisen. Ich en haen
ouch nye anders gehoyrt noch vernomen haven, so wanne par-
thyen yren gebreche ingeyngen, ind dat den eyne parthye van
yn dem geyn gevolg dedo noch na queme na luds des ingancks,
so soulde der volgende parthye syne vorderunge gewonnen ge-
wyst werden, des ich ouch an uren wisheit nyet zwyvelen, dan
volkomelich recht zo wisen. Mit angeseyn, dat uns beiden par-

___
[179]) Vergleiche darüber diese Forschungen Bd. II. Abth 2. S. 24.

8*

thyen eyne benante zyt, anspraiche ind antworde zo oevergeven bescheiden ind benant was ind ouch beleifft haven, dem ich dan also volkomen na gefoulgt byn, ind hie durch syne unrechtferdige sache nyet. Ind wes ich hie inne mich zo derselver ure wisheit getroisten sall, bidden ich ure guytliche antworde, der ich yezont up urme raitzhuyss wardende syn.

Gegeven under myme sigell up sent Remeiss dach, anno etcetera 60. —

Dederich Staell van Houlsteyn.

Im folgenden Jahre verbreitete sich ein Gerücht: unser Diederich habe seinen Sohn gedungen, wegen eines sicheren Kaldenbach, der der Stadt Cöln Feindschaft angesagt hatte, zum Verräther zu werden; da eine solche That damals für schimpflich angesehen wurde, so verlangt Diedrich, um seine Unschuld beweisen zu können 30. Nov. 1461 vom Stadtrathe ein Zeugniss, indem er ihm schrieb:

Mynen willigen deynst, gnedige, lieve heren. Ich han verstanden, dat eyn geroichte oever mich ind mynre soene eynen gee, also dat ich mynen son darzo gededynget soele haven, dat hey Kaldenbach, de urre gnaden vyant was, uch zo verraden soylde han, ind dat myn son .uren gnaden kunt soylde gedain han. So wer dem vurschreven Kaldenbach oever uch gedeynt soylde han, so weys got zo voerentz ind ure gnaden wal, dat wyr des unschuldich syn vur gode ind der werilt. Darumb bidden ich ure gnaden, so ich alre deynstlichste mach, durch got ind recht, uns eynen untschuldigen breyff zo geven, ind dio wairheyt daynne zo scriven, als unser eren zo gebuyrt, ind laist uns ind unse maige ind vrunde dat umb uch verdyenen, ind des bidden ich urre gnaden antwurte, der ich oevermorgen up dem guedenstach up urem raithuysse selver warden will.

Gegeven under myme Siegel in den iairen uns heren 1461 up sente Andreys dach.

Dederich Staell van Hoylsteyn,
her Wylms son.

Im Jahre 1462 erscheint er mit seinem Bruder Johann, beide bitten am 28. Dec. den Stadtrath von Cöln, ihnen die 1463 1. Mai fälligen 100 Mark Mannlchn im Voraus zu zahlen:

Unsen fruntligen dienst vurschreven. Eirsamen, lieven herren, also wir iairs an urre eirsambeit hundert marck manlehens hain ind verschreven is, ind iairs erschynen up sent walburgen dach, der heilliger iunfferen, lieven herren, so syn wir zo deser zyt geltz besunder noitturftich umb besunder sachen uns anstaynde et cetera. Darumb so biddon wir uro eirsamheit sere dienstlichen, uns zo deser zyt behulplich dairinne zo syn, dat uns die hundert Marck, die up den vurschreven termyn noch erschynen soillen, nu up unse geburliche quytantie werden moigen zo den vurgevoirten unsen anstaynden sachen, ind wilt, lieven herren, unss dis zo deser zyt nyet weygeren, des willen wir alzyt gerne devurder umb uch verdienen na unsen vermoigen ind begeren dis eyne gutliche antwerde van urre eirsamheit, die got bewaeren wille zo langen zyden.

Geschreven under myns Johans ingesigell, des ich diderichs myt hiein gebruchen, up der heiliger kynder dach. Anno et cetera 62.

Diederich ind Johan Staill van Houlsteyn,
Gebroidere.

Das Siegel Johannes zeigt einen Schild mit den 8 Kugeln ohne Helm; die Umschrift ist verstört.

Diederich kommt zum letzten Mal 31. Juli 1476 vor, wo er als Herr von Sültze für sich und seine verstorbene Frau Else von Breidmar eine Memorie in der Abtei Siegburg durch Zahlung von 80 Kaufmannsgulden a 20 Albus (also circa 54 Thaler) stiftet. [180] Sie soll zweimal im Jahre, genau wie die Memorien für einen Abt, mit Vigilien, Messen, Commendationen und Gelüchte gehalten und jedem anwesenden Priester 2 Schillinge bezahlt werden. Er muss bald darauf gestorben sein, 1485 sind seine Söhne im Besitz der Güter.

---

[180] II. 128.

Diederich hatte zwei Frauen, 1. Guetgen mit der er
1440 vorkommt und 2. Else von Breidmar, welche 1476
31. Juli todt war. Er hinterliess drei Söhne, nämlich:
1. Wilhelm III. senior, der Sültze bekam und unten
X. folgt.

2. Johann Stael, 1483 [181]) Herr zu Hainrode (Honrath).
Er erscheint 1486 mit seinem Bruder Wilhelm im Weisthum
über den Altenforst (Lohmarer Wald). [182])

3. Wilhelm IV. junior, 1483 Herr zu Hundscheid, [183])
kommt 1485 5. Oct. mit seinen Bruder Wilhelm III. als Schuldner des Bertram von Nesselrode vor und scheint derselbe
zu sein, der 1491 als Wilhelm Staill von Hainrode vorkommt. [184])

X. Wilhelm III. wird 1483 Herr zu Honrath genannt,
folgte seinem Vater in Sültze, besass auch den Hof Eschmar. [185])

Er war schon im Juni 1457 verheirathet und wurde
seine Frau, wie oben erzählt, von der Frau des Theoderich
von Landsberg und deren gedungenen Leuten in der St.
Johanniskirche zu Cöln misshandelt. Er wird beschuldigt
gegen die Stadt Cöln gedient zu haben und bittet sein Vater
um 1 Monat Geleit in Cöln, damit er seine Unschuld vertheidigen könne. Im Jahre 1461 wird er fälschlich beschuldigt in der Sache Kaldenbachs gegen die Stadt Cöln Ver-
rath geübt zu haben.

Am 5. Oct. 1485 schlichtet Herzog Wilhelm von Jülich
einen Streit über eine Forderung zwischen ihm und seinem
Bruder Wilhelm, beide Söhne des verstorbenen Diedrich
Stails, einerseits und Bertram von Nesselrode, Herrn zu
Erenstein, Ritter und Erbmarschall des Landes Berg anderer-
seits. Bei dieser Gelegenheit wird das Verwandtschaftsver-

---

[181]) Red. Bd. 67 S 708. [182]) Lac. Archiv VII. S. 328. [183])
Red. 1. c. Hunscheid, jetzt Honscheid, sind zwei Weiler im Siegkreise
von denen der eine mit 80 Einwohner in der Bürgermeisterei Eitorf,
der andere mit 90 Einw. in der Bürgermeisterei Ruppichteroth, Pfarre
Winterscheid liegt [184]) Red. Bd. 67 S. 708. [185]) II. 133.

hältniss entwickelt. Aleid von Holstein, Wittwe Wilhelms I.
Stails, Lutter und Diedrich v. Holstein Gebrüder, Cunigunde
von Gymborn, Ehefrau des Johann Krüwel von Gimborn
und Aleid, ihre Tochter, haben ein Capital von 300 rheinische
Gulden aufgenommen, die Forderung ist auf obigen Bertram
von Nesselrode übergegangen und die Schuld auf genannte
beiden Wilhelme, Söhne des verstorbenen Diedrichs und auf
deren Neffen, Wilhelm und Lutter, Söhne des verstorbenen
Lutter Stails. Der Herzog vergleicht die Sache dahin, dass
die Schuld auf 250 Gulden a 24 Albus festgestellt und jährlich mit 5% verzinst und der Zins auf den Hof zu Eschmar versichert wird. Da die Schuldner das Capital nicht
gleich beschaffen können, Nesselrode auch mehr Sicherheit
verlangt, so übernimmt der Herzog die Zahlung und weisst
sie auf das Amt Blankenberg an. [166])

Im Jahre 1486 erscheinen der Abt von Siegburg, Bertram
von Nesselrode, Wilhelm von Bernsau, Wilhelm von Pletten-
berg, Waldschulteis, Johann v. Nesselrode, Landdroste, Johann
v. Nesselrode, Herr zu Palstercamp, Bertold Plettenberg,
Heinrich v. Roede, Otto v. Büren, Präsenzmeister, Walram,
Prior zu Bödingen, Heinrich von Drachenfels, Johann Stayl
Wilhelm Stayll, Wessel von Loe, Rabolt im Spych, Chrystian
Louenberg als Anerben des Waldes „Altenforst" (Lohmarer
Wald) in dem Weisthum über denselben, worin es unter
anderen heisst: die Beschirmung des Waldes gegen Feuer und
Gewalt solle durch Grendels of Slachboem geschehen [167])

Wilhelm III. war 1491 todt. Der Name seiner Hausfrau ist unbekannt; er erzeugte mit ihr einen Sohn Johann,
der XI. folgt.

XI. Johann Stael von Holstein war 1491 Herr zu Sültze,
besass auch den Hamershof und musste, wie oben S. 42
erzählt ist, 1499 dem Herzoge Wilhelm Reisegeld verschaffen.
1500 wurde er wegen seiner Frau mit Schloss, Haus und
Herrlichkeit Rheydt und dessen Zubehör vom Herzoge von

---

[166]) II. 132. [167]) Lac. Archiv VII S. 328.

Jülich belehnt. [188]) Sein Todesjahr ist unbekannt, er wurde in der Kirche zu Altenrath in der Familiengruft begraben. [189])

Johann war mit Aleid von Arenthal, Tochter Johanns · v. Arenthal, Herrn zu Rheydt und der Paitza (Beatrix) von Reide, Erbin zu Rheydt, verheirathet. Sie gebar ihm zwei Kinder:

1. Wilhelm V. der XII. folgt.

2. Anna Stail von Holstein, sie erbte nach dem Tode ihres Bruders das Haus Sültze und heirathete Wilhelm v. Bellinghausen zu Venan. Das Weitere ist oben S. 47 erzählt, wo jedoch statt Bellinghoven, Bellinghausen und bei Wilhelm Stael statt: eine Tochter Aleid, eine Schwester Aleid gelesen werden muss. *)

XII. Wilhelm V. Stael v. Holstein, Herr zu Sültze, Pfandherr und Amtmann des Amts Wesselingen, welches er mit Genehmigung des Herzogs Johann von Jülich-Berg 1527 von den von Westerholt an sich löste. Schon im ersten Jahre seiner Verwaltung hatte er Streit mit den Cölnern, sie hatten das Gebiet überschritten. Herzog Johann schrieb ihnen deshalb am 9. Sept. 1527 also:

Johann hertzouch zo Cleve, zo Guylge, zo deme Berge, grave zo der Marke ind zo Ravensberg et cetera.

Eirsamenn, besondere lieven vrunde, unns hait ytzt unnser amptman zo Wesslyngen ind liever getruwer Wilhem Staill zo kennen gegeven eyns uyres burgers ungeburlich gegen de unnsere vurnemen beroeren, als ir sien werden her ingelacht. Nu haven nyt alleyne ir, sonder ouch uyre stat ingesessen gutwissen, wir de ungeburlicheit des bans nyt erlyden, noch do unnsere damit boeven alt herkomen besweren laissen moigen, ind demna begeren wir ernstlich an uch, dat ir den uyren dartzo halden ind vermogen willen, unnse underdanen de swericheit sonder eynich entgelteniss anstont affzostellenn, daby so er billige reden ind

---

[188]) II. 183 und oben S. 32 und 33 wo statt: Frau, Mutter gelesen werden muss. [189]) II. 186. *) Vergl. II. 211 und 236.

spraiche zo den unnsern zo haven vermeynte, sall eme gegen inne geburlichs rechten under unns nyt geweygert werden. Daromme ind wewall wir unns dis also gentzlich versien, begeren wir doch danaff uyre vorderlige beschreven antwort.

Gegeven zo Duysseldorp uff Maindach na unser liever frauwen daige nativitatis, anno etc. 1527.

Sonst lässt sich von Wilhelm V. nichts weiter sagen, als dass er eine reiche Frau aus Cöln heirathete, was ihm aber nicht grosses Glück brachte und dass er gegen 1546 kinderlos starb.

Seine Frau, Catharina Steinkopf, Tochter Johanns Steinkopf und Sophiae von Boichem, war schon zweimal verheirathet gewesen, 1. mit Wilhelm von der Ehren, 2. mit Constantin von Lyskirchen, Sohn Constantins und Richmodis von Stommel, dem sie einen Sohn Johann geboren hatte, der aber jung gestorben war. Sie gehörte zu jenen bigotten Cölner Familien, die alles den Kirchen und Mönchen hingaben, um nur ihre Seele vor den Strafen im Jenseits zu retten. Ihre Eltern gaben, neben anderen Sachen, 102 Morgen Acker bei Lövenich an die Carmeliter-Mönche zu Cöln für eine Memorie zur Rettung ihrer Seele, sie selbst stiftete mit ihrem zweiten Hausherrn, Constantin von Lyskirchen, eine Capelle zum h. Peter, ebenfalls zur Rettung ihrer Seele und errichtete mit ihm, 15. Febr. 1512, ein Testament, worin sie beide ihr ganzes bewegliches und unbewegliches Vermögen in die Ehre Gottes (d. h. der Kirche) und armen geistlichen und weltlichen Personen vermachten. [190]) Diese letzte Bestimmung wiederrief sie indessen, nachdem sie sich (vor 1528 [191]) mit Wilhelm V. verheirathet hatte, am 17. Dec.[192]) 1535. An diesem Tage errichtete sie vor den beiden Scheffen des hohen Gerichts zu Cöln, Johann von der Reven und Johann Schlösgen wieder zu Ehren Gottes und zum Heile ihrer Seelen ein Testament, worin sie 1. das Testament vom 15. Febr. 1512, so-

---

[190]) II. 198, [191]) II. 176. [192]) Diesen Tag gibt die Urkunde von 1547 an. (II. 199.) Das Original hat; 14. Dec. II. 181.

weit es ihre Güter betrifft, widerruft und erklärt: mit diesem
letzteren Testamente habe sie keinen anderen Sinn verbunden,
als dass nach dem Tode ihres Mannes, Constantin von Lyskirchen, dessen Güter im Sinne jenes Testaments der Kirche
zufallen, rücksichtlich ihrer Güter aber ihr die weitere Verfügung zustehen solle, 2. bestimmt, dass ihr gegenwärtiges
Testament aus dem Scheffenschreine (Schrein des hohen Gerichts) an alle Schreinen in und ausserhalb Cöln verurkundet
und sie an das Eigenthum, ihr Mann Wilhelm Stael an die
Leibzucht ihrer elterlichen Güter geschrieben werden soll.
3. wählt sie ihr Begräbniss neben ihrem Vater bei den
Frauenbrüdern (Carmeliter-Mönchen) in Cöln und Wilhelm neben seinen Vater in der Kirchspielskirche zu Altenrath, 4. vermacht sie den Augustiner - Mönchen 40
Gulden a 4 Mark Capital, um von deren Zinsen an elf
Tagen jährlich 32 Hausarmen, welche der Besitzer des
Hauses Sültze benennen soll, eine Spende zu geben, dem
Armenfonds in ihrer Kirchspielskirche zum h. Peter in Cöln
eine Rente von 3 Gulden, dann fünf verschiedenen Klöstern
in Cöln zusammen 12 Gulden u. 11 Mark 16 Albus u. 30
Schillinge jährlich, um theils ihr, theils ihrer Mutter Jahrgedächtniss jährlich mit Messe, Vigilien, Station, Commen-
dation und Geluchte zu feiern und für ihrer·beider Seelen
zu bitten, zuletzt noch besonders den Frauenbrüdern jährlich
25 Gulden a 4 Mark um eine tägliche Messe für ihre Eltern
zu lesen. [193]) Nach ihrem Tode sollen ihre Liegenschaften in
vier Theile vertheilt, zwei Viertel davon ihren Verwandten, ein
Viertel den Armen zu Spenden, ein Viertel ihrem Mann übergeben werden. Der Letztlebende von ihnen erhält alle
gereide Güter, nämlich, Geld, Geldwerth, Kleinode, Silberwerk, Kistengut, Hausrath, Pferde, Kühe, Schweine lebendig
oder todt, muss dagegen beider Schulden bezahlen. Auch

---

[193]) Das Vermächniss an die Armen ist hiernach gering gegen
das, was zu äusserem Pompe und um sich in dieser Welt einen Namen
zu schaffen und ·in jener die ewige Seligkeit zu gewinnen gegeben
wurde.

bleiben ihm die während der Ehe erworbenen Liegenschaften und der lebenslängliche Niessbrauch am ganzen Vermögen. Wegen Haus Sülze wird besonders bestimmt: dass es nach Catharinas Tode, wenn sie die Letztlebende, den nächsten Anverwandten Wilhelms zufallen soll. Wenn ein Anverwandter der beiden Testirenden dieses Testament angreift, so soll er enterbt und der Erzbischof von Cöln an seine Stelle gesetzt sein. Wilhelm wird ermächtigt 200 Goldgulden aus der Erbmasse zu nehmen und damit zwei wöchentliche Erbmessen in seiner Kirchspiels-Kirche zu Altenrath zu Ehren des bitteren Leidens Christi und der Betrübniss seiner Mutter Maria zu stiften, die aber zum Troste seiner und seiner Eltern Seelen gehalten werden müssen. Dem Letztlebenden wird vorbehalten, dieses Testament, so weit es seine Güter betrifft, zu ändern. Ausserdem können beide zusammen, oder auch allein durch ihre Beichtväter, [194]) noch zusätzliche Verfügungen treffen. Aus dem Testament, welches dem Juristen Anlass zu machen historischen Betrachtungen gibt, geht hervor, dass beide Eheleute ihren Hofhalt zu Cöln in der Sternengasse, Petri-Pfarre hatten.

Zwölf Jahre später machte Catharina, als Wilhelm todt und sie, wie sie selbst sagt, altersschwach und ihres Gesichts nicht mehr ganz mächtig war, eine neue Disposition, stellte nicht allein das Testament mit ihrem früheren Manne, Constantin von Lyskirchen, wieder her, sondern vermachte auch ihr ganzes Vermögen, sammt dem ihr von Wilhelm in dem gemeinsamen Testamente hinterlassenen, der Kirche. Die Ursache war, dass der geistliche Richter (Official) sie heftig ersucht, d. h. mit Strafen bedroht und der Beichtvater ihr ins Gewissen geredet hatte. Damit nun aber der Kirche dieses grosse Vermögen durch Sinnesänderung nicht noch einmal gefährdet werden könne, wurde zu einer ganz aussergewöhnlichen

---

[194]) Welcher, für Familie und Staat gefährlicher Missbrauch auf diesem Wege viele Jahrhunderte hindurch gemacht worden ist und noch gemacht wird, soll historisch an einer andern Stelle nachgewiesen werden.

Maassregel gegriffen, es mussten sämmtliche Gerichte Cölns, in denen die Erbgüter lagen, am 17. Mai 1547 zusammentreten, Catharina vor diesen einen Mönch zu ihrem unwiederruflichen Bevollmächtigten ernennen und ihn für alle Fälle in der ausgedehntesten, bis auf das Kleinste sich erstreckenden Weise zu ihrem Vertreter machen. Die Richter, vor welchen dieses geschah, waren: von Seiten des Hohen Gerichts: der Gräf Hilger von Spiegel und die Scheffen Henrich Lauffstadt und Johann Sievenich. 2. des Propsteigerichts zu Severin: der Schulteis Peter Fürstenberg und die Scheffen Peter von Lommershegen und Georg Kessel, 3. des Gerichts auf Weyerstrasse: der Statthalter des Schulteis, Arnold von Sieger [195]) und die Scheffen Heinrich Lauffstadt und Georg Kessel, 4. des Erbvogteigerichts zu S. Gereon: der Schulteis Johann Switzer gt. Montabauer und die Scheffen Georg Kessel und Johann Sivenich, 5. des Erbvogteigerichts auf dem Eichelstein: der Schulteis Johann Switzer gt. Montabaur und die Scheffen Hilger von Spiegel, Gräf und Georg Kessel. Der Mönch, welcher als Bevollmächtigter ernannt wurde hiess: Gothard Deitmar aus Hagen, er war Augustinermönch und wohnte im Kloster Bethlehem auf dem Eichelstein zu Cöln bei Nonnen, die nach unkeuschem und ausschweifendem Leben den Rest ihrer Tage dort in strenger Abgeschiedenheit zu büssen sich verpflichtet hatten.

So endete die Sülzer Linie im Mannsstamme, die Fortsetzung weiblicher Seite ist oben Seite 47 nachgewiesen, es sind dort indessen wie gesagt, zwei Fehler zu verbessern: dass Aleid nicht Tochter, sondern Schwester Wilhelms war und statt Bellinghoven: Bellinghausen zu lesen ist. Ueberdiess finde ich bei Redinghoven (Band 67 S. 709) die Abstammung also:

---

[195]) Der Schulteis selbst war der Gräf Hilger von Spiegel. Man sieht hieraus, wie aus dem Folgenden, dass die Aemter vielfach in einer Hand waren.

Wilhelm von Bellinghausen zu Gross-Bernsau h. Aleid Stail von Holstein, Erbin zu Sülze, Tochter von Johann und Aleid von Arendal, Erbin zu Rheydt.

1. Adolph von Bellinghausen, 1560 Herr zu Sülze, 1582 todt, h. Gertrud v. Elverfeld. Die Fortsetzung oben S. 47. 2. Peter v. B. 1560. 3. Tochter h. Friedrich von Elten (?). 4. Jürgen von B. 1560 todt, h. Gertrud von Leerodt, 1560 Wittwe.

D. Linie zu Eulenbroich.

Wie oben Seite 107 angeführt und aus der Redinghovenschen Sammlung nachgewiesen ist, erscheint:

X. Wilhelm Stail von Holstein, Sohn Lutters III. und Enkel Wilhelms I., 1483 zwar als Herr zu Vlenbrock und Stammvater dieser Linie, es liegen aber über seine unmittelbaren Nachfolger zur Zeit gar keine Nachrichten vor, so dass nur Conjuncturen übrig bleiben, um zu bestimmen, wieviel Generationen zwischen ihm und seinem ersten bekannten Nachfolger in Eulenbruch, Andreas Stael von Holstein, liegen mögen. Dieser Andreas wird nach seinem Auftreten 1610 und 1612 und nach dem Alter, welches sein Urenkel bei der Aufschwörung gehabt haben muss, um zugelassen zu werden, zwischen 1570 — 80 geboren sein. Obiger Wilhelm aber scheint nach dem Todesjahre seines Grossvaters Wilhelm I. und der damaligen Minderjährigkeit seines Vaters Lutter III. so wie nach seinem eigenen Auftreten als Herr von Eulenbroch, 1483, nicht vor 1423 geboren zu sein. Es können also zwischen ihm und Andreas nur 4—5 Generationen gelegen haben. Ich nehme die letztere Zahl an und gebe daher dem Andreas die Generation XV.

XV. Andreas Stael v. Holstein, Herr zu Eulenbroch, wurde 1610. 1611 und 1612 wegen dieses Sitzes zum Bergischen Landtage einberufen. [196])

---

196) Fahne cöln. Gesch. II. XV. Leider sind über ihn, seine Voreltern und Nachkommen die speciellen Nachrichten durch den Untergang der

Seine Frau, Elisabeth von Gürzgen, welche einen Hirsch im Wappen und auf dem Helme einen Adlerflug führte, brachte ihm Ansprüche an die Sitze Düneburg und Clev. Aus dieser Ehe entspross ein Sohn:

XVI. Diedrich Stael von Holstein, Herr zu Eulenburch.

Dieser heirathete Anna Catharina von Gressenich, Tochter von Georg Wilhelm von Gressenich zu Erlenbach und Catharina von Steprath zu Dodenthal. Sie führte, wie hier neben, in Silber 5 (3 2) schwarze Mühleneisen, auf dem Helme zwei schwarze Reiherfedern.

Aus dieser Ehe ging ein Sohn hervor der folgt.

XVII. Johann Gerhard Stael von Holstein, der Sohn der Vorigen und Erbe zu Eulenbroch, heirathete Johanna Gertrud, Freiin von der Reven, Erbin zu Auel und Honrath (sie führte, wie hier neben, einen goldenen Maueranker in Blau) Tochter von Heinrich von der Reven zu Auel und Anna Margaretha von Hammerstein zu Honrath.

Johanna Gertrud war Lutherisch und 1646 (ihr Mann also nach damals gewöhnlichen Verhältnissen etwas früher) geboren. Sie starb 1728 11. August, 82 Jahr alt und wurde in der Kirche zu Volberg an der Sülze begraben. Beide Eheleute begannen den Neubau des Hauses zu Eulenbroch, den der Sohn vollendete. Dieser war:

Rittersitze Eulenbruch, Düneburg, Clev und ihrer Archive, der, wie ich oben S. 11 und 19 erzählt habe, durch das unwürdige Leben der späteren Besitzer herbeigeführt wurde, verloren gegangen, so dass hier, trotzdem wir einen bedeutenden Mann, wie es der unten zu erwähnende Präsident Andreas Joh. Heinrich war, vorfinden, kaum etwas mehr als das dürftige Gerippe der Ahnentafeln, wie sie II. S. 246 und 247 abgedruckt sind, für die geschichtliche Darstellung vorliegt.

XVIII. Andreas Johann Heinrich Stael v. H., Herr zu Eulenbroch, Auel und Honrath und 16. Juli 1709 wegen des erstgenannten Sitzes bei der Bergischen Ritterschaft aufgeschworen. [198]) Er widmete sich den Wissenschaften, wurde ein gelehrter, geschäftserfahrener Mann und errang sich eine der höchsten Staatsstellen in den Jülich-Bergischen Ländern, er bekleidete nämlich ein Viertel-Jahrhundert hindurch die Würde eines Präsidenten des Jülich-Bergischen Hofraths Dicastarium's (Conseil aulique, wie es der Almanach electoral palatin nennt) war Churpfälzischer, auch Jülich-Bergischer Geheimer Rath und Excellenz [199]) und wurde, wahrscheinlich durch Carl Theodor während dessen Reichsvicariats, in den Reichsfreiherrnstand erhoben. Er scheint 1772 gestorben zu sein, 1773 besass Adrian Freiherr von Bentink den Präsidenten-Stuhl.

Seine Frau Francisca von Bawir (Bauer) zu Frankenberg, mit einem rothen, goldgegitterten Qerbalken in Gold als Stammwappen, war Tochter von Johann Friedrich Bawir v. F. und Margaretha Appollonia von Nagel zu Herl. Ihre Gross- und Uebergrosseltern sind im 2. Band S. 247 in der Ahnentafel nachgewiesen. Sie gebar ihm, nach dieser Ahnentafel, einen Sohn Johann Carl, der folgt, wahrscheinlich aber auch noch zwei andere Söhne. Wie ich sagte, ist das Stammwappen der gegitterte Balken, die Linie Bawir-Frankenberg aber führte das Wappen quadrirt: 1. 4. den beschriebenen Balken, 2. 3. fünfzehn 5. 4. 3. 2. 1. goldene Münzen in Schwarz wegen Frankenberg.

XIX. Johann Carl Stael von Holstein, der 1766 19. Februar wegen des Rittersitzes Junkerssaurenbach, ursprüng-

---

[198]) II. 246. [199]) II 246 und churpfälzischer Hof- und Staats-Kalender, der auch unter dem Titel Almanach electoral palatin zu Mannheim in der churfürstlichen Druckerei durch Nicolas de Pierron, churf Kammerdiener und Hoffourier seit 1748 (vielleicht schon früher), später durch dessen Erben bis 1779 in 12°, dann bis 1804 in 8° erschienen ist.

lich Saurenbach (s. oben S. 28) bei der bergischen Ritterschaft aufgeschworen wurde, [300]) besass auch Aldenbroich,
Rotscheroth und Scheid. Er scheint in Cöln gewohnt
und Eulenbroch nicht mehr besessen zu haben. Vielleicht
hat es seine, dem Vornamen nach unbekannte, eigene,
oder Vaters-Schwester dem Freiherrn Salentin Bertolf von
Beluen, Sohn Johann Carls v. B. in die Ehe gebracht, dessen
ebenfalls dem Vornamen nach unbekannte Tochter, Erbin
zu Eulenbruch und Venau, sich mit Johann Werner Reichs-
freiherrn von Franken († 1769 2. Juli 63 Jahr alt) verheirathete und ihm beide Güter in die Ehe brachte. Die weitere
Descendenz ist anderswo aufgeführt. [301])

Johann Carls Frau war Francisca Catharina, Freiin
von Neukirch, genannt Nievenheim, welche zu Cöln 24.
März 1785, 64 Jahr alt starb und von der Wollküche aus,
wo sie wohnte, nach St. Peter in die Kirche begraben
wurde. [302])

Ich sagte Andreas Johan Heinrich habe mit seiner Frau
wahrscheinlich noch zwei andere Söhne erzeugt und meine
darunter die Bd. II. S. 231 Nr. 295 aufgeführten Brüder Ferdinand und Joseph (vielleicht sogar Alexander II. 229 Nr. 285.)
Von diesen war Ferdinand 1781 churpf. Generalmajor und
Stadtcommandant zu Jngolstadt und wurde in demselben
Jahre zum churfürstlichen Kammerherrn ernannt. (Hof-
kalender von 1793).

E. Fortsetzung der Linie zu Langwaden, Stiftung der Märkischen Linie.

VIII. Lutter II. Stael von Holstein war, wie oben S.
99 bemerkt, der zweite Sohn Lutters I. Er erhielt Langwaden, wie es scheint in der Theilung mit seinem Bruder
Wilhelm I., der, wie oben S. 101 gesagt ist, nach seinem
Siegel 1367, aber nicht mehr 1370, Herr zu Langwaden war.

[300]) II. 247. [301]) Fahne Cöln. Gesch. I. S. 103. II. S. 42. Auch
oben S. 19. [302]) II. 231.

Lutter verzichtete 1383 27. März auf den Rittersitz Mutzenrath und siegelte bei dieser Gelegenheit mit einem einfachen
Schilde, worin die 8 Kugeln. [203]) 1386 13. März erscheint
er als Knappe und Vertreter des Herzogs Wilhelm von Berg
bei dem Weisthume von Hilden und Haan. [204]) Im Jahre
1387 2. Aug. wird er Diener (Rath) des erwähnten Herzogs
genannt und verkauft ihm dieser unter Zustimmung seiner
Hausfrau, Anna von Bayern, an gedachtem Tage den Hof
Ickde mit drei Holzgewalten in dem Zeppenheimer Broiche,
fünf Holzgewalten im Ickder Busche und dem Rottzehnten
im Kirchspiel Kaiserswerth, welcher von jeher zu dem Hofe
gehört hat. Er und seine Nachkommen müssen dagegen
jährlich Martini 10 Malter Roggen und 10 Malter 4 Sümmer
Hafer zu Angermund im Schlosse abliefern. [205]) Am 12.
Mai 1388 besiegelt er eine Urkunde seines Bruders Wilhelm
I. [206]) und erscheint 1398 und 1399 als Ritter [207]) und zwar
1399 mit seiner Frau Beatrix; beide Eheleute haben den
Hof zum Eigen zu Garath von dem Ritter Gerart von Knyp-
rode und dessen Frau Cunigunde für 300 Gulden Dahrlehn
in Pfandschaft genommen und gestatten die Rücklöse. 1401
3. Sept. besiegelt er mit seinem Bruder Wilhelm einen Schuldbrief der Eheleute Heinrich Rumblian von Luchtmar, bei
dieser Gelegenheit führt er ein Siegel mit einem Helme,
bedeckt mit einem Turnierhute auf dem sich zwei Büffelhörner erheben, jedes aussen mit vier Kugeln verziert. Dieses
Siegel, welches Tafel IV. Nr. 15 abgebildet ist, hat er (nach
Redinghovens Notiz) seit seiner Ritterwürde geführt. Am
6. Nov. 1403 besiegelt er mit seinem Schwager Ludwig von
Lülstorp, eine Quittung seines Neffen Wilhelm II. Stael v.
H. [208]) und am 7. Mai 1411 auf Seiten Herzogs Adolph von
Berg dessen Bündniss mit dem Cöln. Erzbischofe Friedr. III.
[209]) Am 30. März 1416 quittirt er für seinen Neffen Wil-
helm II. der Stadt Cöln das jährliche Manngeld von 100

[203]) II. 39. [204]) II. 41. [205]) II. 42. [206]) II. 47. [207]) Red. II. 53.
[208]) II. 57.

Mark mit dem Siegel Tafel IV. Nr. 15. Im Mai 1429 ist er todt.

Seine Frau Beatrix lebte noch 1439 und quittirte für ihren Neffen, Wilhelm II. 1428 Sonntag 3. Mai, 1432 6. Mai und 1439 4. Mai der Stadt Cöln die 100 Mark Manngeld. [210]) Sie gebar ihm drei Söhne:

1. Rabolt, der die Linie zu Langwaden fortsetzte IX. S. 136.
2. Ropert, Stifter der Märkischen Linie F. IX.
3. Lutter der als Mann des Geldes sich dem Verwaltungsfache widmete.

Dieser erscheint zum ersten Male 6. Febr. 1423 als Lutter Stale, Herrn Lutters Sohn von Holsteden, (zweifellos Schreibfehler satt Holstein) und hat beim Abt des Stifts Werden, Adolph von Spiegelberg, den Antrag gestellt: ihm das Schulteisampt zu Lopenheim (jetzt Gemeinde Laupenthal), welches bis dahin der Edelherr Diedrich von Limburg verwaltet hatte, in Admodiation zu geben. Der Abt hat sich mit seinem Capitel, bestehend, aus dem Propste, Ernst von Oitgenbach, Prior Johann Stecke, Kelner, Guntram von Grafschaft, Kirchmeister Johann von Grafschaft und Stiftherrn Henrich von Werdenberg, ferner mit seinen Mannen und Dienstmannen nämlich: Pilgram von der Leiten, Ritter, Rütger von der Horst, Heinrich op dem Berge, Bernd von dem Vorste, Henrich Martin, Arnt Walsum, Wilhelm von Ulenbrocke, Reinke in dem Hugenpote, Heinrich an der Heggen, Johann Hagen und Hermann Houeken, berathen und willfährt nun mit Zustimmung und in Gegenwart der genannten Personen dem Gesuche, indem er Lutter mit dem Amte belehnt. Die Gegenleistungen Lutters bestehen in den von altershergebrachten Pächten, nämlich jährlich Martini 25 Malter Korn, welche so specificirt werden: 8 Malter Roggen, 6 Mütden Weizen, 3 Malter Gerste, 12 Malter und 2 Mütden Hafer, 5 Schweine oder 5 Schill. (c. 5 Silberg.) für jedes Schwein und 12 Hühner;

---

[210]) II. 68.

bleiben die Pächte 2 Monate (bis Mittewinter) unbezahlt, so verdoppeln sie sich, bleiben sie 3 Jahre unbezahlt, so fällt das Amt dem Stifte anheim. Der Hof zu Laupenthal besteht aus einem obersten Hause, welches von Gräben eingeschlossen ist, einigen davor gelegenen Wohnhäusern und einem Viehhause. Will der Abt die Fischerei und den Wald (die Jagd) zu Laupenthal, die ihm vorbehalten bleiben, benutzen, so muss Lutter das oberste Haus und die Wohnungen davor demselben, so lange dieser will und von altersher gewesen ist, einräumen und sich in das Viehhaus [311]) zurückziehen. Lutter hing an diese Urkunde sein Siegel, wie es Tafel VI. Nr. 25 abgebildet ist.

Lutter besass den Rittersitz Steinbüchel, den er 1429 verkaufte. 1400 wird Rütger Stael als Herr zu Steinbüchel aufgeführt, [313]) vielleicht ein Onkel von ihm.

Am 27. Juni 1437 erscheint er als Lutter Staill von Holstein, unter der, in der Grafschaft Mark vorhandenen Ritterschaft, welche den Frieden zwischen Herzog Adolph von Cleve und dessen Bruder Gerard zu halten gelobt. [313]) Im nächsten Jahre 7. Dec. kauft er von Johann von Calcum, Sohn Conrad's, eine Holzgewalt aus dem Forste im Kirchspiel Calcum und wird Verzicht und Uebergabe vor den Hofesleuten der Abtissin von Gandersheim vollzogen. [314]) Am 22. Juli 1439 überträgt ihm Herzog Gerard von Jülich-Berg die Hut des Schlosses und Bollwerks zu Angerort. Die Bemannung und Vertheidigung soll ganz auf Kosten Lutters stattfinden, der Herzog zahlt ihm dagegen halbjährlich 50 Gulden und zwar durch den Amtmann von Solingen 6, den Amtmann von Angermund 5¹/₂, den Amtmann von Miselohe 7¹/₂, den Amtmann von Portz 6¹/₂, den Amtmann von Monheim 5¹/₂, den Amtmann von Bornefeld 5, den Amtmann

---

[311]) Ueber die beschränkten Wohnverhältnisse vergl. Fahne Boeholtz I. 1. S. 296 u. f. Im vorliegenden Falle war aber nicht bloss Lutter in solche Lage versetzt sondern auch die Ritter und Edelherrn, deren Namen II. 67 angegeben sind, hatten das Viehhaus-bewohnen müssen. [313]) Beide Nachrichten hat Oligsleger in seinen Manuscripten. [313]) II. 77. [314]) II. 78.

von Steinbach 7½, den Amtmann von Mettmann endlich
6½ Gulden. Ausserdem erhält er aus dem Amte Angermund 100 Fuder Brennholz und was er an Proviant bedarf.
Lutter leiht dabei dem Herzoge 300 Gulden gegen 10 Prozent. In diesem Briefe wird er ein Sohn des Herrn (Ritters)
Lutter genannt. [215]) 1444 8. Januar löst er mit Gawin von
Swanenberg, Johann und Adolf. Quad, Hermann v. Winckel-
hausen und Johann vom Haus Namens des genannten Herzogs das an Herzog Adolph von Cleve verpfändete Kirchspiel Mülheim wieder ein. [216]) Am 5. Juni 1445 [217]) quittirt
er dem Herzoge Gerard von Jülich-Berg 8 Fuder Weinrenten,
die ihm und dem Ritter Reynard von Roir, jedem zur
Hälfte, durch den Tod der Anna Sobbe, Wittwe des
Edelherrn Everhardt von Limburg angestorben sind.
Er heisst in dieser Urkunde wieder des seeligen Herrn Lutters
Sohn, führt aber ein neues Siegel, welches Tafel V. Nr. 22
abgebildet steht.

Im Jahre 1450 beginnen seine Geld- und Verwaltungs-
Operationen sich in einer wahrhaft grossartigen Weise zu
entwickeln. Am 28. Oct. gedachten Jahres leiht er dem
kriegslustigen und deshalb stets geldbedürftigen Erzbischofe
Diedérich von Cöln, aus dem Hause Mörs, die Summe von
4040 Gulden und empfängt dafür das Amt und Schloss Erprath in Pfandnutzung. [218]) Bei dieser Gelegenheit erfahren
wir, aus welchen Theilen die Herrlichkeit Erprath, von der
sich vormals ein Edelgeschlecht schrieb, bestanden hat: nämlich aus der Burg Erprath an der Erft gelegen, von der
jetzt nur noch der Ackerhof Erprath und die Erprather
Mühle, beide in der Burg Hülchrath übrig ist, dann aus
Kirchspielen, Dörfern, hohen und niederen Gerichten, Mühlen-
zwang und den Höfen: 1. Houltzlicht im Lande Jülich
(jetzt unbekannt), 2. zum Hanen, (Ackerhöfe in der Bürg.
Jüchen), 3. zum Komben, jetzt Commerhof, Kreis Gladbach,
Bürg. Liedberg, 3. Klein Volkroide (vielleicht Hof Vollrath
bei Grevenbroich), 4. Greueroide (jetzt Kirchdorf Grefrath

[215]) II. 79. [216]) II. 87. [217]) II. 91. [218]) II. 99.

und Bürgermeistereisitz mit circa 1000 E.) 5. Uerhof (vielleicht das Dorf Wehr bei Heinsberg. 6. Aus andern, nicht benannnten Höfen, ferner aus zwei Jahresrenten, von denen die eine, bestehend in 3 Malter (Korn), die Capelle zu Liedberg, die andere, bestehend in 6 Malter und 6 Weispfennige (Silbergroschen) brabantsch, der Hof Mortesmare (jetzt verschwunden) im Lande Wickerath zahlen musste.

Lutter erhält nun das Ganze in Verwaltung, ohne dass er verpflichtet ist, Rechnung darüber zu legen. Er erhebt alle Gülten, Renten, Schatzungen, Beden, Zinsen, Pächte, Zehnten, Brüchten, Bussen und sonstigen Gefälle, er benutzt die Dienste, (Frohnden) Mühlen und Fischereien, hat das Recht des Gebietens und Verbietens, darf aber die Gewohnheiten und das Herkommen nicht antasten, muss jedermann durch Scheffenurtheil unter zu Grundlegung des Landrechts Recht sprechen lassen. Er muss die Burg und die ganze Herrlichkeit auf seine Kosten schützen und vertheidigen, die Gefangene, die bei dieser Gelegenheit gemacht werden, stehen zu seiner Verfügung und für die dabei Getödteten, oder Verwundeten soll man ihn nicht verantwortlich machen, ebensowenig für Brand und Verwüstung in der Herrlichkeit durch Feinde oder durch Unglück verursacht. Möchte die Herrlichkeit erobert oder sonst abgestritten werden, so soll der Erzbischof sofort ein anderes Amt und Schloss ihm einräumen, welches ihn für sein Darlehn sicher stellt. Die Pfandschaft kann von beiden Theilen jährlich gekündigt werden, es muss aber ein Vierteljahr vor Simon und Judas (28. Oct.) geschehen und demnächst pünktlich auf gedachten 28. Oct. das Darlehn, entweder in Cöln, oder in Siegburg, so wie es Lutter gefällt, zurückgezahlt, auch das, was an der Burg, ihrem Zubehör und den Mühlen verbaut ist, erstattet werden. Der Erzbischof ist ferner verpflichtet auf seine Kosten am Schlusse der Pfandschaft ihn und die Seinigen mit aller ihrer Habe nach einer der beiden Städte sicher geleiten zu lassen. Der Nachwuchs des Jahres verbleibt dem Lutter, dagegen muss er die Nachsaat, den Hausrath, die Geräthschaften, die Kühe, Schweine und Schaafe in demselben Stande, wie er sie beim Antritt gefunden hat, zurücklassen. Ueber sie werden beim Antritt zwei Inventare auf ein und demselben Bogen aufgenommen und auseinander geschnitten, so dass das eine Exemplar dem erzbischöflichen Rentmeister, das andere dem Lutter zukommt.

Drei Jahre später streckt er demselben Erzbischofe neue 1000 Gulden vor und erhält dafür 20. August 1453 Schloss, Stadt und Amt Arnsberg in Pfandnutzung. [218]) Die Bedingungen sind: Lutter mit drei Helfern bewohnt das dortige Schloss, erhält vom dortigen Kellner die Kost, für 4 Pferde jährlich 150 Malter Hafer [219]) und das nöthige Raufutter, alles ohne Entgeld. 2. Er erhält 200 Gulden jährlich Rent- und Amtsgelder, ferner 20 Gulden, welche die Landschaft zahlt und von allen Brüchten, die im ganzen Lande erhoben werden, den zehnten Theil. Der Kellner darf ohne ihn keine Brüchten und Beden an- oder absetzen. 3. Das Geleit und die Einkünfte davon stehen ganz in der Hand Lutters, doch darf er es den Feinden des Erzbischofs nicht gewähren. 4. Er muss die Bündnisse, welche der Erzbischof schliesst, achten, soweit sie seiner Pfandschaft nicht nachtheilig sind. 5. Er muss das Amt beschirmen, die Strassenräuber und Missethäter einfangen und darüber selbst richten, oder sie dem Erzbischofe überliefern. 6. Falls Lutter, oder seine Helfer in einer Fehde niedergeworfen, ausgeplündert, oder in Gefangenschaft geschleppt werden möchten, soll der Erzbischof den Schaden, resp. das Lösegeld zahlen. 7. Alle gefangene Feinde gehören dem Erzbischofe. 8. Die Diener auf dem Schlosse zu Arnsberg kann Lutter an- und absetzen, den Kellner und Burggrafen ausgenommen. 9. Die Pfandschaft kann jeder Theil ein viertel Jahr vorher, Lutter beim Zöllner zu Bonn, der Erzbischof bei dem Schlosspförtner zu Arnsberg kündigen; am Schluss des Vierteljahrs muss dann der Erzbischof die 1000 Gulden dem Lutter zu Cöln oder Siegburg, nach dessen Bestimmung in seine frei-sichere

---

[218]) II. 105. [219]) Die damaligen Pferderationen an Hafer waren also bei Weitem nicht so gross, wie jetzt die unsrigen.

Gewalt liefern und ihn selbst mit seiner Habe dorthin geleiten lassen.

Im folgenden Jahre 16. Januar wird die Pfandschaft
für ein Darlehn von 1250 Gulden erneuert. [200])

Während Lutter so sein Vermögen und seine Geschäfte
vermehrte, musste er auch die Schattenseiten seiner Stellung
kennen lernen. Geschäfte führten ihn im Anfange des Jahres
1453 nach Cöln. Er hatte sich von dem dortigen Rathe
sicheres Geleit und Schutz (Vurwort) geben lassen, nichts
desto weniger liessen ihn die dortigen Scheffen, auf Anrufen
des Pilgrim Swartze fest nehmen (in Kumber halden) und
in die Hacht sperren. Lutter, hierdurch an Ehre und Ruf
gekränkt, schrieb darauf am 24. Januar 1453 dem Rathe
einen energischen Brief, worin er ihn auffordert, sein Versprechen in dem Geleitbrief zu halten, indem er hofft, dass
er nicht der erste sein werde, an dem der Rath seine Ehrsamkeit krenken und schwächen wolle. Der Brief lautet:

Eirsame, guede vrunde, also as ure eirsamheyt mir urre
steide vurwert gegeven, ind der ouch gestant gedain haven vur
den scheffenen, des ich uren lieffden dancken, so dunckt mich,
dat sich die scheffenen dairan weynich kieren ind halden mich
daireinboyven in eyme kumbere tgain Pilgerym Swartzen, der
mich in urme geleyde mit synre anverdicheit swirligen ver-
sproichen ind geschuldicht hait an myn ere ind gelymp, dat
doch weder urre steide verdrach ind geboitt is, dat man yemantz
bynnen urre steide in sulcher maisszen erscheinen sulle. Ind
dat mich die scheffenen nu boyven urre steide geurkunde geleyde in kumbere ind beswierunge halden, dae mit mich dunckt
urre steide vurwert gekrenckt werde, ind mir zo wee geschie.
Ind wan ich dan nye anders verstanden hain, dat ir urre steide
vurwerden alwege strack ind erligen zo halden plegen, so begeren ich, dat ir die ouch also an mir wilt halden, dat ich
der irste nyet en sy, dairane ure eirsamheyt de krencken ind
zweichen laisszen, want ich anders boyven ure vurwert as eyn
mysdedich man wieder in die hacht ghain moiste, des ich meynen

_____

[200]) II. 110.

ure vurfaeren ind ir in gelycher maissen nyet me verhenget
haven. Ind wat ich mich des. ind zo urre steide vurwert ver-
lajsszan ind getroisten sall, begeren ich ure gutlige antwert.
Unse heere got wille uch wailmoigende gespaeren.

Geschreven under myme siegell des nyesten Dynstages na
sept Agneten dage, anno et cetera 53
Lutter Staill van Houlsteyn seligen heren
Lutters son, ritters.

Nach dem Jahr 1450 finde ich keine weitere Nachrichten
über Lutter, er scheint keine Kinder, oder doch nur Töchter
hinterlassen zu haben. Im Jahre 1486 ist der Pfandbrief
über Erprath in den Händen des Ritter von Raesfeld und
seines Sohnes Johann. [121]) Diese waren also die Nachfolger
in einem Theile seines Vermögens.

IX. Rabolt, (oben S. 130) auch Robert, Roprecht, Ra-
boult, Rabodt, Raboidt, Raboede und Rabode genannt (sein
Siegel [122]) hat: S. Ro ... Stail von holste) widmete sich dem
Kriegshandwerke und war eine Art Götz von Berlichingen
seiner Zeit. Er diente dem Junker Wilhelm von Berg,
Grafen von Ravensberg († 1428), dann dessen Bruder, Herzoge Adolph von Jülich-Berg († 1437), [123]) dessen Sohne
Jungherzog Ruprecht († 1434) und endlich dem Herzoge
Gerard VIII. von Jülich-Berg, Grafen von Ravensberg, Erben der genannten drei. [124]) Er wurde bei einem Gefechte,
welches er in Diensten des Junkers Wilhelm mitmachte,
niedergeworfen, gefangen und geschatzt, seiner Habe, Pferde
und seines Harnisch beraubt. [125])

Unter Herzog Adolph war er dessen Rittmeister, zuerst
zu Tytz und später zu Randerath und focht als solcher für
ihn in den beiden Fehden mit Geldern, [126]) diente ihm noch,
als er schon die Grafschaft Ravensberg geerbt hatte, also
noch 1428, und zog mit dessen Sohne, Jungherzog Ruprecht
ins Feld, also bis 1434. Die Auslagen für Zehrungskosten

---

[121]) II. 138. [122]) Taf. V. Nr. 20. [123]) Fahne Salm I. 2. S. 46
wo die Regentenfolge. [124]) II. 78. [125]) II. 82. [126]) II. 78. 82.

und die Verluste, welche Rabolt während dieser 6 Jahre gehabt hatte, ersetzte ihm Herzog Adolph dadurch, dass er ihm 300 Gulden auf den Eigenhof zu Berghausen im Kirchspiel Richrath verschrieb, [227]) was Rabold am 29. Juni 1433 reversirte. Bei dieser Gelegenheit brauchte er sein erstes Siegel Tafel IV. Nr. 17. [228]),

Nach Adolphs Tode diente er dem Herzoge Gerard, Adolphs Neffen. Dieser rechnete mit ihm über die verschiedene Forderungen und bekannte 15. Oct. 1438, dass er ihm für die Zeit der Verwaltung des Rittmeisteramts zu Titz an Amtsvorlagen, Verlusten von Hengsten, Zehrkosten etc. 795 Gulden schuldig sei, entschädigte ihn ferner am 29. März 1440 mit 350 Gulden für Verluste, Zehrkosten und Auslagen während des Rittmeister Dienstes zu Randerath und wiess ihm 1443 6. Februar für die später ihm selbst geleisteten Dienste fernere 200 Gulden auf den genannten Eigenhof an. [229]) Bei dieser Gelegenheit wird Rabolt in der Urkunde vom 29. März 1440 Sohn des verstorbenen Ritters Lutter Stail von Holstein genannt und führt sein zweites Siegel, wie es Tafel V. Nr. 20 abgebildet steht. [202])

Mit eben diesem Siegel quittirte er auch 1440 und 1442 dem Herzoge von Jülich-Berg 66 Gulden 16 Albus [231]).

Das Kriegshandwerk war demnach für ihn ein ganz günstiges, es erbrachte ihm, soweit die bis jetzt bekannt gewordenen Urkunden bezeugen, 1345 Gulden baar ein, eine für jene Zeiten grosse Summe, ausserdem aber auch, wie sich gleich zeigen wird, allerhand einträgliche Stellen. Dass er es aber auch mit Nachdruck betrieben hat, dafür spricht eine andere Urkunde. Er hat, unterstützt von Johann Pieck von Sleburg, in der geldrischen Fehde zwei Edelleute, Ritter Johann von Aeswyn, Ritter und Evert von Alpen mit deren drei Knechten: Johann Lewenberg, Johann Luw und Heinrich von Cöln gefangen genommen. Nach Sitte damaliger Zeit haben sich diese mit schwerem Gelde lösen müssen.

---

[227]) II. 73. 86. [228]) II. 75. [229]) II. 77. 82. 86. [230]) II. 83. [231]) II. 84.

Da indessen solche Gelder nicht immer gleich bei der Hand waren, und anderseits die Bewachung der Gefangenen ihre Beschwernisse hatte, so war zu der gewöhnlichen Aushülfe gegriffen worden: die Gefangenen hatten einen möglichst kurzen Termin bestimmen müssen, binnen welchem sie die Lösesumme erlegen wollten mit der Clausel, wenn sie ihre Verpflichtungen nicht erfüllten, auf eine Mahnung ihrer Sieger, welche ihnen binnen 100 Meilen von Cöln gemacht werde, sich sofort zum Gefängnisse wieder zu stellen. Die fünf Gefangenen hatten aber nicht allein mit Rabolt und Pieck, sondern auch mit der Stadt Cöln zu schaffen, diese bemächtigte sich ihrer, warf sie in ihre Gefängnisse und hielt sie darinnen so abgesperrt, dass jeder Aussenverkehr unmöglich wurde. Hieraus entstanden für Rabod und Pieck Ansprüche an die Stadt. Die Sache wäre verwickelt geworden, wenn sich Herzog Adolph von Berg nicht in das Mittel gelegt hätte. Auf dessen Ansuchen verzichteten beide auf ihre Ansprüche, vorbehaltlich jedoch, dass die fünf Genannten ihnen Urpfehde schwören würden, wogegen anderseits sie Beide eidlich gelobten, von den Gefangenen, ihrer Familie und Freundschaft niemals eine Lösegeld zu beanspruchen, dieses geschah 28. Nov. 1430. Rabold gebrauchte bei dieser Gelegenheit wieder sein erstes Siegel, wie es Tafel IV. Nr. 17 abgebildet ist. [182])

Am 26. März 1442 empfängt Rabold mit seinem Sohne Lutter von dem Werdener Abte Johann Stecke den Hof zu Blee im Amte Monheim und nennt sich dabei Rabode Stail geheyten Hoylsteyn. [183]) 1445 21. Nov. ist er unter denjenigen Edelleuten, welche den Frieden zwischen den Herzogen Gerard von Jülich und Arnold von Geldern gewährleisten. [184]) 1446 erscheint er in dem Weisthume von Richrath, worin unter anderen bekundet wird, dass seine Vorfahren seit unerdenklicher Zeit das Gut Lanquit (Langwaden) besessen haben. [185]) Im selbigen Jahre wird er herzoglicher Rath

---

[182]) II. 68—70. [183]) II. 84. [184]) II. 92. [185]) II. 94.

und gewesener Rittmeister in der geldrischen Fehde und im folgenden Rath des Herzogs Gerard und dessen Kellner zur Burg genannt. [236]) In letzter Eigenschaft beurkundet ihm der Herzog am 21. Januar 1447, dass er von ihm ein Darlehn von 300 Gulden zu 10 Prozent erhalten habe. [237]) Die Kellnerei hatte er am 29. Nov. 1446 übernommen. [238])

Im Jahre 1449 hat Raboult einen Streit mit dem Cölner Goldschmiede Peter von Oedendaele. Er hat diesem seinen silbernen Orden [239]) übergeben um daran etwas zu machen und kann ihn nicht zurückerhalten, wenn gleich er sich erboten hat, den Machlohn zu zahlen. Da auch seine schriftlichen Beschwerde an den Stadtrath von Cöln und an die Vorsteher der Cölner Goldschmiedezunft erfolglos geblieben sind, so wendet er sich endlich 29. August 1449 an den Herzog und schreibt ihm also:

Mynen uuderdenigsten willigen schuldigen bereyden dienst myt alle dem dat ich vermach altzyt zovor, as billich is. Durchluchtige, hogeborner furste, alrelieffste gnedichster herre, also ich uyren furstligen · gnaden hie bevor geschreven ind ouch muntlichen zo verstain gegeven, wie dat ich Peter van Oedendaele, goultsmyt zo Colne, mynen silveren orden gedain hain, myr etzwat darane zo machen, denselven orden ich van eme neit weder krygen en kan, wie waill ich des me dan zo eynre zyt an eme gesonnen hain, vur den machloen zo loeszen. Ich hain ouch vur me an den rait der stat Colne ind an de oeversten van den goultsmeden daeselffs geschreven ind sy gebeden, dat sy den egenannten Peter underwysen ind dartzo halden willen, dat hie myr mynen orden vurschreven weder zor handt stelle. Sullichs ind ouch uyre gnaden schryfft vur mych daromb an de

---

[236]) Red. 67 S. 704. [237]) II. 94. [238]) II. 96. [239]) Solche Orden waren Münzen in der Grösse eines 6 Franken- (Kron-) Thalers und wurden an einer Kette um den Hals getragen, so dass sie bis zur Herzgrube herabhingen. Nichts beweist besser als dieser Streit den damaligen hohen Werth des Geldes, ein Gegenstand von höchstens 1½ Thlr. gibt Veranlassung zu weitläufigem Schriftwechsel und Beschwerde bis zum Fürsten.

burgermeistere der stat Colne vurschreven gedain myr allet neit gehulpen noch stade en hait moighen doin, ind wurdet myr myn orden van dem egenanten Peter so vurbehalden, dat mych unbillich van der stat Colne Peter vurschreven sulchs in sulger maissen zo verhengen bedunckt. Ind want myr dan noch zor zyt in den saechen neit anders, dan as vurschreven is, gedyen en mach, dat myr so da by swerlich zo laissen were, royffen ich uyren furstlige gnaden an myt mynre eitmoederliger beden, myr zo gonnen, up de burgere ind ingesessen der stat Colne vurschreven in uyre gnaden lande vur alsulgs zo kommen ind sy ind daromb ind darvur an zo langen ind zo tasten, ind wyl ouch sulgen myne gebreche daran treffende vur uyren gnaden vervolget ind verclaghet haven, ind getruwe ind hoffen ouch an uyren furstligen gnaden des gantz, sulchs vervoulgs up de stat Colne vurschreven neit so zo doin aff zo stellen, na dem ich uran gnaden bewand ind undersaese byn, ouch uyren furstligen gnaden vur ind na vervolgt ind beclagt haven, as eyn undersaese synem rechten herren gebuert zo doin. Unser herre got wille uyre furstlige gnaden zo langen seligen zyden mechtige ind gesont gesparen, oever mych ind alle myn vermoeghen altzyt gebedende.

Gegeven under myme siegell up sente Johans dach decollationis, anno et cetera quadragesimo nono. —

Rabodt Stail von Houlstein.

Am 3. März 1450 quittirt Herzog Gerhard seinem Rathe Rabodt Stail die Kellnerei-Rechnung und bleibt ihm daraus 199 oberländische Gulden und 2 Mark schuldig, die er bei fürstlichen Ehren am nächstfolgenden Christtag zu zahlen verspricht. [140]) Am nächstfolgenden 20. Juni leiht er mit seiner Frau Anna dem Herzoge 835 rh. Gulden der dagegen verspricht, sie auf demselben Christtage in Cöln zurückzuzahlen, ebenfalls bei fürstlicher Ehre, die aber dieses mal durch fünf Bürgen unterstützt werden muss, nämlich: Wilhelm von Nesselrode, Ritter und Herrn zum Stein und bergischen Land-

---

[140]) II. 95.

drosten, Johann dessen Sohn, Johann Quad, Adolph Quad
und Werner von Beuessen; sie müssen schwören, im Falle
der Nichtzahlung bei der ersten Mahnung Raboults mit 2
bewaffneten Knechten und reisigen (gepanzerten) Pferden in
Cöln Einlager zu halten, [241]) dabei dürfen die Eheleute die
schuldige Summen bei Lombarden [242]) und Juden zu den
höchsten Wuchersätzen sich verschaffen auf Kosten des
Herzogs.

Im selbigen Jahre werden aus dem Amte Monheim
Raboede Stael, Lutters Sohn und Lutter Stael zum Bergischen Landtage berufen. [243]) Dieses ist die letzte Nachricht
von ihm. Seine Frau Anna gebar ihm vier Kinder:

1. Lutter der samt seinem Vater 1442 zu zwei Leibern
(zwei Händen) von Johann Stecke, Abt zu Werden mit dem
Hofe Blee im Amte Monheim behandigt. Es wird ihnen
der Hof mit aller seiner Herrlichkeit mit seinen Zinsen,
Fischereien, Pfeffer, [244]) Gefällen, Curmuden, Gewinn und
Gewerb übertragen. Sie müssen von den Einkünften ein
Drittel dem Abte zahlen, das übrige gebührt ihnen, dagegen
müssen sie den Hof auf ihre Kosten vertheidigen und
erhalten. [245])

2. Johann der folgt X.

3. Rabolt (Ropert) der unverheirathet starb

4. Eine Tochter, die 1494 Frau des Robolt v. Coppeu-
rade war. [246])

---

[241]) II. 96. [242]) Unter Lombarden werden Personen aus der
Lombardei verstanden, die sich von dort nach den grösseren Handels-
städten Deutschlands übersiedelt hatten und Wechsel-, Bank-, vor
allen Pfandgeschäfte betrieben, wohl Juden, da den Christen durch
das Canonische Recht verboten war, Zinsen zu nehmen. Vergleiche
diese Forschungen Band 2, Heft 2, S. 9 [243]) Fahne Cöln. Gesch. II.
S. XI. [244]) Pfeffer, dieses jetzt so unbedeutende Gewürz, war im
Mittelalter eine sehr wichtige Abgabe. Beispielsweise musste die
Stadt Nürnberg, dem obersten Richter in Cöln (Gräf) jährlich einige
Pfund Pfeffer in einem aus Holz gedrechselten, kelchartigen, mit
Deckel versehenem Gefässe liefern. [245]) II. 84. [246]) Redinghoven
Band 67 S. 705 hat die Kinder 2—4.

Johann wird von Redinghoven 1474 Herr zu Lanquit genannt. Er zeugte mit einer ungenannten Frau einen Sohn Johann, der folgt XI.

XI. Johann Stael von Holstein kommt 1500 - 1546 als Herr von Lanquit (Langwaden) und Graven vor; er hinterliess eine Tochter Anna, welche mit Wilhelm von Etzbach verheirathet wurde und diesem die Güter in die Ehe brachte. Ihre Nachkommenschaft ist oben aufgeführt. [247])

F. Die Märkische Linie

IX. Ruprecht I. Stael v. Holstein, wahrscheinlich zu Ehren des Kaisers so genannt, ist wie oben S. 93 gesagt, Stifter der Linie in der Grafschaft Mark. Er war ein Sohn Lutters II. Stael zu Langwaden. Es liegt zwar bis jetzt kein directer urkundlicher Beweis für diese Angabe vor, allein eine Thatsache macht sie fast zweifellos, ich meine der Vererbung des Hofes Ickte. Diesen kaufte sein Vater im Jahre 1387 [248]) und 1592 [249]) finden wir denselben Hof im Besitze des Lutter Stael, Enkels des Robert Stael zu Heisingen, eines Ureukels unsers Ruprecht I. und später in dem der Nachkommenschaft des Letzteren bis zu ihrem Erlöschen.

Ruprecht heisst auch Roeprecht, Roprecht, Roprich, Ropercht, Roibert, ja sogar Rabert und Rabet; nur in seinem Siegel steht richtig Rvprecht, dagegen nicht Stael, sondern Stal. Er war, wie seine Thaten bekunden, ein erfahrener, kräftiger Mann, der die mächtige Stellung, welche er sich erkämpfte, auch verdiente. Er kommt zum ersten Male in Urkunden am 29. Juni 1431 vor. [250]) Der Rath von Cöln schreibt an ihn, übersetzt ins Neudeutsch also:

---

[247]) Reding. 67, S. 705, vergl. oben S. 18 und II. 235 Nr. 311. [248]) II. 42. [249]) II. 218. [250]) II. 70.

drosten, Johann dessen Sohn, Johann Quad, Adolph Quad u.
Werner von Beuessen; sie müssen schwören, im Falle der
Nichtzahlung bei der ersten Mahnung Raboults mit 2 bewaff-
neten Knechten und reisigen (gepanzerten) Pferden in Cöln
Einläger zu halten, [241]) dabei dürfen die Eheleute die
schuldige Summe bei Lombarden [242]) und Juden zu den
höchsten Wuchersätzen sich verschaffen auf Kosten des
Herzogs.

Im selbigen Jahre werden aus dem Amte Monheim
Raboede Stael, Lutters Sohn und Lutter Stael zum Bergischen Landtage berufen. [243]) Dieses ist die letzte Nachricht
von ihm. Seine Frau Anna gebahr ihm einen Sohn Johann,
der folgt X.

X. Johann Stael v. Holstein, Herr zu Lanquit erscheint
schon 1442 mit seinem Vater und wird zu zwei Leibern
(zwei Händen) von Jahann Stecke, Abt zu Werden mit dem
Hofe Blee (im Amte Monheim behandigt. Es wird ihnen
der Hof mit aller seiner Herrlichkeit mit seinen Zinsen,
Fischereien, Pfeffer, [244]) Gefällen, Curmuden, Gewinn und
Gewerb übertragen. Sie müssen von den Einkünften ein
Drittel dem Abte zahlen, das übrige gebührt ihnen, dagegen
müssen sie den Hof auf ihre Kosten vertheidigen und erhalten. [245])

Johann hinterliess mit seiner nicht benannten Frau drei
Kinder. [246])

---

[241]) II. 96. [242]) Unter Lombarden werden Personen aus der
Lombardei verstanden, die sich von dort nach den grösseren Handels-
städten Deutschlands übersiedelt hatten und Wechsel- Bank- vor allen
Pfandgeschäfte betrieben, jedenfalls Juden, da den Christen durch
das Canonische Recht verboten war, Zinsen zu nehmen. Vergleiche
diese Forschungen Band 2, Heft 2, S. 9. [243]) Fahne Cöln. Gesch.
II. S. XI. [244]) Pfeffer, dieses jetzt so unbedeutende Gewürz war im
Mittelalter eine sehr wichtige Abgabe. Beispielsweise musste die
Stadt Nürnberg, dem Obersten Richter in Cöln (Gräf jährlich einige
Pfund Pfeffer in einem aus Holz gedrechselten, kelchartigen, mit
Deckel versehenem Gefässe liefern. [245]) II. 84. [246]) Redinghoven
hält diese drei für Kinder Rabolds, allein das ist den Jahren nach

1. Johann, der die Linie fortsetzte XI.
2. Raboth starb kinderlos.
3. Eine Tochter, welche 1494 an Robert von Cobben-
rode verheirathet war.

XI. Johann Stael von Holstein kommt 1500—1546 als
Herr von Lanquit (Langwaden) und Graven vor; er hinterliess eine Tochter Anna, welche mit Wilhelm von Etzbach
verheirathet wurde und diesem die Güter in die Ehe brachte.
Ihre Nachkommenschaft ist oben aufgeführt. [247])

F. Die Märkische Linie.

IX. Ruprecht I. Stael v. Holstein, wahrscheinlich zu
Ehren des Kaisers so genannt, ist, wie oben S. 93 gesagt,
Stifter der Linie in der Grafschaft Mark. Er war ein Sohn
Lutters II. Stael zu Langwaden. Es liegt zwar bis jetzt
kein directer urkundlicher Beweis für diese Angabe vor,
allein eine Thatsache macht sie fast zweifellos, ich meine
der Vererbung des Hofes Ickte. Diesen kaufte sein Vater
im Jahre 1387 [248]) und 1592 [249]) finden wir denselben Hof
im Besitze des Lutter Stael, Enkels des Robert Stael zu
Heisingen, eines Urenkels unsers Ruprecht I. und weiter in
dem der Nachkommenschaft des Letzteren bis zu ihrem Erlöschen.

Ruprecht heisst auch Roeprecht, Roprecht, Roprich,
Ropercht, Roibert, ja sogar Rabert und Rabet; nur in seinem
Siegel steht richtig Rvprecht, dagegen nicht Stael, sondern
Stal. Er war, wie seine Thaten bekunden, ein erfahrener,
kräftiger Mann, der die mächtige Stellung, welche er sich
erkämpfte, auch verdiente. Er kommt zum ersten Male
in den Urkunden am 29. Juni 1431 vor. [250]). Der Rath
von Cöln schreibt an ihn, übersetzt ins Neudeutsch also:

---

nicht möglich, denn da Johann schon 1442 mit seinem Vater als
grossjährig vorkommt, so kann er nicht bis 1546 gelebt haben; es hat
also eine Generation dazwischen gelegen. [247]) Reding. 67, S. 705,
vergl. oben S. 18 und II. 235 Nr. 311. [248] II. 42. [249]) II. 218. [250]) II. 70.

Guter Freund, wir haben vernommen, dass du mit deinen Helfern vorigen Mittwoch einige unserer Mitbürger gefangen genommen und sie ihrer Habe beraubt hast, trotz dem dass Du und die Deinigen, wie uns gesagt wird, unsern Bürgern und Eingesessen, die im Schiffe waren, für Leib und Gut Sicherheit zugesagt hattest. Da wir nun nicht anders wissen, als dass zwischen uns Liebe und Freundschaft besteht so begeren wir, dass Du die unserigen aus ˙dem Gefängnisse entlässt und ihnen ihr Habe, die Du aus dem Schiffe genommen hast, ohne ihren Schaden zurückgibst, wir vertrauen darauf mit Sicherheit und erwarten, über das was Du thun willst, eine schriftliche Antwort. Gegeben auf Peter- und Pauls-Tag 1431.

Zunächst vier und dann 13 Tage später wiederholte der Rath sein Schreiben; das letzte Mal energischer, wobei er ihm eine Abschrift des Landfriedens mittheilte, welchen um diese Zeit der Kaiser mit dem Churfürsten für die Dauer eines Jahres zu Nürnberg auf dem Reichstage verabredet und mit Strafen für die Uebertreter versehen hatte. [251]) Aus diesen letzten Briefen geht hervor, dass Ruprecht mit seinen Helfern den Neusser Nachen auf dem Rheine oberhalb Zons angehalten und die Personen darin mit ihre Habe durch das Bergische Land nach seinem Schlosse Hardenstein im Lande Mark entführt hatte. Der Stadtrath legt in seinem Schreiben besonders Nachdruck darauf, dass Ruprecht zu der That übergegangen sei, ohne vorher dem Angegriffenen Fehde ˙angesagt zu haben. [252]) Aus einem

---

[251]) II. 71–72. [252]) Nach den alten deutschen Rechtsbegriffen stand einem jeden, sei es in Folge der Blutrache, oder wegen anderer vermeintlicher Ansprüche, die Selbsthülfe zu; die Sprache hat dafür sogar einen Rechtsbegriff „das Faustrecht" gebildet. Wirkliche oder vermeintliche Beleidigungen führten sogleich zu den Waffen; man war auf keiner Strasse, in keinem Hause, selbst unter den Augen der Kaiser und Könige nicht sicher. Die erste Milderung dieses Zustandes fand 1083 auf der Synode zu Cöln statt, wo an bestimmten Tagen des Jahres Fehde und Waffentragen bei Strafe verboten wurde,

ferneren Schiedsspruche vom 29. April 1433 geht aber hervor, [253]) dass die Unternehmungen Roperts nicht gegen die Stadt Cöln, sondern gegen den Erzbischof von Cöln und dessen Stift gerichtet waren und dass sich seiner Fehde mehrere andere märkische Edelleute, Thomas van dem Broel Wennemar von Zurss, Gerard von der Moellen, Hoen von der Windeck, Johann von Münster, Saufaus Ketteler und der junge Ovelacker angeschlossen hatten.

Am 15. Januar 1436 [254]) macht Roprecht sein Schloss Hardenstein mit dessen Festungen, Gräben und Mauern zum Offenhause des Grafen Gerard von der Mark aus dem Hause Cleve auf dessen Lebzeit, d. h. er gestattete ihm zu jeder Zeit für sich, die Seinigen und seine Helfer Einlass dort zu verlangen, sich daraus und darin zu vertheidigen [255])

Die Reichsgesetze bestimmten darauf dasselbe, allein ihre häufige Republication bekundet, dass sie schlecht befolgt wurden. Man musste sogar die Fehde als ein gesetzliches Rechtsmittel anerkennen, namentlich in dem Falle, wenn jemand den Rechtsweg beschritten und kein Recht erlangt hatte. Jedoch musste man seinem Gegner drei Tage vorher Fehde ansagen und durfte nur die drei ersten Wochentage gegen ihn etwas unternehmen. Dabei wurden Weibern, Landleuten, Handelsleuten, Fischern, Juden, Kirchhöfen, Kirchen, Mühlen, Dörfern und Häusern, sofern sie umzäumt waren, Land und Wasserstrassen Frieden zugesagt, und Städte, wie z. B. Dortmund liessen sich für ihre Bürgern durch kaiserliche Privilegien das Recht zusichern, der Forderung zum Zweikampf nicht folgen zu brauchen, (F. D. II. 1 S. 9 und 24.) aber alles ohne erhebliche Erfolge. Auch die nachfolgenden späteren Landfrieden vom Kaiser Sigismund von 1431 auf ein Jahr, Albrecht II. 1438, Friedrichs III. 1442 1467 auf 5 Jahre, 1471 auf 4 Jahre, 1474 auf 6 Jahre, 1494 auf 3 Jahre halfen wenig. Das Faustrecht blieb sowohl in der goldenen Bulle 1356 als in der Reformation von 1442, rechtlich anerkannt, erst die Errichtung des Reichskammergerichts 1495 veranlasst nach und nach Besserung. So viel den Lobrednern altdeutscher, Freiheit Zucht und Ordnung. [253]) II. 72. [254]) II. 76. 1837 ist Druckfehler. [255]) Man fand darin nichts vor als Heu und Stroh für das Lager, einen Heerd, woran man sich selbst die Speisen bereiten musste, roh gearbeitete Bänke und Tische, es sah darin aus wie in einem spanischen Meson, jedenfalls schlechter als in einer türkischen Caravanserie.

auch im Falle einer Fehde es ganz in Besitz zu nehmen, in
welchem Falle er 600 Gulden erlegen sollte, als Ersatz
wenn das Schloss ihm abgewonnen würde. An der Urkunde,
welche Ruprecht hierüber ausgestellt hat, hängt sein erstes
Siegel, welches Tafel IV. Nr. 18 abgebildet ist. Er führt
darin Ringe (welche er indessen in seinem späteren Siegel
in Kugeln verbessert hat) und die Inschrift: S. RVPRECHT.
STAL.

Mit diesem ersten Siegel quittirt er auch 1440—1443
dem Herzoge von Jülich und Berg fünfmal die Summe von
66 Gulden, 16 Albus. [256])

Mittlerweile stieg das Ansehen Ruprechts beim Herzoge
Adolph von Cleve, Grafen von der Mark und dessen ältestem
Sohne Johann immer mehr und mehr. Im Jahre 1444 31.
März [257]) gab ihm Letzterer unter Zustimmung seines Vaters,
mit dem er sich auseinander gesetzt hatte, das Amt Werden
und das halbe Amt Bochum mit der Stadt, in Verwaltung,
die er übrigens bis dahin schon Namens des Vaters geführt
hatte. Er erhielt dadurch die Gewalt über alle, in beiden
genannten Landestheilen gelegenen Herrlichkeiten, Gerichte
und Freigrafschaften, musste aber eidlich geloben, dem Vater
die darin befindlichen Freistühlen zu öffnen, um davor auf
dessen schriftliches Ansuchen über ihn selbst, oder Andere
angehende Sachen zu richten. Möchte Johann später im
Lande Mark nicht mehr wohnen, oder sein Vater zwischen
ihm und seinem Bruder Adolph eine Theilung vornehmen
wollen und deshalb die Rückgabe der Aemter Werden und
Bochum schriftlich bei ihm Johann, oder Ruprecht verlangen,
so soll letzterer seines Eides gegen Johann entbunden, dagegen mit solchem dem Vater verbunden sein.

Ueber diese Bestallung stellte Ruprecht unter demselben
Datum einen Revers aus, [258]) den er mit einem neuen,
zweiten Siegel besiegelte, welches Tafel V. Nr. 21 abgebildet
steht. Es hat auf dem Schilde, in welchem sich diesmal

---

[256]) II 83. [257]) II. 90. [258]) II 87.

Kugeln finden, einen Helm, über dem sich zwei Büffelhörner erheben, jedes aussen mit 4 Kugeln verziert.

Mit eben diesem Siegel besiegelt er auch 1445 4. Mai [259]) sammt Goissen und Cracht Stecke, Wessel und Johann von dem Loe das Bündniss, welches Herzog Gerard von Jülich mit genanntem Johann, ältestem Sohne zu Cleve, verabredet hatte. Im Jahre 1448 finden wir ihn auf der Hochzeit der Gräfin Agnes von Limburg, wobei er sich mit Cracht Stecke und Albert Sobbe, Hanemans Sohn, für die Zahlung von 1000 Gulden, welche die Braut ihrem künftigen Eheherrn Grafen Wilhelm von Lymburg Styrum in die Ehe bringen soll, verbürgt. [260]) Am 6. Januar 1452 leiht er dem Herzoge Johann von Cleve 2651 Gulden auf den Zoll zu Büderich und Orsoy. [261])

Der 16. März 1455 [262]) war für Ruprecht und seine Frau Christine ein besonders wichtiger Familientag. An diesem Tage verabredeten beide, unter Beirath der Verwandten und Freunde, mit Diederich von Eickel und dessen Frau Dederad (von Hasenkamp), welche ebenfalls ihre Verwandten und Freunde zugezogen hatten, eine Heirath zwischen Neveling Stail, Sohn der Ersteren, und Maria v. Eickel, Tochter der Letzteren und Wittwe des 1452 verstorbenen Edelherrn Heinrich von Lindenhorst, Grafen von Dortmund, [263]) dem sie nur ein Kind, Catharina, Erbin der Grafschaft Dortmund und damals erst 3 Jahre alt, geboren hatte. Die Eheleute von Eickel geben ihrer Tochter 1600 Gulden als Heirathsgut, von denen 600 aus der Erbschaft des verstorbenen Grafen von Dortmund genommen werden sollen, die übrigen tausend aber auf ein Gut zu Sevinchausen, den Feldhof zu Wattenscheid und den Hof zu Krawinckel ver-

---

[259]) II. 91. [260]) II. 95. [261]) II. 123. [262]) II. 110. [263]) Fahne
Dortm. II. 2. S. 307. IV. S. 15. Dessen Westph. Geschlechter S. 135 und 136.
Vom rechtswissenschaftlichen Standpunkte aus ist hierbei die That-
sache hervorzuheben, dass Maria trotz ihrer Heirath mit Heinrich von
Lindenhorst nach dessen Tode nicht selbständig geworden, sondern
in die Manus ihrer Eltern zurückgefallen war.

sichert werden. Die Aussteuer Nevelings besteht in einer
Jahresrente von 60 Gulden. Auf Seiten der Eheleute von
Eickel wird die hierüber aufgenommene Urkunde von Johann
von Eickel, Bruder Diederichs und Heinrich Hasenkamp,
Marschall, und auf Seiten der Eheleute Stael von Cracht
Stecke und Lutter Stael, letzterer Bruder des Bräutigams,
besiegelt.

Es bestand übrigens schon vorher ein Verwandtschafts-
verhältniss zwischen den Stael und den Dortmunder Grafen,
denn 1431 finden wir den Grafen Conrad von Dortmund
mit Elisabeth Stael von Holstein verheirathet und ging aus
dieser Ehe obiger Graf Heinrich hervor. [264])

Im Jahre 1456 wird Ruprecht von Johann, Herzog von
Cleve und Grafen von der Mark, und Gerard von Cleve
Grafen von der Mark zum Amtmanne über Schloss, Stadt
und Amt Neustadt und Feste Gummersbach ernannt und
schwört am 20. Mai gedachten Jahres [265]) den Burg-, Stadt-
und Landfrieden, den seine beiden Vollmachtgeber am 13.
Januar gedachten Jahres 1456 für das Land von der Mark
aufgerichtet haben, zu halten. Zugleich beurkundet er unter
demselben Datum, dass dieselben Vollmachtgeber ihm die
Amtmannschaft des Schlosses Amtes und der Stadt Werden
erneuert haben und schwört: auch in diesem Amte jenen
Frieden zu handhaben. [266]) An beiden Urkunden hängt
das zweite Siegel Ruprechts.

Im Jahre 1458 tritt Ruprecht mit seiner Frau Christine
auf. Beide kaufen von Karda Dücker und den Eheleuten
Rosier und Sophia Dücker den grossen Hof Ovendorp zu
Heisingen, Dienstmannlehn der Abtei Werden und wird ihnen
derselbe am 31. Mai [267]) vor Conrad von Gleichen Abt von
Werden, als Lehnsherrn und im gehegten Scheffengerichte

---

[264]) Fahne Dortm. IV. 13. [265]) II. 113 [266]) II. 114. [267]) II.
117. Als Vorbesitzer werden der Zeitfolge nach genannt: 1. Heinrich
von Landsberg dictus Tarant; 2. Heinrich von der Heggen; 3 Hein-
ricus dessen Sohn und als Nachbesitzer; 4. Lutter Stail; 5. Lutter
Stail, Rabetz Sohn; 6 Heinrich Stail dessen Sohn.

von Werden, unter dem Vorsitze des Richter Adolph Straue aufgetragen, indem die Verkäufer durch Ueberreichung von Halme, so wie mittelst Handschlag und Wort darauf verzichten. [268])

Bei dieser Gelegenheit wird es interessant sein, einen Blick auf die Feierlichkeiten zu werfen, unter denen damals eine Belehnung vor sich ging. Es gibt darüber folgende gleichzeitige Registratur des Werdener Lehnbuch's Aufschluss: Informatio super bonis feudalibus Abbatie Werdinensis.

Feudalia bona, quo proprie feudalia hic reputata sunt, existunt in duplici differentia. Quedam dicuntur Ministerialia, proprie dienstmans guedere, ex parte quorum bonorum, post mortem vasalli datur de jure domino feudi, hoc est Abbati, defuncti vasalli herwadium, quod presentabitur ei de iure infra tempus sex hebdomadarum et trium dierum, a die mortis vasalli defuncti computatarum. Herwadium enim est, equus vasalli defuncti melior, quo in vita sua vsus est, vna cum exuuys bellicis euisdem vasalli propie Harnsch, pantzer, sweert, leersen, spören, cörritze, glacuige vnd gantze gerust. Quod si vero equum et prememorata arma seu exuuias non habuisset defunctus vasallus, tunc pro eis simul possunt heredes vasalli defuncti satis facere domino cum (hier ist eine Linie gestrichen und statt ihrer am Rande hinzugesetzt: pecunia gratiose) nisi bonum istud feudale, cuius causa datur, fuerit ita exile, quod exigeret gratia, tunc dominus Abbas gratiam heredibus faciet. Soluto sic vt premittitur herwadio et domino desuper contentato, successor seu heres, senior presertim filius, si fuerit, infra annum et tres dies post mortem vasalli, feudum a domino requiret personaliter. Nisi necessitate cogente vel ob etatem, aut alia legitima causa, dilatio ei a domino concederetur. Etas legitima est, quando de iure potest prestare iuramentum fidelitatis. Si infeudandus fuerit miles auratus, infra annum et sex menses

---

268) Bekanntlich war die symbolische Uebergabe der Güter durch Ueberreichung von Halmen (festuca) eine uralte, die Capitularen Carls des Grossen und seines Sohnes Ludwig setzen sie als hergebracht voraus. Man zog einen Halm aus dem Boden, den man veräussern wollte und überreichte ihn dem neuen Erwerber.

venire potest. Si vero infeudandus fuerit minorennis, constituetur loco eius alius vir aptus domino in vasallum, usque ad legitmam illius etatem, si autem succedero habeat persona feminea in feudo (quod hic gratiose admittitur) illa constiuet domino virum idonenm, qui vice eius acceptet et faciet iura domino et tenetur.

Homagionalia bona dicuntur, que iure homagy tenentur, proprie Manlehen guedere, de quibus domino non datur Herwadium, seu exuuie vasalli defuncti sed successor veniet infra sex hebdomadas et tres dies et acceptabit feudum a domino presentando ei vj. aureos florenos renenses in vno sacculo serico et in his non succedunt foemine et deficiente masculo, domino feudi cedit feudum.

Mos et ritus infeudandi vasallos huius curie.

Et primo Ministerialium.

Soluto prius suo tempore debito et contentato domino de harwadio, veniet infeudandus personaliter coram domino et petet feudum seque cum illo infeudari. Tunc talis, si non fuerit vir equestris ordinis interogandus est prius, ne fuerit seruilis conditionis homo, ne cerosensualitatis aut ministerialitatis iure alteri domino astrictus, qui omnes refutantur hic a susceptione feudi, nisi libertati donati. Si igitur fuerit liber et indoneus tunc est innestiendus et dominus iubebit hoc vni ex astantibus vasallis suis, quorum ad minus duo erunt de iure presentes pro testibus, et presertim marscallo abbatie si adfuerit aut qui eius vice est iudex vasallorum. Qui gestans manu sinistra virgam seu sceptrum deauratum tuue interogabit infeudandum sic vt sequitur vulgariter. N. begere gy des lehens dar N. v vaderynne verstorue ys, vnd biddo gy dio boleyninge van mynen werdigen heren dem Abte. Et eo respondente. Ich begere des vnd bidde de beleyninge. Tunc investitor ille postulet ex manibus eius pileum, aut capitium vel simile et dicet rursus ad eundem. N. so boleyue ich vch, van wogen vnd gehoyte mynes werdigen heren Abts, mit dem gude N. to dinstmans rechte. V tot uwen rechten, mynem werdigen heren dem Abte vnd synen stichte tot eren rechten vnd ydermanne synes rechten dar an vnuerteygen. Et cum illis verbis tradet siue reddet illi pileum ad manus et sub-

infert ad eundem sic. N. nu moite gy woderumb sent
Ludgere, mynen werdigen heren dem Abte vnd synem stifte huldigen vnd louen truwheit, oem truw
vnd holt to wesen vnd doon all datghine, wes eyn
man van lehen synem heren is plichtich vnd schuldich tdoen, dat loue gy so. Et responso. Ich loue dat
subinde dicit ei jnvestitor des tastet mynen werdigen
heren an syne hant. Quo facto iterum subinfert. Dysses
moete gy mynem heren vwen eydt doen, halden vp
twe vinger, vnd spreicken my na alsus. Alle dat ich
nu gelauet vnd gescickert hebb, will ich so steyde
vnd fast halden, dat my got so helpe vnd syn hilligen.*) Tunc investitor postulabit sibi ab eo vnum antiquum
scutum pro iure suo et familie atquo scribe domini abbatis vt
satisfaciat, pro ut moris est, ius corum, vt vasallis testibus vini
propinam ad mensam.

Homagionalium.

Infeudandus, si fuerit idoneus vt supra, veniet coram
domino Abbate similiter in presentia duorum vasallorum testium
vt supra et habebit in manu sua vnam bursam sericam cum VI. aureis
renensibus vt supra dictum est, procidens ad genua supplicibus
manibus*) ante dominum sedentem. Qui ipsum interrogabit,
dicens. N. wat is v begeer. Illi respondenti, Ich begere vnd
bidde beleyninge vwer werdicheit loengudes, dar
myn vader ynne verstoruen is. Tunc dominus abbas faciet
personaliter Inuestituram tali, stringens suis ambabus manibus manus supplices jnuestlendi, dicendo. Na deme gy van vns begeren, so beleyne wy vch mit dem gude N. to man-
leen rechten, v tot vwen rechten vnd vnsen stichte
tot vnsen rechten vnd ydermanne synes rechten
vnuorteygen. Et his dictis dominus discooperiens caput
suum osculabitur ad genam illius dextram. Et recipit mox bursam cum pecunia de manibus eius leuando leniter ipsum. Tunc

---

*) Hilligen ist durchstrichen und statt dessen am Rande zuge-
setzt: gotlich Worth. **) Am Rande steht von späterer Hand: non
est de neccessitate.

deinde dominus iubebit vni de astantibus vasallis, vt supra,
accipe ab eo fidelitatis inramentum dicens. N. nempt van
N. vnser wegen huldinge, vnd stauet yme den eydt.
Qui persequitur vt supra. Et qui recipit iuramentum gestabit
sceptrum regium seu virgam deauratam manu sinistra.

Die Belehnung geschah unter freiem Himmel auf der
Brücke zu Werden: actum in ponte ante Werdinam sagen die
Urkunden.

Am 13. Juli 1458 war Ruprecht zu Dortmund anwesend und verabredete in Uebereinstimmung mit den Edelherrn Heinrich von Ghemen u. Goswyn Stecke, Erbmarrschall
als Anverwandten der Catharina Erbgräfin zu Dortmund
und dem Stadtrathe zu Dortmund die Bedingungen, unter
denen die genannte, damals sechsjährige Catharina den noch
nicht 14 Jahr alten Johann Stecke, Sohn des Cracht Stecke
heirathen solle. [269]) Im selbigen Jahre „in die Johanis Bapt."
wird er von dem Werdener Abte, Conrad Graf von Gleichen,.
in Beisein des Wenemar von Wyenhorst und Johann ten
Horne mit der halben Herrschaft Oefte belehnt, auf welche
Johann von Eller zu seinen Gunsten verzichtet hatte.

Ruprecht tritt zum letzten Male am 3. Sept. 1461 auf.
Er bekleidete damals die höchste Stelle des Landes,
die eines Lehnstatthalters der Grafschaft Mark und des
Sauerlandes und belehnt als solcher den Heinrich Munkert
von den Dornen mit dem Gute zu Gisenberg im Kirchsp.
Herne, Amt Bochum. [270]) Er starb Ende des Jahres 1461,
oder im Januar 1462, denn sein Sohn Lutter sagt in einer
Urkunde vom 2. Febr. 1462, sein Vater sei kürzlich gestorben. [271])

Ruprecht war mit Christine von Hardenberg, dem
letzten Spross dieses Edelgeschlechts, Tochter von Heinrich
von Hardenberg und Erbin von Hardenstein, Daelhausen und
Herbecke verheirathet, wie dieses oben S. 24 nachgewiesen

---

[269]) Fahne Dortm. II. 1. S. 308. 309. II. 2. S. 277.   [270]) II 118.
[271]) II. 118.

ist, es muss dort jedoch die Angabe, dass er kinderlos gestorben sei und seine Güter seinen Brüdern hinterlassen habe, die Steinen entnommen wurde, gestrichen werden; denn seine Frau gebar ihm fünf Söhne, nämlich:

1. Neueling I. welcher die Linie zu Hardenstein fortsetzte **K. X.**

2. Rorbedt, dessen Siegel Tafel VI. 27 steht, von dem die Linie zu Heisingen und im Clevischen herstammt, wie unten **N. X. O. XI.** und **P. XIV.** folgt.

3. Lutter, sein Siegel steht Tafel VI. 26, Stifter der Linie zu Steinhaus, die unten **Q. X.** folgt.

4. Heinrich, Marschal von Cleve, folgt **G. X.**

5. Johann, Abt zu Hamern, folgt **H. X.**

Ausserdem hatte Ruprecht einen Bastart Sohn, ebenfalls

6. Johann genannt, welcher eine Linie unter dem Namen von Titz stiftete, die **I. X.** folgt.

G. Heinrich Stael v. Holstein, Marschall von Cleve.

X. Heinrich, der vierte Sohn Ruprecht I., war ein ebenso tapferer Kriegs- als erfahrener Geschäfts- und Hofmann. Er erscheint zum ersten Male am 2. April 1462, wo er mit seinen Brüdern, Lutter, Neveling, Robert und Johann das Legat von 100 Gulden bestätigt, welches sein Vater Ruprecht dessen unehelichem Sohne Johann ausgesetzt hat. [271]) Am 29. Juni 1463 finden ihn seine Brüder aus dem väterlichen Nachlasse dadurch ab, dass sie ihm eine Forderung von 2501 Gulden übertragen, welche sie darin auf den Zoll zu Büderich und Orsoy befunden haben. [272]) Hierdurch scheint er in nächster Verbindung mit dem Herzoglichen Hofe getreten zu sein, die er bis zu seinem Lebensende beibehalten hat. Zunächst wurde er Ritter und Mann des Herzogs und bezog als solcher 31 Gulden Manngeld aus dem

---

[271]) II. 120. [272]) II. 122.

Zapf zu Uedem, die er aber, nach seiner Bescheinigung vom
27. Mai 1478, [274]) nur so lange beziehen durfte, als er im
herzoglichen Lande Wohnsitz hatte. Sein damaliges Siegel
ist Tafel VI. 29 abgebildet. Im Jahre 1481 war er clevischer
Marschall und bekundete sich seine Brauchbarkeit als solcher
mehrfach.

Im Jahre 1485 lieh er dem Herzoge, Johann von
Cleve 600 Gulden, die derselbe für den Unterhalt seines
Bruders, Philipp, zu Rom nothwendig hatte, dafür erhielt
er die Amtmannschaft über das Schloss Loc mit der
Wallach in Pfandnutzung welche er jedoch aus der Hand
des seitherigen Pfandbesitzers, Jacob von der Capellen, durch
Zahlung der Pfandsumme von 2000 Gulden an sich lösen
musste. Die Bedingungen lauten: Henrich, oder ein geeig-
neter Stellvertreter muss mit 8 wehrhaften, aus den Unterthanen des Herzogs zu wählenden Männern das Schloss bewohnen. Einer davon soll Pförtnerdienste thun und zwei,
unterstützt von einem Knechte, sollen Wächter sein. Allen
vieren darf Heinrich keinen höheren Lohn zugestehen, als
sein Vorgänger im Amte bezahlt hat. Diesen Lohn muss
der Herzog bezahlen, dagegen aber auch müssen die Viere
ihm den Eid der Treue und der sorgsamen Verwahrung
des Schlosses schwören. Sonst erhält Heinrich für jeden der
acht Männern jährlich an Gehalt 13 Goldgulden und 50
Malter Hafer für ihre Pferde. *) Heinrich muss einen Fang-
hund halten, der vor der Schlosspforte seinen Verbleib haben
soll und für dessen Unterhalt ihm 2 Malter Roggen jährlich
zugebilligt werden. Will der Herzog noch ein oder zwei
Mann mehr zur Vertheidigung des Schlosses angestellt haben,
so soll darüber ein Verständniss stattfinden. Die Amtmannschaft hat vorher der Ritter Goosen Steck innegehabt; Heinrich soll sie nun grade wie dieser mit allen Gewohnheiten
und Rechten handhaben, jedem das Gericht öffnen und
Recht sprechen lassen, dabei die Grenzpfähle des Amts
wohl hüten. Er soll die Strafen, soweit sie in Geld bestehen,

---

[274]) II. 130.   *) Vergl. oben S. 134. Anmerk. 219.

einfordern und jährlich dem Herzog verrechnen, Strafen an
den Leib aber nur mit des Herzogs Wissen vollziehen. Das
Ackerland, welches bisheran von dem Schlosse bestellt worden
ist, soll auch zur Benutzung Heinrichs gegen jährliche Abgabe von 30 Malter Roggen und 30 Malter Hafer bleiben.
Die Waldungen, welche zum Schlosse gehören, stehen ihm
in soweit zur Verfügung, dass er nach seitherigem Brauche
Brennholz daraus für den Bedarf im Schlosse nehmen darf;
reicht die seitherige Quantität nicht aus, so soll der Herzog
ihm mehr anweisen. Da der Herzog auf dem Schlosse keinen,
oder doch nur wenig Hausrath an Betten und Laken hat,
so wird Henrich den seinigen hergeben, dafür bezieht er
aber die Hälfte des Gewinnes und der Curmuth, welche im
Amte fällig werden. [275] Heinrich erhebt alle Einkünfte des
Amts, führt darüber Rechnung und zahlt jährlich dem Herzoge das heraus, was nach Abzug des obigen Gehalts, Lohns
und der Zinsen von den vorgeschossenen 600 und 2000
Gulden, die halb zu 5½, halb zu 6½ gestellt sind, übrig
bleibt. Die Amtmannsstelle soll dem Heinrich binnen drei
Jahren gar nicht, und nach denselben nur ein viertel Jahr
voraus, gekündigt werden können. Heinrich braucht aber nur
abzuziehen, wenn ihm vorher die vorgestreckten 2600 Gulden mit allem dem Gelde, was ihm gemäss seiner Rechnung
als Saldo gebührt, in einer einzigen Summe, zu Wesel oder
Essen nach seiner Wahl, gezahlt sind. So die Bedingungen,
welche „treu zu beobachten" Heinrich gestabten [276] Eides
schwören musste.

Im Jahre 1488 liefen Religionsbeschwerden seitens der
Stadt Hamm beim Herzoge von Cleve ein, der Erzbischof
von Cöln hatte die Stadt mit dem Interdikte belegt. Der

---

[275] Curmuth heisst das Recht: beim Tode eines Hofesbesitzers
das beste Pferd, einer Hofesbesitzerin die beste Kuh aus dem Nachlass zu nehmen. Gewinn aber war das Geld, welches von dem neu an-
tretenden Besitzer für die Behandigung (Uebergabe) des Hofes dem
Hofesherrn gezahlt werden mussten. Beide machten einen sehr we-
sentlichen Theil des Einkommens des Adels, der Geistlichkeit und der
übrigen Grundherrn [276] D. h. einen Stab in der Hand,

Herzog ernannte unsern Heinrich und Heinrich Knippink,
Amtmann zu Hamm, um beim Erzbischofe die Abstellung
desselben zu betreiben. Dieses gelang in so fern, dass der
Erzbischof seine Nachgiebigkeit an die Vollziehung der Hei-
rath des Herzogs mit der Landgräfin Mathilde von Hessen
knüpfte und sich nur verpflichtete, vier Wochen nach
Vollziehung dieser Ehe, resp. nach dem Beilager, die Hammer
Bürger zu absolviren. [277])

Im Jahre 1489 war Heinrich bei der feierlichen Ver-
sammlung zugegen, in welcher dem Herzoge Johann die
ihm vom Papste Innocenz VIII. geschenkte goldene Rose
überreicht wurde. Der Papst schrieb dabei an den Herzog:

Heil dir, geliebter Sohn und meinen apostolischen Segen.
Es ist eine alte Gewohnheit und heilige Sitte, dass der Römische Papst am vierten Sonntage in der Fasten einem katho-
lischen Fürsten eine geweihte goldene Rose zum Geschenke
bestimmt, eine in der That gottlobwürdiges Geheimniss, bei
dem nicht die Grösse des Werths, sondern die höhere, innere
Bedeutung in Anschlag zu bringen ist. Wir nun, die wir
durch göttliche Fügung, wiewohl mit unzureichenden Ver-
diensten, die höchste Hirtenstufe der heiligen Römischen Kirche
bekleiden, haben für dieses Jahr, als wir diese herrliche Spende
zu vergeben uns vorsetzten, vor allen auf deinen Adel unsere
Augen gerichtet. Denn, wie wir von bewährten und sichern
Berichterstattern gehört und aus vielen Beweisen ersehen

---

[277]). II. 140. Schon 1481 auf Sonntag Quasimodo war zwischen
dem Erzbischofe Herman von Cöln und Wilhelm Herzog von Jülich
einerseits und Johann Herzog von Cleve Mark andererseits eine Heirath verabredet worden, wonach Johann, der Sohn des Letztern und
damals 23 Jahre alt, die Tochter des Landgrafen Heinrich von Hessen
mit Namen Mechtilde heirathen und die Vollziehung der Trauung bei
zurückgelegtem zwölftem Jahre der Braut erfolgen sollte. Wie sich
aus dem obigen ergibt, waren Schwierigkeiten in der Ausführung
entstanden, der Vater des Bräutigams war 5. Sept. 1481 gestorben, der
Letztere selbst flatterhaft etc. Die Vollziehung fand indessen zuletzt
doch 3. Nov. 1489 statt.

haben, du suchst nicht blos deinen Eltern und Ahnen in ihren Tugenden gleich zu kommen, sondern sie sogar zu übertreffen. Nimm daher, geliebtester Sohn, diese Rose mit dem freudigsten Herzen entgegen, als Beweis und Pfand unseres väterlichen Wohlwollens gegen dich und möge nicht des Goldes Glanz, sondern die Betrachtung des himmlischen Winkes dich fesseln. Die heilige Römische Kirche hat nemlich dieses Geschenk aus der Hand des höchsten Pontifex deshalb zu vertheilen verordnet, um Beweise ihrer übergrossen Freude an den Tag zu legen ob der Wiederbefreiung des menschlichen Geschlechts, dessen Sklavenfesseln der allmächtige Gott, aus Erbarmniss mit seinem allerkostbarsten Blute zu brechen, gewürdigt hat, wie dieses ja auch im alten Testamente durch die Befreiung des Volkes Israel schon symbolisirt war. Ja es belebt uns neu, erwärmt und sublevirt uns der allerglorreichste Leichnam Jesu Christi und gibt uns Kraft in Mitten unserer Mühseeligkeiten, weshalb er denn auch nicht mit Unrecht der Rose verglichen ist. Ist doch keine der Blumen, welche die hehre Erde hervorbringt, so schön von Ansehen und so lieblich von Geruch, als sie. Möge daher in deine Sinne, frommster Sohn, der göttliche Geruch eindringen, damit du, von ihm erfüllt, mit der Zeit noch grössere Beweise deiner Tugenden liefern kannst und nicht ermüdest für diesen heiligen Sitz und die christliche Religion, gegen ihre Feinde dich erhebend, dich verdient zu machen, wie wir dir zutraun, dass du es thun werdest. Gegeben zu Rom beim h. Petrus unter dem Fischerringe am 15. April des Jahrs 1489, im fünften unsers Pontificats.

Herzog Johann von Cleve war das Gegentheil von dem, was der Papst ihm ins Gesicht sagt, ein leichtfertiger durchaus sinnlicher Mensch. Ganz der ausschweifenden Königin Isabella von Spanien ebenbürtig, der vor drei Jahr Pius IX. wohl mit ähnlichen Beglückschreiben die Rose schickte. Er nannte den Krieg sein höchstes Glück und hat allein schon durch seine bekannt gewordenen 60 Bastartkinder, die er neben seinen drei ehelichen zeugte und die ihm den geschichtlichen Namen „der Kindermacher" eingebracht haben, genugsam seine sonstige Geistesrichtung an den Tag gelegt. In Folge seiner Lebensweise steckte er unausgesetzt in Schulden und Geldverlegenheiten, bei denen ihm, wie auch der zweite Band dieses Werkes beweisst, neben Anderen auch unser Heinrich häufig aushelfen musste. So borgte er ihm ausser den bereits erwähnten Summen zunächst 50 Goldgulden, ohne die er die Belehnung mit den Regalien vom Kaiser nicht em-empfangen konnte, dann im Jahre 1492 einmal 200 Goldgulden und ein andermal 100 Goldgulden, mit denen die Schulden Philipps, des Bruders des Herzogs, in Rom bezahlt werden mussten, für alle diese Summen wurden ²⁷⁸) ihm 26. Nov. 1492 21½ Goldgulden jährliche Zinsen angewiesen.

Am 24. Nov. 1496 kam zwischen Herzog Johann und seinem benannten Bruder Philipp eine Theilung zu Stande, die Heinrich, als Ritter und Marschall und Neveling Stael als Amtmann von Neustadt besiegelt haben. Henrich's Siegel steht Tafel VIII. Nr. 35, Neveling's Tafel VII. Nr. 34 abgebildet. ²⁷⁹)

Heinrich beerbte Neveling von Hardenberg, eine Persönlichkeit, die ich in die Stammtafel der Hardenberge nicht einzuverleiben vermochte, vielleicht ein Geistlicher, und erhielt dadurch ein Mannlehn von jährlich 25 Gulden aus dem Zolle zu Bercheim, mit denen er 4. Mai 1497 vom Herzoge Wilhelm von Jülich belehnt ward ²⁸⁰) so wie ein Capital von 200 Gulden. Wegen letzterer, sowie wegen einer Rente aus dem Nachlasse des Johann vom Haus von jährlich 60 Gulden aus den Gefällen zu Ratingen ²⁸¹), endlich wegen 795 Gulden, welche sein Vater Ruprecht an Herzog Gerard von Jülich-Berg zu fordern hatte, vergleicht er sich 4. Mai 1497 mit dem Herzoge Wilhelm, Sohn obigen Gerards ²⁸²)

Durch die Urkunde vom 28. Mai 1497 ²⁸³) wird erwiesen, dass Heinrich nicht bloss ein Finanzmann, sondern auch ein tapferer Soldat gewesen ist. Der Erzbischof Her-

---

²⁷⁸) II. 711. ²⁷⁹) II. 116. ²⁸⁰) II. 146. ²⁸¹) II. 147. ²⁸²) Ebd. ²⁸³) II. 148.

mann von Cöln bescheinigt ihm, dass er sich bei der Belagerung von Neuss (sie begann durch Karl den Kühnen
19. Juli 1474 und endete 26. Juni 1475 [234]) erfolglos) ausge-
zeichnet habe, deshalb durch den Kaiser Friedr. III. (zwischen
2.—7. Sept. [235]) 1475) zum Ritter geschlagen und ihm, Erzbischofe, zu Liebe Ritter geblieben sei. Er gibt ihm dafür
auf Lebzeit ein Mannlehn von jährlich 50 Gulden. Diese
Auszeichnung und Belohnung ist um so viel bedeutender, als
eben Herman es war, der mit steter Wachsamkeit und Theil-
nahme an allen Gefahren während der langen Belagerung
die Oberbefehlshaber-Stelle in der Stadt bekleidet hat, also
die Verdienste Heinrichs vollständig würdigen konnte.

Im Jahre 1499 ist Herzog Johann von Cleve abermals
in grossen Nöthen, diesmal kann er nicht einmal seine
Knechte bezahlen und muss ihm deshalb unser Heinrich, sein
Marschall, 200 Goldgulden leihen, wofür er ihm, durch Urkunde vom 6. Juni, von da ab die Amtmannsstelle zu Loe
ohne Berechnung (zu voller Pfandnutzung) überlässt. [286]
Noch höher steigt die Noth im Jahre 1502. Der Herzog
hat zur Deckung von Schulden sein ganzes Silberwerk an
Goessen (Goswin) von Raesfeld, Ritter verpfänden müssen;
auf Drängen des Letzteren und bei der totalen Geldlosigkeit
des Herzogs hat der Ritter Johann von Wylich die Pfand-
summe von 2300 Gulden aufgebracht und durch sie das
Silberwerk von G. v. Raesfeld an sich gelösst. Wylich hat
aber das Geschäft nur unternommen, nachdem vorher des
Herzogs Amtleute, nämlich: Diederich v. Bronkhorst und
Batenburg, Freiherr zu Remberg, clev. Landdroste, Adolph
v. Wylich, clev. Erbhofmeister, Henrich Stael v. Holstein,
Hofmeister, Stephan v. Wylich, Burgsasse zu Lobith, alle viere
Ritter, Godart Torck, clev. Marschall und Diedr. v. Wyckede
Amtmann in der Hetter für die richtige Rückzahlung als
Selbstschuldner eingetreten sind.

[284] Fr. J. Löhrer Geschichte der Stadt Neuss 1840, S. 148 bis
180. [285] An diesen Tagen war der Kaiser zu Neuss. [286] II. 156.

Um nun diese Selbstschuldner sicher zu stellen und ihnen die Rückzahlung der 2300 Gulden zu ermöglichen, hat Johann zu verschiedenen Versprechungen seine Zuflucht nehmen müssen. Zuerst will er nach Frankreich reisen und sollen die Selbstschuldner in diesem Falle aus dem Geldgeschenke, welches der Herzog von dem Könige von Frankreich zu erhalten hofft, sich für die 2300 Gulden bezahlt machen. Zweitens sollen sie aus der allerersten Schatzung, welche im Lande Cleve ausgeschrieben wird, sich Deckung nehmen dürfen. Möchte die Reise nach Frankreich nicht vor sich gehen und die Schatzung (von den Ständen) nicht zugelassen werden, möchten also die Selbstschuldner vor den nächsten Christtag nicht in Besitz der 2300 Gulden gelangt sein, so sollen sie das Silberwerk, welches zu Ostendorf bei Goswin v. Raesfeld deponirt ist, öffentlich verkaufen und aus dem Erlöse sich für Hauptsumme, Kosten und Schaden decken dürfen. [287]) Man sieht es stand schlecht mit diesem Herzoge.

Die Reise nach Frankreich zu Ludwig XII. wurde vom Herzoge Johann im Jahre 1499 ernstlich betrieben. Es liegt ein grosses Memoire vor, worin den Personen, welche mitreisen, ihre Stellung, Verrichtung und selbst das Coustüme vorgeschrieben wird. Ich hoffe es am Schlusse dieses Buches mitzutheilen, es füllt 8 Folioseiten.

Am 25. Oct. 1512 bekundet Heinrich, dass ihm Herzog Wilhelm von Jülich-Berg, Graf zu Ravensberg mit einem Mannlehn von 50 Gulden Rente aus dem Zolle zu Berchem belehnt hat, und dass nach seinem Tode nur 25 Gulden zu zahlen bleiben, welche der Herzog mit einem Capital von 250 Gulden ablösen kann. [288]) Heinrich besiegelt, wie oben mit dem Siegel Tafel VIII. Nr. 35, sowohl diese Urkunde als den Revers, nach welchem er 1517 in Beisein von Lutter Stael, Rabetz Sohn und Neueling Stael des verstorbenen Neuelings Söhne, vom Werdener Abte mit dem Hof auf dem Broke bei Hardenstein belehnt wurde. Er erscheint

---

zum letzten Male 27. April 1518, [289]) wo er die Theilung der Güter zwischen seinen Neffen Hardenberg und Hardenberg einerseits und Lutter und Adolph Stael v. H. andererseits vermittelt. Auch hier gebraucht er das angeführte Siegel, Tafel VIII. 35. Am 13. Dec. 1520 ist er todt und Rupert Stael, sein Neffe, Erbe in dem Mannlehne zu Bercheim. [290])

H. Johann, Abt zu Hamern.

X. Johann, der fünfte Sohn Ruprechts I. und Christinens, erscheint 1462 bei dem Anerkenntnisse des Legat. [291]) Im Jahre 1481 ist er Profess in der Abtei Hamborn und verschreibt ihm, nach den Urkunden dieses Stiftes, Arnt Pyse eine Rente von 3 Gulden aus dem Dorfe Beeck. 1512 war er in seiner Würde als Abt von Hamern bei dem Vergleiche des Lutters Stael von H. mit dem Abte von Werden wegen Daelhusen. [292])

Es steht von ihm fest, dass er ein Mann von strenger Anschauung war. Er führte im Jahre 1487 auf Veranlassung des Abts Reimarus von Steinfeld die Reformation in Hamborn ein und erstreckte diese 1497 auch auf Kloster Füssenich. Er wurde bald darauf Provinzial-Visitator und versah dieses Amt 1487 bis 1517, wo er nach dreissigjähriger Regierung seine Würden freiwillig niederlegte. Der vom Kloster ihm gesetzte Leichenstein ehrt sein Andenken.

I. Die Bastard-Linie von Tytz.

Der sechste Sohn Ruprechts I., der Bastart [293]) Johann, [294]) kommt zum ersten Male in einer Urkunde vom 2. April

---

[289]) II. 172. [290]) II. 173. [291]) II. 120. [292]) II, 167. [293]) Vergleiche hierüber Fahne Bocholtz I. 1 S. 308. [294]) Es ist im Mittelalter gar nicht selten, dass die Eltern ihren Kindern ein und denselben Vornamen gegeben haben.

1462 vor. [295]) Darin heisst es, sein Vater Ruprecht habe
ihm 100 Gulden vermacht, wofür von Gertrud von Galen
und ihrem Sohne, Heinrich, die Mühle und Fischerei am
Drügelsberge verpfändet worden sei; seine vier Halbbrüder
bestätigen nun dieses Vermächniss. Im nächsten Jahre, 28.
Juli, erscheint er als „Johann Stail Bastart genannt von Titz"
und quittirt dem Herzoge Johann von Cleve sein Manngeld,
8 Gulden jährlich aus den Herbstbeden der Feste Gummersbach, wogegen er dem Herzoge zu helfen, treulich zu dienen
und im herzoglichen Lande zu wohnen verspricht. [296]) Bei
dieser Gelegenheit führt er das Tafel VI. Nr. 28 abgebildete
Siegel mit dem Wappenschilde der Stael, welches jedoch der
Bastartgeburt wegen, mit einem Balken beladen ist; es hat
die Umschrift: S. Johan Stael va. holstein. Er erhielt vom
Herzoge die Würde eines Richters zu Werden, in welcher
Eigenschaft er mehrfach in Urkunden bis 1482 5. Dec.
vorkommt. Seine Frau Else war eine Bastarttochter eines
Herrn von Rothausen aus Westphalen, mit der er 1478 25.
Mai eine Rente und 1480 von Rosier Dücker das Gut unter
Scheven, oder das Steinhaus zu Bredeney, im Kirchspiel Born
kaufte, nachdem vorher Johann, Herzog von Cleve, beiden
Eheleuten die Befugniss ertheilt hatte, über ihr Vermögen
gleich Ehelichgeborenen zu verfügen. [297]) Seit der erlangten
Richterwürde führt Johann ein neues Siegel: der Schild mit
dem Balken ist noch derselbe, die Inschrift aber lautet: S.
Johan van Titz. Else, welche auch Else von Tytz genannt
von Gummersbach genannt wird, war übrigens Johanns

---

[295]) II. 120. [296]) II. 125. [297]) II. 130 — 131. Das Recht der
Landesherrn auf den Nachlass der „Bastart" oder wie es in älteren
Zeiten heisst, „wanbürtigen Kinder" hat also auch in der Grafschaft
Mark Geltung gehabt Ueber das Bestandhaben dieses Rechts im
Bergischen spricht die Urkunde vom 1. Dec. 1381 (II. 39.) Der erste
Nachweis, dass die deutschen Kaiser das Recht auf einen solchen
Nachlass für sich geltend gemacht haben, gibt eine Urkunde Kaisers
Conrad II. von 1030, wonach er ein Landgut des verstorbenen Grafen
Bernhard an sich zog, weil dieser Bernhard ein Bastart gewesen sei.

zweite, aber kinderlose Frau; mit seiner ersten zeugte er einen Sohn Nicolaus, oder Clais, der folgt XI.

XI. Nicolaus von Tytz, den seine Stiefmutter Else durch Testament zum Erben ernannte, wurde 1524 unter dem Titel „Bürger von Werden" mit dem Hofe und Gute zu Scheven vom Werdener Abte Johann belehnt. Aus dem Lehnbriefe geht hervor, dass vorher Heinrich Stael, Ritter, an dem Gute betheiligt war. Nicolaus besass auch zwei Häuser am Markte zu Werden: Selterhus und Thomashus genannt, mit denen ihn, 1541 manendagh nach nativ. gloriose V. M. der Werdener Abt Hermann belehnte, er heisst bei dieser Gelegenheit Clais v. Tytz preco werdinensis.

XII. Ihm folgte sein Sohn „Johann Vrone seligen Claes von Tytz Soen", wie ihn die Urkunde von 1555 nennt, gemäss welcher er mit dem Seltershause von dem Werdener Abte Hermann belehnt wurde. Das Vronenampt, oder „Officium nunciorum" welches er bekleidete, war ein Erbamt, mit dem seit uralten Zeiten sechs Güter verbunden waren, nämlich das kleine Bardenscheit, Sengenscheit, Sidewagen und Heinen zu Wyllinckhausen, Kersboem und Auf dem Bocholt; ferner 7 Morgen auf Hogenstraten und 2 Morgen zu Meckenstock, ein Wald und endlich Zeltershaus, vormals Hoyntorps genannt. Wegen dieses letzten Hauses, welches gegen 1400 von seinem Bewohner Zelters den zweiten Namen erhielt, war der Besitzer insbesondere verpflichtet, für die Intronisation jedes neuen Abtes die abteilichen Vasallen zur Eidesleistung vorzuladen, dafür erhielt der Besitzer noch besonders in coena domini (Grünen Donnerstag) jährlich seine Gebühr an Brod und Bier.

K. Fortsetzung der Linie zu Hardenstein, Gründung der Linie zu Witten und Neustadt.

X. Neveling I., ältester Sohn Ruprechts I. und Christinen von Hardenberg, setzte die Linie zu Hardenstein fort. Er erhielt seinen Vornamen von dem Grossvater seiner Mutter. Seine Eltern waren schon frühzeitig auf seine Heirath bedacht und legten ihm am 16. März 1455 die junge Wittwe des Grafen Heinrich von Dortmund, wie oben erzählt ist, als Frau bei. Er empfing unmittelbar nach dem Tode seines Vaters das Amt Neustadt und Gummersbach aus der Hand des Herzogs, schwur demselben Treue mit der Verpflichtung das Schloss zu Neustadt zu bewohnen. [118]) Bei dieser Gelegenheit lernen wir sein Siegel kennen, es steht Tafel VI. 26. Er scheint seiner Wohnungspflicht im allgemeinen nachgekommen zu sein, denn nachdem er sich 1462 und 1463 mit seinen Brüdern über das väterliche Erbe auseinander gesetzt hat, [119]) finden wir ihn nur in Neustadt, wo er sich der Rechte seines Landesherrn und dessen Unterthanen recht warm annimmt, wie aus mehreren seiner Briefe hervorgeht. So schrieb er am 29. Juni 1466 an die Stadt Cöln im Interesse des Adolph von Eclinckhagen, den der Cölner Münzmeister Mais von Venroide in die Hacht hatte bringen lassen, folgenden Brief:

Ersamen, besundern guden frunde, ich begeren u fruntlich to weten, dat by my gewesen is Ailff van Eclinchagen, de wonhafftig is in mynem ampte vund hevet my to kennen gegeven wie dat Mayss Müntzemeister en bekummert hefft to Collen in urem stracken geleide, as ich van eme verstanden hebbe. Umb solich gebrech willen, as Ailff vurschreven en geladen hait an den frienstul toe Nyerstat, und deselve ladonge geschein is, do hey to Franckenfurt wonende was, doe iu ouch de verbodinge geschein is, und ir ouch eyn vidimus seynde werdet van eyns brieffs wegen, den de stat van Franckenfurt utgesant hefft. Ersamen, guden frunde, as dan deselve vurschreven Ailff dem hogebornen, durluchtigen fursten ind heren hern Johan hertzoge von Cleve und greve van der Marke etc. myme genedigen, lieven heeren to behorich is, und my van ampts wegen to verantworde steit, so gesynnem ich an u van

[118]) II. 119.   [119]) II 120. 122. 123.

4 *

myns genedigen heeren wegen vurschreven diesen selven Ailff
vurschreven lidich to laten sunder synen schaden, ind doin darinne, as ich u des gans to getruwen. Und wat dis geschein
mach, begeren ich u gutliche beschreven antworde.

Gegeven under mynem ingesigel up sent Pauwels dag,
anno domini millesimo quadringentesimo sexagesimo sexto. —
Nevelinck Stail van Holstein, Amptman to Nyerstat.

Die Scheffen von Cöln antworteten ihm unter dem 15.
Febr. 1468: Mais von Venrode habe allerdings den Adolph
v. Ecklinghagen arrestiren und in die Haft bringen lassen.
Das Urtheil der Scheffen habe aber am 15. Febr. 1466 entschieden, dass der Arrest ungültig sei. Adolph sei deshalb
aus der Hacht entlassen, habe aber Urpfehde schwören
müssen, dass er sich des Gefängnisses wegen weder an
Scheffen, noch an Stadt Cöln oder deren Bewohner, weder
selbst noch durch andere rächen wolle. [300])

Am 2. Sept. 1472 nimmt er sich der Sache des Arztes
Gerard, gekleideten Dieners seines Herrn des Herzogs Johann
an, er schreibt der Stadt Cöln:

Ersame, vursichtige, lieve herren, by my is gewest mester
Geret de artsetter, de dar huysgesinde ind gekleyde deyner is
des hogebaeren, durchluchtigen fursten ind heren hertougen Johans van Cleve, greve ter Marke etc., myns gnedigen, lieven
heren, ind in mynem ampte, nemclich in der feste von Gummers-
brecht, wönhafftich ind geseten is, ind hefft sich to my beklaget,
woe eme sin gudt van uwen ingeseten, myt namen van eyme
genant Conraet Geyseke toe Duytze, beslagen ind bekummert sy,
daromb ouch de vaget van der Nyerstat uwer ersameheit ouch
vurmals mer geschreven solle hebn, dat y uwen ingeseten daran
halden ind vermogen wolden, eme alsulche besweirnisse und
kummer aff to stellen, angesehen solke overdracht, als tusschen
deme hogebaeren myme gnedigou, lieven heren vurschreven ind
uwer ersameheit gemacket is. Wer sake, dat deselve Conraet
vurschreven mit deme vurschreven Geret icht to schaffen meynt

---

300) II. 126.

to hebn, soe wolde eme de vaget to syme gesynnen onvertaget gerichte darvan doin, dar y eme dan geyne antwort weder op geschreven en hebn, so bin ich noch van myns genedigen heren wegen vurschreven, ind want my ouch derselve Geret van amptes wegen to verdedingen steit, vruntlich van ew begeyrde, dat y noch wyllen bestellen, dat sulkes van uwen ingeseten vurschreven hir toe affgestalt werde, want men demeselven ind we des vurder van den uwen to döne hedde in mynem ampte onvertaget gerichte sal laten wederfaren ind ouch doch alreyde gedain hebn, ind wat dis geschein mach, begeren ich uwer ersameheit gutliche beschreven antworde. Onse her got sy mit uv. Geschreven under mynem segel des nesten dinxstages na seute Johans dage decolatio, anno domini 72.

Nevelincke Stael van Houlsteyne.

Im Jahre 1470 ist er mit dem Herzoge von Cleve in Prozess, letzterer lässt wegen Schadensansprüche betreffend das Amt Neustadt ein Gut Neulings, gelegen im Amte Blankenstein, vor dem Gerichte zu Hattingen mit Arrest bestricken und sich zu schlagen. [301])

Am 2. Nov. 1477 ist Neuling todt. [302]) Sein Siegel, womit er die Urkunden vom 5. Febr. 2. April 1462 und 29. Juni 1463 besiegelte, ist Tafel VI. Nr. 26, verbessert Tafel XI. Nr. 51, abgebildet. [303])

Seine Frau Maria von Eickel, welche, wie schon gesagt, vorher mit dem Edelherrn Heinrich von Lindenhorst Grafen von Dortmund († 1452) verheirathet gewesen war und diesem eine Tochter Catharina, Erbin der Grafschaft Dortmund, geboren hatte, war die Tochter des Diederich von Eickel und der Dederadis von Hasenkamp. Sie lebte noch 1479 als Wittwe und wohnte zu Hardenstein. Ihr Siegel ist Tafel VII. Nr. 30 abgebildet. [304]) Sie gebar ihm mehrere Kinder von denen hier viere folgen:

1. Neuling II., der in Hardenstein und Neustadt folgt unter XI.

---

[301]) II. 127. [302]) II. 129. [303]) II. 120, 121. 123. 125. [304]) II. 131.

2. Diedrich, der Antheil an Hardenstein hatte und die Linie zu Witten gründete folgt L. XI.

3. Ropert, der die Linie zu Ickern gründete und M. XI. folgt.

4. Bertha. Sie wurde an Conrad von Vittinghof genannt Scheel verheirathet und brachte ihm 900 Gulden Brautschatz, die er, falls seine Frau kinderlos sterben sollte, der Familie zurückzahlen musste. [305]) Im Jahre 1487 kommt Conrad abermals als Schwager Diedrichs Stael von Holstein vor. [306]) Eine Tochter dieser Ehe, namens Christine, wurde 1492 Goswin Steck (Edel-Stecke) Marschall von Cleve und Vogt zu Rellinghausen als Ehefrau zugelegt. Sie war damals für das Beilager noch zu jung, nämlich erst vier Jahre alt und musste deshalb noch bis zum zurückgelegten vierzehnten Jahre in dem väterlichen Hause bleiben. [307])

XI. Neueling II. folgte seinem Vater in dem Besitze von Hardenstein und in dem Amte zu Neustadt. Er erscheint 1496 25. Nov: [308]) als Neueling Stail von Holsteyn auf Seiten der Märkischen Ritterschaft bei dem Ehebündnisse zwischen Maria, Tochter des Herzogs Wilhelm von Jülich und Johann, ältestem Sohne des Herzogs Johann von Cleve. Auch er musste, wie sein Vater, der häufigen Geldnoth des Herzogs Johann von Cleve mehrmals abhelfen. So lieh er ihm 1495 und 1496 1519 Goldgulden 7 Stüber gegen 6% und 1498 neuerdings 881 Gulden. Dafür übertrug ihm der Herzog am 29. Juni 1498 den Hof zu Castorp und Alsteden zu erblichem Besitz und willkührlicher Benutzung. [309]) Alle Rechte, Zinsen, Pächte, Brüchten, Gewinne, Versterb, (Curmut und Gewerb) Ländereien, Eichelmass etc. gehen auf Neueling über, auch darf er sich zur Vertheidigung des

---

[305]) II. 129. [306]) II. 140. [307]) Fahne Dortm. IV. 327, dessen westpf. Gesch. 352. Es war damals Sitte, die Kinder in frühster Jugend zusammen zu geben und sehr häufig nach beendigtem vierzehnten, ja sogar zwölften Jahre die Ehe wirklich zu vollziehen. Beispiele hiervon habe ich in meinen Werken an mehreren Stellen geliefert. [308]) II. 146. [309]) II. 153.

Glockenschlags [210]) bedienen. Der Herzog muss ihn gegen alle Angriffe schützen und darf den Hof nicht eher wieder einlösen als nach dem Tode Neuelings und seines Sohnes. Es wird ihm dabei gestattet auf dem Hofe zu Castrop ein Wohnhaus und eine Oelmühle zu bauen, [211]) deren Baukosten schliesslich der Herzog tragen soll; endlich darf er den Richter und Frohnen (Gerichtsboten), wenn ihre Zeit abgelaufen ist, absetzen, muss ihnen jedoch ihr Geld zurückzahlen. [212])

Neueling besass mit seinem Oheime, dem Marschalle Heinrich, und mit seinem Bruder Diederich gemeinschaftlich das Gut zum Broke bei Hardenstein im Kirchspiel Herbede und zwar hatte sein Oheim die Hälfte und er und seine Bruder jeder ein Viertheil; in dieser Weise wurde er (und später 1517 gedachter Henrich) vom Werdener Abte damit belehnt. Am 10. März 1500 ist Neueling II. todt und werden seine Kinder, die noch minderjährig sind, in der Person ihres Vormundes Ropert Scheel mit den Gütern zu Vorden (Vörde) im Amte Bochum als Mannlehn der Grafschaft Limburg belehnt. [213])

Neuelings II. Frau war Anna von Vittinghof genannt Scheel (II. 228). Sie gebar ihm, wie gesagt, mehrere Kinder von denen mir jedoch nur ein Sohn und eine Tochter bekannt geworden sind, nemlich:

1. Neueling III. Stael v. H. der XII. folgt und

2. Aleid (auch Anna) welche an Diedrich von der Recke Drosten zu Unna und Camen verheirathet wurde,

---

[210]) Ein landesherrliches Recht, dem jedes Gemeindemitglied, zur Vertheidigung und Abwehr gerüstet, bei Strafe Folge leisten musste. [211]) Es ist daraus der bescheidene Rittersitz entstanden, der noch steht. [212]) Das ganze Mittelalter hindurch, bis auf die neueste Zeit, wurden die Aemter gegen Einzahlung gewisser Summen, die in der Regel ihre Zinsen trugen, auf festbestimmte Zeit vergeben, so dass 1. mit Ablauf der Zeit das Verhältniss aufhörte, sobald die vorgelegte Summe zurückbezahlt worden war, oder 2 nach deren Ablaufe erst eine Kündigung geschehen musste. [213]) II. 157.

ihren Bruder beerbte, 1543 auf Blasius starb und zu Wilach in der Kirche begraben wurde. Ihr dortiger Grabstein, der II. S. 258 wiedergegeben ist, weisst dabei folgende Ahnen nach:

Neuelink I. Stael von Holstein.	Maria von Eickel.	Arnt von Vittinghof genannt Scheele.	N. von Ulenbrock,
Neuelink II. Stael von Holstein.		N. v. Vittinghof gt Scheele.	

Aleid (Anna) Stael (von Holstein Ehefrau) von der Recke, Drostin zu Unna und Camen, starb 1543 auf St. Blasius.

Sie wird in einer Urkunde Anna Neuelink Stael von Holstein genannt.

XII. Neueling III. Stael von Holstein, 1500 noch minderjährig, war 1517, Donnerstag nach Judica, bei der Belehnung seines Grossoheims Heinrich, Marschalls von Cleve, durch den Abt von Werden und 1518 27. April unter den Schiedsfreunden, welche die Gütertheilung zwischen den Söhnen Hardenberg I. Stael von Holstein einerseits und den Söhnen Roperts Stael von Holstein andererseits vermitteln. [314]) 1522 feria quarta post Pantaleon wird er, als des verstorbenen Neuelings Sohn, mit dem Gute in dem Broke vom Werdener Abte, Johann von Groningen, im Beisein von Bernard Scheele, Drosten, und Johann Scheele belehnt. Er starb kinderlos und beerbte ihn seine Schwester, wie soeben gesagt ist.

L. Linie zu Witten..

XI. Diederich Stael v. H. der zweite Sohn Neuelings I. und Marien hatte Antheil an Hardenstein und gründete die Linie zu Witten. Er kommt zum ersten Male 1479 19. März mit seiner Mutter vor, sie verkaufen eine jährliche Rente von zwei Malter Roggen aus ihrem Gute zu Heyden. 1487 erscheint er als Schwager des Conrad von Vittinghof. [315])

---

[314]) Werdener Lehnregister. II. 173. [315]) II. 140.

29. Aug. 1497 verkauft er mit seiner Frau Catharina eine
Rente an den Rector der Capelle zu Hardenstein [316]) und
2 Monat später mit ihr und Diederich Ouelacker zu Gold-
smedinck, Rötgers Sohn, dem Hermann von Düngelen zu
Blankenhorst für 100 Goldgulden Capital eine Rente von
6 Guldgulden, welche jährlich auf Sonntag Misericordia, oder
dem nächsten Sonntage darnach, aus den beiden, nebon-
einander gelegenen Gütern Stockgrauen und Hugenberg gehoben werden können. [317]. 1506 5. Juli besiegelt er eine
Urkunde seines Vetters, Adolf Stael, Sohn Roperts. [318]) Am
5. Febr. 1510 tritt er als Erbe seines Schwiegervaters, Rütger von Witten, auf und wird vom Herzoge Wilhelm von
Jülich-Berg mit 5 alten Schilden, Manlehn aus dem Amte
Steinbach, belehnt; er nennt sich in dieser Urkunde Herr
zu Hardenstein. [319]) Am 6. Juni 1515 ist er bei der Theilung
der Gebrüder Brempt thätig, von denen der eine, Heinrich
Brempt, mit seiner Tochter Beatrix verheirathet ist. Er
selbst wird in dieser Urkunde Herr zu Witten genannt. [320])
Zum letzten Male erscheint er 1525 bei der Belehnung seines
Enkels Stail von Brempt, worüber folgende Urkunde aus
dem Lehnregister des Werdener Abts Johann S. 31 Nachricht gibt:

1525 feria secunda post Egidy abb. ist beleint de veste
Stail von Brempt tho Dienstmannsrechte mit dem Gude ge-
heiten up dem Brocke, als dat mit syner tobehoringen in dem
Kerspel van Herbede gelegen is. Eme to synen rechten etc. et
praestitit fidelitatis juramentum praesentibus validis Bernhardo
Schelen drossato werdinensi, Theoderico Stail avo suo
materno et Lubberto Stail de holstein de heisingen nec
non honestis Gortfrido Garthus et Luberto Hetterman.

Dass hier Stail als Vornamen des Brempt vorkommt,
ist Folge einer zu jenen Zeiten in Westpfalen und angren-
zenden Herrschaften herrschenden Gewohnheit, in den Fällen,
wo ein begütertes Geschlecht überhaupt, oder doch in einer

---

[316]) II. 149. [317]) II. 150. [318]) II. 163. [319]) II. 165. [320]) II. 163.

wohlbeerbten Linie nur noch durch eine Erbtochter reprä-
sentirt war, deren erstgeborenem Sohne den Geschlechtnamen
ihres Vaters als Vornamen beizulegen.

Diederichs Siegel, wie es 1479 neben dem seiner Mutter
hängt, ist Tafel VII. Nr. 31 abgebildet. 1506 siegelte er
wie Tafel VIII. Nr. 38 und 1515 wie daselbst Nr. 39, d. h.
beide Siegel sind dieselben, nur ist Nr. 39 halb zerstört.

Diedrichs Frau war Catharina von Witten, Erbin zu
Witten, Tochter Rütgers v. Witten und Catharinen von
Walsum, welche er 1481 heirathete. Sie kommt mit ihm,
wie vorher angegeben, 1497 vor und gebar ihm zwei
Töchter:

XI. 1. Beatrix Stael v. H. Erbin zu Witten, welche
bereits 1515 6. Juni an Henrich von Brempt verheirathet
war und ihm obigen Stail von Brempt, auch Reinard Stael
von Brempt genannt, gebar, der, wie oben S. 61 nachgewiesen, in der Herrschaft Witten folgte.

2. Caspara, auch Jaspara oder Jasper, erst Stiftsdame,
dann Abtissin zu St. Quirin in Neuss. Sie wurde nach Absterben der seitherigen Vorsteherin Petrissa, aus dem Geschlechte der Grafen von Oberstein, 11. Sept. 1532 einstim-
mig von den elf Mitgliedern des Stifts, nämlich von den 5
Stiftsjunfern: Elis. v. Genth, Dechantin, Anna Steck, Christine
Velbrück, Küsterin, Maria Anzenrath und Johanna Boslar
(Hompesch) und den 6 Canonicis erwählt, wobei 8 Bevoll-
mächtigte ernannt wurden, um die Bestätigung dieser Wahl bei
dem Erzbischofe durchzusetzen. [321]) Die Sache wurde diess-
mal sehr schnell beendigt, am 25. Sept. schwur die Neuver-
mählte dem Erzbischofe den Eid des Gehorsams und der

---

[321]) II. 176. Die Urkunde enthält recht viel Worte und allerhand Cautelen, woraus man sieht, wie eine höchst einfache Sache
nach und nach höchst complicirt geworden ist, nicht der Sache, sondern der Gebühren wegen von denen jeder das Seinige zu hoffen
hatte. Es wird, nach anderen ähnlichen Fällen beurtheilt, die ganze
Bestätigungsprozedur jene 400 Goldgulden gekostet haben, welche
Jaspara von ihrem Schwager geliehen hat.

Treue, ein Eid der erst kürzlich eingeführt worden war, und besiegelte die darüber ausgestellte Urkunde mit einem einfachen, das Staelsche Geschlechtswappen enthaltenden Siegel. [322]) Im darauf folgenden Jahre aber, wo sie am 21. Mai ihrem Schwager Heinrich von Brempt und dessen Frau Beatrix eine Schuldurkunde über 400 Goldgulden ausstellt, hat sie ein grösseres Siegel: ein aufrecht stehender Engel hält mit der rechten Hand das Stiftswappen mit 9 (3. 3. 3.) Kugeln und mit der linken das Stael'sche Stammwappen; ich habe es Tafel X. Nr. 46 abgebildet. Caspara bekleidete die Würde gegen acht Jahre, sie starb 1540.

M. Linie zu Ickern.

XI. Ropert, der dritte Sohn Neuelings I. und Marien v. Eickel erbte von seinem Oheime Heinrich die Manngelder aus dem Zolle zu Bergheim und wurde 13. Dec. 1520 damit vom Herzoge Wilhelm von Jülich und Geldern belehnt. [323]) Er besiegelte den Lehnbrief mit einem Siegel, worin nur der Schild mit den 8 Kugeln sich befindet, während sein Sohn Johann ihn auf Befehl [324]) des Vaters bei Mangel eines eigenen Siegels unterschrieb. Seine Halbschwester, die Gräfin Catharina schenkte ihm den Rittersitz Ickeren und von Johann Stecke, dem Grafen von Dortmund, erbte er die Güter Geisink und Halswick in dem Veste Recklinghausen Kirchspiel Waltrop gelegen, womit er 18. August 1508 von dem Werdener Abte Antonius belehnt wurde. (II. 162.)

Ropert war mit Anna von Gilsen verheirathet, [325]) sie gebar ihm zwei Kinder, nämlich:

XII. 1. Jahann, der, wie oben gesagt, 1520 mit seinem Vater vorkommt und ohne Nachkommenschaft starb.

---

[322]) II. 180. [323]) II. 173. [324]) Solche Redeweise ist nicht häufig. [325]) II. S. 248 Nr. 342 und Fahne Cöln. Gesch. II. 143.

2. Anna, Erbin zu Ickeren, Geisinck und Halswich. Sie war zweimal verheirathet, 1. mit Gisbert von Bodelswing, der vorher in Liefland gelebt hatte, 2. Herman von Neuhof. [326]) Aus ihrer ersten Ehe ging eine ansehnliche Nachkommenschaft hervor, [327]) worauf sich die Ahnentafeln Nr. 341. 342. 343. 357. 367. 368. 371. 374. 380. des zweiten Bandes dieses Werks beziehen. Ihr Enkel Jobst Wilhelm von Bodelswing stiftete die Linie Bodelswing-Ickeren. Das Weitere findet sich in Fahne's Gesch. der westphälischen Geschlechter S. 63 etc.

———•o·̯o̯̓·oo·———

N. Die Linie zu Heisingen.

X. Robert I., auch Rorbedt und Rabolt genannt, der zweite (vielleicht auch dritte) Sohn Ruprecht 1. erscheint zum ersten Male 1462 2. April [328]) mit seinen Brüdern bei dem Anerkenntnisse des väterlichen Vermächniss für den Bastart-Bruder. Im März 1463 wird er in Folge väterlicher Erbschaft, zugleich mit seinem Bruder Lutter, als Gläubiger des Erzstifts Cöln aufgeführt [329]) und überweisst drei Monate später mit seinen Brüdern Lutter und Neuseling verschiedene Forderungen aus dem väterlichen Nachlasse an die Aemter Büderich und Orsoy dem Bruder Heinrich. [330]) Bei dieser Gelegenheit siegelt er (Tafel XIII. Nr. 58*).

Am selbigen Tage 23. Juni 1463 quittirt er mit seinen Brüdern Lutter und Neuseling dem Herzog Johann von Cleve 2661 Gulden 7 Schillinge 7 Pf. [331]) Im Jahre 1473 erscheint er als clevischer Rath und Amtmann zu Orsoy und besiegelt als solcher das Freundschaftsbündniss zwischen Herzog Johann v. Cleve und Hermann von Hessen, Erzbischof zu Cöln. [332]) Er hatte dieses Amt schon 1471 inne und kam dadurch in besondere Freundschaftsbeziehungen zu dem Her-

---

[326]) Eb. [327]) II. S. 232 Nr. 299, S. 248 Nr. 341 (wo jedoch Schall irrig erscheint, es muss Schenck heissen) 342. 343. und Fahne westph. Gesch. S. 63. [328]) II. 120. [329]) II. 122. [330]) Eb. [331]) II. 123. *) Oben S. 152 steht irrig Tafel VI. 27. [332]) II. 128.

zoge von Cleve, dem er 26. März 1494 ein Weisthum über die Holzbank zu Barl und über die dortige Mal-, Brau- und Schenkgerechtigkeit ausstellte. [333]) Am 5. Juli 1506 wird er als todt aufgeführt. [334].

Robert I. hatte aus dem Väterlichen Nachlasse den Hof Cofeld mit allen dazu gehörigen Gütern zu einem halben ideellen Theile erhalten. Dieser Hof mit den Gütern bildeten zusammen eine Gemeinde (die Urkunden nennen sie Bauerschaft) Heisingen genannt. Er bewohnte dort den Haupthof. Um das Wohl seiner Hintersassen zu fördern, was nach damaligen Begriffen zunächst von einem regelmässigen Kirchenbesuche abhing, glaubte Robert nichts besseres thun zu können, als wenn er ihnen eine eigene Kirche baue. Dieser scheinbar löbliche Beschluss führte aber zu sehr unangenehmen, seinem Sohne sogar lebensgefährlichen Verwickelungen. Um die weitere Geschichte nicht damit zu unterbrechen, will ich hier den Hergang zusammenhängend erzählen.

Heisingen gehörte zu der Pfarre Neukirchen; der Weg zu der dortigen Kirche betrug dahin eine Meile, was ihn aber besonders beschwerlich und zu vielen Zeiten gefährlich machte, war, das man auf Hin- und Rückweg über die Ruhr setzen musste, ein Fluss, der bekanntlich häufig und plötzlich hoch anschwillt und in seinem raschen Laufe, besonders im Winter bei Eisgang, nicht blos den Untergang der Ueberschiffenden, sondern auch der anliegenden Gebäuden verursacht. Um die Gefahr von den Kirchgängern abzuwenden, entschloss sich nun Robert, unter Zustimmung der Gemeinde, in Heisingen selbst eine Capelle zu bauen, worin die sonntägliche Messen und Predigten gehalten werden sollten und zu dotiren. Er erwarb sich zunächst die Zustimmung des Herzogs Johann von Cleve, indem er ihm vorstellte, dass dieser Neubau zur Wohlfahrt der Eingesessenen, zum Lobe Gottes und zur Vermehrung des Kirchendienstes gereiche. [335])

---

[333]) II. 145. [334]) II. 163. [335]) So wird der Bau in der Supplic motivirt.

Der Herzog ging auf die Sache ein und schrieb 1492 an Antonius, Abt zu Werden mit dem Ersuchen, die inmittelst fertig gewordene Capelle einzuweihen. Allein dieser sagte zuerst den fürstlichen Räthen, die mit ihm verhandelten, die Einweihung zu, fand aber später, als er den Pastor von Neukirchen und die Bürger von Werden gehört hatte, dass das Wohl der Heisinger, sammt dem Lobe Gottes und der Vermehrung des Gottesdienstes nicht soviel wiege, als die Nahrung der Werdener Bürger und die Stolgebühr des Pastors von Neukirchen, die beide durch die Errichtung der Capelle geschwächt würden. Als daher der Herzog nochmals ihn schriftlich ersuchte, die Einweihung zu bewirken, antwortete er ihm:

Dorluchtighe Hochgeborne furst. So vwe furstlike gnaden my heb doin seryuen, begherende, dat Ich vwer furstliken gnaden to wyllen gunnen vnd staden wolde, dat de nye begunnen capelle to Heysingen geweyedt, vnde darinne ter Wecken drey misse ter eren godes to gescheyn, bestediget mochte werden doch beheltlich eyn yederman syner geboerliker gerechticheit dair vp Ich vwer furstliken gnaden demoitliken anwert, dat jch darane to gescheyn, to ghyner swarheit geneiget en sy, dan alleen sofern de kerpelskercke vnd oire pastor dar dorch vnuer-mynert bleue, vnde oick so vele clagons to vermyden als de gemeyne borgers vnde jnwonners bynnen Werden sych dagelix beclaget hebn vnde noch beklaghen, dat de bestedinghe sulker capellen to heysingen als vurss yss, jn oirer gemeyner neringhe ser schedeliken wesen solde. Begheren dar omb noch dynstliken, dat man dat verderff oirer neringhe verhoeden wylle vnde nicht gunnen noch gestaden, so dat vurss capellen, vmmer meer bestedighet werde. Sulz angeseyn, hebbe Ich dat alle weghe den frunden alsus gutliken voirgehalden vnd noch vwer furstliken gnaden gutliken voirgeuen, dat Ich to der bestedinghe der capellen vurss, ghyne swarheit noch ander meynunghe gehat hebbe dan de dynghe dusser vorss capellen beroerende, also gestalt mochte werden, dat de postoir, kirspelskerck vnde ge-meyne borgers to werden, sych des ghyn vurechtes eder verkortinghe t' beclagen heden. Vnder welcken my der borgher Ropen meer dan claghen des pastors klodeliken vallende wurde. Welcken v. furstlike gnaden, der Ick dyt, so vele my beroirnde yss, heyme gene, int beste besorghen vnde verfooghen wylle, de selue v. fürstlike gnade, got almechtich, to hoghen state, ind saligher walfart frolick vnde gesunt bewaren mote. Gegeuen vnder mynen secret vp frydach neyst na dem sonnendage oculi Anno etc. XC. secundo.

Anthonius von Gotz Gnaden, Abt des stichtz sent Ludgers to Werden.

Aufschrift:

Dem Dorchluchtighen, Hochgeborn fürsten vnd heren, heren heren Johan hertoghen to cleue ind Greuen von der Marcke demoitliken gescreuen.

Die Bedenken wurden endlich beseitigt, der Abt weihte unter Zustimmung des Neuenkircher Pastors „vom Ryn" die Capelle ein und Ropert ernannte den Johann Dücker zum Rector derselben.

Der Friede war indessen nur scheinbar. Nach dem Tode Roperts hielt sich Johann Potgieser, Pastor zu Neuen-kirchen, an die Erklärungen seines Amtsvorgängers nicht gebunden, er fand gegenüber dem Verluste seiner (wenn auch geringen) Stolgebühren die Noth der Heisinger ganz unbeachtbar, verlangte von Lutter Stael, dem Sohne Ro-perts, die Schliessung der Capelle und verhängte über diesen, da er sich nicht fügte, den Kirchenban, [336]) wobei er sich

---

[336]) Ein Gebannter wurde nicht allein der Gemeinschaft der Kirche sondern auch aller Rechte des geselligen Lebens beraubt. Als der Abt Cornelius zu Erfurt 1483 21. Aug. die Eheleute Hilbrand Gaugreue in den Bann that, weil sie sich auf eine Klage eines Baccalaureus nicht hatten einlassen wollen, verbot er, den Gebannten Brod zu backen, Salz, Wasser, Feuer, Speise, Trank zu reichen, sie zu beherbergen, bedienen, ihnen Trost zu gewähren, mit ihnen Kauf- oder Verkaufgeschäfte abzuschliessen. Gebannte durften vor Gericht nicht klagen; vertheidigen durften sie sich, jedoch ohne Advokaten. Wer binnen 6 Wochen und 3 Tagen sich nicht aus den Bann lösste,

allerhand Beschuldigungen gegen ihn bediente. Wegen der letzteren lies der Herzog durch seine beiden Amtleute, Jaspar von Elverfeld, Amtmann zu Blankenstein und Johann Loe, Amtmann zu Wetter, Untersuchung anstellen, welche die Wahrheitswidrigkeit der Beschuldigungen herausstellte. Da nichts desto weniger der Pastor seinen Bann aufrecht erhielt, so wendete sich Lutter zunächst an den Herzog (Johann III.) und mit grösserem Nachdruck auch an dessen Gemahlin (Maria v. Berg) und bat um Unterstützung zur Aufhebung des Bannes.

Er schrieb der Letzteren also:

Durchluchtige ho. furstyn, gnedige lieue vrowe. Ich Lotter Stail van Holsteyn, v. f. g. guetwillige ondersait geue v. f. g. demoitlich to kennen wie eyne capelle to hesingen in vwer G. Ampt to Werden gelegen is, wulche capelle myn Vader zelige ind die nabairn hierbeuoren [337]) hebbn laten tymmern durch nuttliche noetzsacken, so die kerepelskerke van vns ongemocklich langh auer die Roir eyn myle weges tot Nyenkercken gelegen is, so dat die kerspelsluyde twee mael auer die Roer stappen moeten dair auer hel vele luyde verdrunken syn gewest ind noch bewylen verdrinken. Nu koempt die pastor der Kercken vurss, ind wil die capel geslaten hebbn, alsoe dat men dair in geyn misse ader gaitz dienst doen sal als men langh herwartz gedoen heit ind heft my dairom in den b a n gedaen,

d. h. der Geistlichkeit, hier dem Pastor, nicht seinen Willen that, der fiel in die Acht, d. h. er wurde vogelfrei, ein jeder konnte ihn tödten. Wer mit Gebannten umging, kam dadurch mit in den Bann und Orte, welche der Gebannte betrat, traf sofort das Interdict, d. h. aller Gottesdienst musste sogleich aufhören, die Sakramente durften nicht mehr verabreicht, die Todten nicht mehr begraben werden. Erst das Baseler Concil mässigte dieses dahin; dass der Ort, den ein Gebannter betrat, nur dann interdicirt sein solle, wenn ihn eine Schuld treffe.
[337]) Die Supplic an den Fürsten sagt ferner: der Bau der Capelle sei von dem verstorbenen Herzoge Johann von Cleve, dem verstorbenen Abte Antonius von Werden († 13 Juni 1517) und dem verstorbenen Pastor von Neukirchen gebilligt.

dairom ich laetzt mynen g. hern eyn supplicatie to henden auergegeuen heb syno f. g. clagende auer de selue pastoir, myt oitmodig beden denselben to vermogen willen sulgen ongeboirlichen ban aff to stollen, so sulx is togen die privilegien ind gewente des Landes van der Marke. Bid dairom v. f. g. dienstlichen, dat die selue v. g. oich dair an syn ind an mynen g. lieuen hern verschaffen helpen willen dat die ongeboerliche bann affgestalt ind vnse pastor dair toe gehalden moge werden, vmb des groten perykels wil so duck auer die Roir to varen des winters, die capelle wie vurgt ter noit to gebrucken mogen. Dair an sullen v. f. g. aen twiuel vmb der armer alder luyden wil, die so veer nyet gaen konnen gaidz loen verdienen ind bid eyne gnedige antwort van v. f. g. Vnse her got tot langen saligen tyden bewaeren will.

Die Schritte Lutters waren nicht erfolglos, die Capelle blieb erhalten und das Patronat über dieselbe der Familie Stael, das bezeugten 1528 gonsdach na des hilligen creutzesdage exaltationis die Richter und Scheffen von Werden durch ein Weisthum und 1559 6. Febr. verliehen die Eheleute Heinrich Stael v. H. und Lutgard die Stelle dem Johann Duimberg aus Hattingen, wie nachfolgende Urkunde nachweisst, die zugleich die Einkünfte der Capelle mittheilt.

In dem namen gades amen. kundt vnnd offenbair sy eym jtlichenn den duisse thegenwordige besegelthe breiff fürgebracht werth, dat ich Henrich van Holstein genant Staill tho Hesingen, vnnd Loidtgerth myne eliche gemaill bekennen ind ouergegeuen die capelle tho Hesingen by vnsem huiss gelegen, vith sunderliger gunst vnnd waldaith willen, dem erbarenn vnnd frommon Johanni Hattingensi Duimbereh, tho laue des almechtigen vnnd ewigen gaides vnnd tho vermherungh des kercken deinstes vnses gaides huisse ader capelle, dar wann sall fürgemelthe Johannes all jairs dertich malder guides hardenn claren schuldt korns vnnd thyenn golden gulden boirenn jairlicher erffrhenten synn leuenlanck mit also danigeun verpflichtungh vnnd vitbeholdungh dat he sich vp die capelle vnnd rhente derseluesten capelle

mach vnnd sall van stunden annhe ordineren latenn, vnnd dair
nha die capelle mit prekenn, miss doin vund sus och anderenn
gebruchlichenn vnd guiden gadesdeinste (so sich dat geboirth)
bedeinen vnnd bewarenn. Vnnde des gelaue ich Henrich vann
Holstein vnnd Loidtgerith — als collatores der vorgt capellen,
fürgedachtenn Johanni dio gifft tho warenn all tyt vor vnns
vnde vnsenn ehruenn. Noch sall gein deil, es sy klein ader
groit hir vann vithgescheidenn werden, sunder vrbundtlich vor-
gedachtenn Johanni gehaldenn. Widers gelauen wy elude vor
vnss vnde vnsenn nhakommelingenn, dat vorgt. Johannes by
allenn furgerurtenn puncten vestlich vnnd vnwederroipelich be-
wardt sall werdenn syn leuenlanck, vnnd wy willen och mit
ganssem fleith vnser geloifften in der wairheit genoich doin
vnnd nhakommen, des sal vorgt Johannes iu geinem deil (so
veil dem gades deinste anlangende is) verdrottelich ader versumelich gefundenn werdenn. Hir synt bygewest tuges lude
der wairheit. Her Johan Capperth tho Rellinckhusen, Johannes
Karman, Herbert Witte vnd ander mher guider lude genoich.
In eyn wider vrkundt hebbe Ich Henrich myn angebornen segell
vor my vnnd meine huisfrauwe an duissen breiff gehangen, ge-
scheidt vnd geschreuen im jair nha der geboirdt vnser heren
Jesu Christi dusent vyfflhundert negen vnde vyfftich op maindach
vur purificationis marie matris saluatoris nostri. (W.)

Jetzt ist die Kirche zu Heisingen eine Pfarrkirche, dem
h. Georg geweiht und zählte im Jahre 1860 das dazugehörige
Kirspiel 1372 Seelen, nämlich 1236 Katholiken und 136
andere Glaubensgenossen.

Nach diesem Excurse kehre ich zu unserm Robert I.
zurück. Er wird, wie ich oben schrieb, 5. Juli 1506 als
todt aufgeführt, er scheint aber schon drei Jahre früher
gestorben zu sein, denn bereits 16. Nov. 1503 treten seine
beiden Söhne als Besitzer von Heisingen auf (II. 159). Be-
stimmteres wird wahrscheinlich das Necrologium der Abtei
Werden liefern, das, angeblich im Besitze des Dr. Müller,
sich bis dahin meinen Blicken entzogen hat.

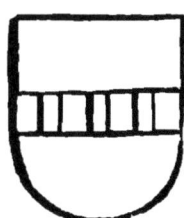

Robert I. hatte eine Frau aus dem Geschlechte der von der Recke mit dem Querbalken und Pfählen, denn sein Ueberurenkel Robert III. Stael, der 1664 starb, legte eine beschworene Ahnentafel bei der clevischen Ritterschaft offen, [338]) die aus andern zuverlässigen Quellen ergänzt [339]) also lautet:

Robert I. Stael.	N. v. d. Recke.	Theodor v. Backum	Christine v. Eickel.	Otto Schenk v. Nydeggen.	Alard v. Goor.	Robert v. Vittinghof, gt. Sohel.	Marg. v. d. Recke.

Lutter Stael v. Holstein.	Maria v. Backum.	Henrich Schenk von Nydeggen zu Walbeck u. Bremt.	Elsken (Anna) v. V. gt. Schel † 1526.

(Robert II.) Stael v. Holstein.	(Anna) Schenk von Nideggen.

Robert III. Stael von Holstein, Herr zu Endt † 1664.

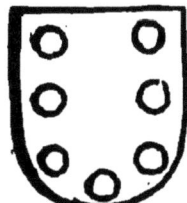

Bei dieser Ahnentafel ist zu bemerken, dass darin die Grosseltern des Probaus, nämlich Henrich Stael v. Holstein und seine Frau Lutgardis von Aschenbrock, ganz überschlagen sind, *) denn sie müsste lauten:

---

[338]) II. 232. und 251. Nr. 358. [339]) Fahne Cöln. Gesch. II. 5. und 210. *) Ueber die Fehler und Beurtheilung der Ahnentafeln siehe Fahne Bocholtz IV. S. 1—32.

Ropert III. Stael von Holstein zu Augen Endt.

Ropert II, Stael v. Holstein zu Heisingen.

Anna Schenk von Nideggen, Erbin zu Herl.

Henrich Stael v H. zu Heisingen.

Ludgard von Aschenbrook.

Otto Schenk v. Nideggen zu Vorst, Erbschenk.

Agnes Quad v. Wickerath Erbin zu Vorst und des Berg. Erbschenkamts.

Lutter Stael v. Holstein.

Maria von Backum.

Johann von Aschenbrock.

Anna N.

Henrich Schenk v. N. zu Walbeck.

Anna v. Vittinghof gt. S. † 1526.

Willh. Quad zu Vorst u Venau.

Cath. v. Plettenberg Erbin zu Vorst und des Erbschenkamts.

Robert I. Stael v. Holstein.

N. von der Recke.

Theodor von Backum.

Christine von Eickel.

N. von Aschenbrock.

N. N.

N. N.

N. N.

Otto Schenk v. Nideggen zu Walbeck † 1518.

N. vou Goor.

Robert von Vittinghof, gt. Schel.

Margaretha v. d. Reck.

Adolf Quad zu Voorst.

Sophia von Palant.

Wilhelm (Ludwig) von Plettenberg.

N. von der Horst, Erbin zu Horst und des Bergischen Erbschonkamts.

Es ist dieses abermals eine Warnung, dass man selbst beschworenen Ahnentafeln nicht ganz unbedingt trauen soll. Roperts I. Frau, deren Vornamen nicht bekannt ist, gebar ihm zwei Söhne:

1. Lutter, welcher die Linie zu Heisingen fortsetzte und unter XI. folgt.

2. Adolph, Stifter der Clevischen Linie, welche unten 0. weiter geführt werden soll.

XI. Lutter Stael v. H., der die Heisinger Linie fortsetzte und dessen Siegel Tafel IX. Nr. 44 abgebildet steht, kommt zum ersten Male am 18. Aug. 1505 vor, wo er eine Urkunde seines Oheims Robert Stael von Holstein besiegelt, gemäss dessen derselbe mit den Gütern Geisinck und Halswick belehnt wurde. [340]). Im nächsten Jahre 5. Juli quittirt sein Bruder Adolph für sich und ihn dem Erzbischofe Hermann von Cöln eine Summe Geldes, die das Erzstift ihrem verstorbenen Vater Roprecht schuldig geworden ist. [341]) Am 19. Januar 1509 wird er als des † Rabetz Sohn mit dem Hofe Cofeld und den dazugehörigen Gütern, ferner mit dem Holzgerichte zu Heisingen vom Werdener Abte Anton belehnt. [342]) Am 2. April 1512 vergleicht er sich unter Mitwirkung von Johann Stael v. H. Abt zu Hamern, Bernt Scheel und Godert von der Hair. Richter zu Mülheim wegen rückständiger Schuld mit gedachtem Werdener Abte und wird von diesem mit dem Hofe zu Daelhausen belehnt. [343])

Am 27. April 1518 theilt er mit seinem Bruder Adolph einerseits und den beiden Hardenberge, Söhne des verstorbenen Hardenberg Stael v. H. unter Mitwirkung ihres beiderseitigen Oheims Heinrich, des Marschalls von Cleve, die bis dahin von ihnen und ihren Eltern gemeinschaftlich besessenen Güter. Die beiden Hardenberge erhalten: Schloss und Wohnung zu Hardenstein mit der alten und neuen Herrlichkeit, Fischerei, Markenrecht, das Recht in der Gemeinde-Mark, das Gut Berchusen, die Sondermühle und drei Gulden

[340]) II. 163. [341]) II. Eb. [342]) II. 164 und Werdener Lehnregister. [343]) II. 166.

Rente jährlich aus dem Wasser zu Witten. Dagegen erhalten Lutter und Adolph den Hof und die Wohnung zu Heisingen, namentlich den Hof zu Cofeld, das Gut zu Wellinchusen (Weldinchusen) und die Grüt (Bierbrauergerechtsame) zu Werden. Der Hof zu Daelhausen bleibt beiden Theilen auch ferner gemeinschaftlich; auch soll die früher schon zwischen Lutter und seinem Bruder Adolph gemachte Theilung Bestand behalten. Den Theilact besiegeln genannter Marschall Heinrich Stael v. H., Heinrich von Eickel, Wenemar von der Recke, Johann von Ossenbrock Schenk, Neuelink Stael, Heinrich von Bremt und Conrad Tzinzedone. [344])

Thatsächlich hatte schon vorher eine Theilung bestanden, denn schon 1517 Johanni (24. Juni) verpachtete Lutter mit seiner Frau Maria selbstständig den Hof zu Weldinchusen [345]) wie nachfolgende Urkunde nachweisst, die ganz besonders deshalb hier eine Stelle verdient, weil sie bekundet, dass man damals für die dritte Garbe verpachtete, dem Pächter aber jährlich das Saatkorn schuldete, dass 1 fettes Schwein nur 18 Sgr. werth war, dass es neben Eichenholz auch Erbholz gab, dass Hainbuchen und Birken für unnütze Hölzer gehalten wurden und dass die Eichelmast der Schweine ein wesentliches Einkommen bildete.

Ick Lutter Staell van Houlsteyn vnd Merie des vorss. Lutters elicke Huysfrow doen kunt vnd bekennen vor vns vnd vnse eruen dat wy verdaen hebn Ludger to weldinchusen lisen soen den hoff to weldinchusen als die an torne an twege an water an weide vnd vort an aller slachten nut gelegen is. Also dat he den vurss hof hebn besitten vnd des gebrucken sall to twen honden vnd to kormoidigen rechten mit

---

[344]) II. 170–173. [345]) Der Hof zu Weldinkhusen bei Werden wurde nach und nach von folgenden Vasallen besessen: 1. Stephan Scheuen. 2. Evert von Scheuen. 3. Herman von Buyr. 4. Wilhelm von dem Vorst Namens Paitza, Ehefrau Everts von Scheuen. 5. Volmer v. Scheuen, Everts Sohn. 6. Heinrich von der Heggen. 7. Rosier Dücker. 8. Lutter Stael. 9. Lutter Stael, Rabetz Sohn. 10. Heinrich Stael, Lutters Sohn.

der vnbenompder hant de Ludger noch bybrengen sall buthen
syn vitgeuende gelt off guet in sulcher mathen dat sy vns off
vnse eruen dar jarlix vnd alle jar affgeuen vnd hantreicken
sullen die derde garue van aller saet die dar vpgeseyet worde
vnd des sullen sy weder hebn jtliches jars eyn halff malder
roggen vnd eyn malder haueren werdenscher mathe to yrer
Vorsaet vp lant nest den besten als vorsaitz recht is vnd sy
sullen vns jtlichs jars geuen eyn vercken off vor dat vercken
achtien rader witpennige (Groschen) tot koer vnser off vnser
eruen vnd twelff honre. Ock is mede bededingt, dat die vorgt
Ludger den vorss. hoff to seyn sall als derden garue recht
is vnd he sall jtliches jars vns geuen van ener wisschen enen
rinschen gulden van XXiiij albus vnd des is mede geforwart
vnd bededingt dat die vors. Ludger geyn Eickholt noch Erf-
holt van den vorss gude howen noch laten howen en sullen, dan
off sy wes to de vorss gude behouenden to tymeren off to tunen
dat sal men em laten wisen dar sy dat nemen vnd howen sullen
vnd anders nicht dan sy sullen vnd mogen jtlichs jars houwen
vyt den busschen sess voder bokenholtz vor yr hoffholt die men
ock wisen sall vnd darto mogen sy ock houwen all vnnutte
holt als hagebocken birken vnd der gelicken vor yr berninge.
Ock sullen sy hebn vnd gebrucken all gerissholt vnd slach-
holt bauen der erden aff velt. Ock sullen sy jarlix vns off vnsen
eruen hyr van doen twe dage dienens. Eyn by grase, vnd die
ander by stroe, ock sullen wy off vnse eruen dar senden to ge-
borlicher tyden enen meyer enen derdengaruer vnde enen
drescher vnd dat achte dage to vorens kunt doen die sullen wy
lonen vnd Ludger sall die voden vnde wan dar mast were
so sullen wy hebn eyn deill vnd Ludger twe deill och sall
Ludger den bussch truwelich verwaren vnd dede he des nicht
so sall he all syn gerechticheit verloren hebn vnd wy hebn oen
deser behandinge gelaeft gude rechte volkomen durende war-
schap to done vor die twee Hardenberge Staele gebrodere
eder eren eruen vnd vort vor ydermanne die oen to eniger tit
dar yn dragen of besperinge doen eder vornemen wolden buthen
einigen hinder eder schaden Ludgers vnd syne mede bescreuen
want Lutter yn korten tyden all or gerechticheit des vors

gudes mit mer guderen to werden mit rechte yngewunnen vnd
..... heft dar cm van wegen myns genedigen lieuen heren
hertougen van Cleve etc. ban vnde vrede ouergedaen as recht
is. Allet sunder argelist hyr synt auer vnd aen gewest de-
dingslude als mit namen Godert van der Haer Richter to
Molhem, Johannes to borcken, Hinrich to borcken. Hinrich
Russche Herman blick vnd mer vromer lude genoch. Dusses
to orkunde heb ich Lutter Stael vnrss. mynen segell vor my
vnd myne huysfrow vnd vnse eruen an desen brieff gehangen.
ln den jare vnses heren dusent viffhundert vnd seuenthien vp
dinxstach na sent Johannis misse to midsommer.

Im Jahre 1520 war Lutter zu Werden bei der Intro-
nisation des dortigen Abtes Johann von Groningen thätig.
Es hat sich darüber eine umständliche Beschreibung in dem
Stiftsarchive erhalten, aus der sich folgendes Zeitbild entrollt.

Johann, nachdem er 1518 in der zweiten Hälfte Juni
erwählt, demnächst in Folge Bulle des Papstes Innocents VI.
durch den cöln. Erzbischof Hermann bestätigt und 26. Aug.
1518 in der Person des Doctor Degenhard Witten, erzbischöflichen Canzelers vom Kaiser Maximilian mit den Regalien belehnt worden war, liess am 1. Febr. 1520 nach
althergebrachter Weise ein offenes Mandat in allen Kirchspielen, worin Vasallen der Abtei wohnten, an die Kirch-
thürme heften, worin er den 24. April als den Tag seiner
Intronisation feststellte und zugleich alle Vasallen aufforderte,
an diesem Tage in Werden ihn zu huldigen und die Lehne
zu empfangen. Nur der Herzog Johann von Jülich Cleve
Berg erhielt ein Separat-Schreiben.

Am festgesetzten Tage erschienen Seitens des Herzogs
Sybert von Riswyck, Propst zu Aldenzell, auch Canzler und
Jaspar von Elverfeld, Amtmann zu Wetter und Hoerde, sie
brachten jeder 6 Pferde mit. Ferner die Vasallen: 1. Edel-
herr Winrich von Daun, Graf zu Limburg, Herr zu Ober-
stein, Falkenstein und Bruch. 2. Heinrich von Bodelswing,
Comthur zu Welheim. 3. Bertram von Lützerath, Herr zu
Hardenberg, Marschall der Abtei. 4. Jodocus von Mechelen

zu Sandfort, jeder mit 6 Pferden. 5. Wennemar von Bodelswing, Droste zu Mengede. 6. Adrian Sobbe zu Grimberg.
7. Henrich Smeelinck. 8. Adolph Borchard, beide Bürgermeister, alle viere mit 5 Pferden. 9. Edelherr Wilhelm von
Limburg, Herr zu Styrum. 10. Wessel Hasenkamp. 11.
Melchior von Delwig. 12. Adolph von Limburg, Richter
zu Essen. 13. Nicolaus von Ascheberg, jeder mit 4 Pferden.
14. Bernard von Vitinchouen genannt Schelle, Droste zu
Werden, Dapifer des Abts. 15. Lutter von Elner, Droste
zu Landsberg. 16. Bernard von Heyden. 17. Jaspar Frydach zu Schorlinck, je mit 3 Pferden: 18. Goswin Stecke
zu Baldeney, Marschall des Abts. 19. Johann von Schüren
zu der Schüren,. Mundschenk des Abts. 20. Johann von
Hugenpot. 21. Lutter Stael von Heysingen. 22. Joh.
Aschenbrock zu Osthus. 23. Johann Schelle zu auf dem
Berge. 24. Johann von Steinhus der Alte zu Essen. 25.
Johann von Steinhus, Sohn des Vorigen, Stiftsherr zu Essen.
26. Theoderich von Ulenbrock, Alle je mit zwei Pferde, endlich 27. Theodericus Varenhorst, Stiftsherr zu Essen. 28.
Johann Schryuer, Richter zu Werden. 29. Johann Ulenbrock, Pastor zu Marler, 30. Rötger, Pastor zu Kettwich,
31. Borchard, Pastor zu Homberg, je mit einem, also im
Ganzen 110 Pferde.

Auch die eingeladenen Laten (Litones siue curtiales
nennt sie die Urkunde) der beiden abteilichen Haupthöfe
Barchouen und Kalckhouen waren anwesend, um ihren, von
altersher üblichen Beitrag zu den Kosten zu zahlen, welche
der neue Abt auf die Empfängniss der Regalien verwenden
musste. Die entfernt wohnenden Laten des Hofes Schapem
in der Grafschaft Tecklenburg und des Hofes Lengerich,
waren nicht geladen, sie hatten ihren Beitrag schon im vorhergehenden Jahre eingezahlt.

Der wesentlichste Theil und Anfang des Festes war
die Cavalcade. Zu diesem Ende versammelten sich alle
Vasallen am 24. Morgens zwischen 7 und 8 Uhr im Hofe
der Abtei. Mit dem Glockenschlage 8 Uhr setzte sich der
Zug in Bewegung. An der Spitze ritten der Dapifer Ber-

nard v. Vitinghof gt. Scheel und der Mundschenk Johann von Schüren mit sieben Adligen.

Ihnen folgten einzeln vor einzeln und ebenfalls, wie alle übrige zu Pferde, Nicolaus Hoppenbrauer, Pastor der Neuenkirche (Neukirchen), er trug das Kreuz des h. Ludgerus, Goswin Stecke zu Baldeney, Marschall der Abtei, mit einem weissen Stabe. Unmittelbar hinter ihm folgte der Abt, rechts und links von den Edelherrn Winrich von Limburg und Wilhelm von Styrum begleitet und hinter sich zwei Capläne und fünf gleichmässig gekleidete Diener. Dann kamen die oben genannten Vasallen je zu zweien. Man ritt auf vonaltersher bestimmten Wegen durch das Feld und in die Stadt hinein. Hier standen 12 bewaffnete Bürger und machten Spalier. Als der letzte des Zuges eingeritten war, schlossen sie die Pforte und brachten die Schlüssel dem Bürgermeister.

Auf dem Markte, vor der Capelle des h. Nicolaus stieg der Abt vom Pferde, das Letztere nahm Goswin Stecke als Marschall in Empfang, es war ihm als Gebühr verfallen, er gab es indessen dem Abte zurück, weil vorher durch Vertrag bestimmt worden war, wie viel ihm dafür an Geld gezahlt werden solle.

Aus der Capelle kamen die Conventualen, die ältesten voran, nahmen den Abt in Empfang und führten ihn in die Capelle.

Auch die Vasallen und übrigen Reuter stiegen ab und liessen ihre Pferde in die Herbergen führen, sie selbst blieben vor der Capelle stehen.

Der Abt vertauschte in der Capelle seine Reitkleider, den Beinharnisch und die Sporn mit den geistlichen Gewändern, der Stola, Dalmatica leuitica, Chorcappe und der Infula und nahm den Hirtenstab in die Hand; so zog er mit seinen Conventsgenossen aus der Capelle auf den Mark zu den dort stehenden Löwen. Hier machte er Halt. Die Vasallen schaarten sich zu seinen Seiten, während die Bürgermeister, Scheffen, Rathsherrn und ganze Bürgerschaft von Werden sich unterhalb der Löwen aufstellten. Der Amt-

mann von Werden liess durch den Schreiber des Abts die
kaiserliche Urkunde über die Regalien des letzteren verlesen,
befahl darauf den Bürgermeistern, dem Abte die Schlüssel
der Thore zu überreichen und liess endlich die ganze Bürgerschaft den Huldigungsact schwören: dass sie dem Abte, als
dem Grundherrn und dem Herzoge von Cleve, als dem Schirm-
herrn wegen der Grafschaft Mark, treu sein wollen, wogegen
der Abt schwor, die Gemeinde von Werden in Gnaden und
bei ihren Privilegien und Rechten zu halten, wobei er den
Bürgermeistern die Thorschlüssel zurücklieferte, mit der Verpflichtung sie gut zu verwahren.

Darauf entwickelte sich eine Prozession, indem man
von den Löwen abwärts über den Markt zum Kirchhofe
zog. Die Ordnung war folgende: zuerst die Schulkinder,
ihre Fahnen voran, dann die Pastore und Vicarien aller
Kirchen, die Conventualen, zwei Wachskerzenträger den
Weihrauchfassschwinger in der Mitte· Ferner ein Diacon
mit dem Kreuze des h. Ludger und ein Subdiacon mit dem
Evangelienpulte hintereinander. Dahinter der Marschall das
vergoldete Scepter in der Hand, weiter der Abt zwischen
den beiden Grafen, der Caplan in der Chorkappe und der
Schreiber des Abts im Röchel einzelnen, endlich die Vasallen
zu zwein und zuletzt die Bürgermeister, Scheffen und alle
Bürger von Werden. Auf dem Kirchhofe stimmte der Sänger
das „Audi Israel" an, während alle Glocken, auch die Sturm-
glocke, geläutet wurden. . Beim Eintritt in die Kirche auf
dem Gange zum Chore intonirte der Organist das Te deum,
worauf der Abt die Hochmesse vom h. Geiste begann, nach
deren Beendigung alle zur Tafel eilten. In dem Firmato-
rium assen die Conventualen sich gegeneinander übersitzend,
ihren Vorleser in der Mitte, die Vasallen und ihre Knechte
assen mit dem Abte in dessen Saale an 10 Tischen, die
Bürger von Werden, d. h. die Bürgermeister, Scheffen und
Rathsherrn im Kloster-Reflectorium an vier langen Tischen,
die Colonen (Laten) im Klosterumgange. Es drängte sich
eine überaus grosse Anzahl Männer und Frauen zu den
Tischen, von denen der grösste Theil nicht geladen war,

darunter Personen aus dem Essenschen, Werdenschen und Bergischen, die man alle nicht wegweisen konnten, „sie wurden gottlob alle, obgleich man nur für die Geladenen und deren Frauen gekocht hatte, gesättigt". Als Getränk wurde jedem Wein und Bier gereicht. Bei der Tafel des Abts versahen die drei Erbämter ihren Dienst, Bernard Scheele, Droste zu Werden als Dapifer wegen seines Gutes Schepen, Goswin Stecke als Marschall wegen seines Gutes Baldeney, Johann von Schüren als Mundschenk. Der Küchenmeister war Johann von Aschenbrock zu Osthus. Es bestand auch noch das Amt des Kämmerers und als solcher hätte Johann v. Strünkede aufwarten, auch bei der Prozession schon den Sessel des Abts diesem vortragen müssen, da aber im Lehnbuche sich kein Nachweis über die Emotumente dieses Amts vorgefunden hatte, Johann v. S. auch allen verhasst war, so hatte man von seiner Einladung Abstand genommen.

Noch bemerkt der Schreiber obiger Nachrichten: an jenem Tage wurde auch den Frauen der Zutritt zu den Innern des Klosters gestattet, nur das Dormitorium blieb ihnen verschlossen.

Im Jahre 1522 die Georgii pape wird Lutter für sich und Hardenberg Stael zu Steinhaus, den er seinen Vetter nennt, vom Werdener Abte Heinrich mit Daelhausen belehnt und am 27. Febr. d. Jahrs gelobt er mit seiner Frau Marie das Gut Ovendorp binnen 10 Jahr von einer Rente von 6 Malter 1 Scheffel Roggen und 2 Malter Hartkorn und 1527 22. Aug. mit ihr und mit Hardenberg Stael und dessen Frau Juliane den Hof Daelhausen binnen 8 Jahre von einer Jahresabgabe von 5 Goldgulden zu befreien. [346])

Letare 1527 genehmigt Marg. von Bichlingen, Abtissen zu Essen, dass Lutter Stael von Holstein den „Lindehoue" zu Heisingen, in den Essenschen Hof Eckenschede (als Behandigungsgut) gehörig für 130 Goldgulden angekauft hat. Sein letzter Act ist vom 1. Mai 1535, wo er mit seinem

---

346) Werdener Lehnregister und II. 174—175.

Sohn Heinrich ein Gut verpachtet. Am 10. Nov. 1535 ist er so wie seine Frau todt. [347])

Lutters Frau Maria war aus dem Geschlechte Backum, wie aus den Ahnentafeln II. S. 234 Nr. 307 und S. 251 Nr. 358 (Vergleiche oben S. 64) hervorgeht. Sie erscheint 1517. 1522. 1527 mit ihrem Mann und ist 10. Nov. 1535 todt. Ihr Wappen war in Silber, ein rother Ring mit blauem Turnierkragen, wie hier neben. Aus ihrer Ehe ist ein einziger Sohn und eine Tochter entsprossen, nämlich:

1. Heinrich, der folgt XII.
2. Anna, Sie wurde 1544 13. Mai an Diedrich von Diepenbrock verheirathet. [348]) Aus diesem Heirathsacte sind folgende Puncte hervor zu heben. Er bringt das Haus genannt Bollwerk an der Eickenscheid, Kirchsp. Bocholt, Pfandschaft des Stifts Münster, in die Ehe, verspricht ihr nach dem ersten Beischlafe eine Morgengabe in einem Drittheil des Gutes Vilken bestehend und setzt ihr Gut Slaberdinck im Kirchsp. Hengell zur Leibzucht. Anna dagegen muss ihm mit Kleidern, Kleinodien, Zierden und Gewanden, wie es ziemlich ist, zwischen den Schlechsten und Besten so dass er sein Gefallen daran ` hat, zugebracht und mit Baar 1200 Goldgulden ausgestattet werden, wogegen sie auf alle väterlichen und mütterlichen Güter verzichtet. Bleibt die Ehe kinderlos und stirbt Diedrich vor Anna, so erhält sie 600 Goldgulden aus seinen Gütern und dabei die 1200 Goldgulden, ihre Kleider, Kleinodien etc. zurück; stirbt dagegen Anna vor Diedrich, so behält er 600 Goldg. von ihren eingebrachten 1200 G. zurück, muss aber die übrigen 600 G. und die Kleider, Kleinodien sammt der

---

[347]) II. 183. [348]) II. 192. Redinghoven hat Bd 67 S. 706. „1538 verschreiben Lutter Stail v. H., Heinrich sein Sohn und Neuelung Stail ihr Neffe eine Rente von 5 Gulden aus ihrem Ickterhof," es muss aber in der Jahrzaal ein Irrthum sein, wahrscheinlich statt 1538: 1533.

Morgengabe den Staels aushändigen. Alle während der
Ehe gewonnenen und erworbenen Güter werden freund-
theilig, d. h. der Letztlebende muss die Hälfte davon den
Verwandten des Erststerbenden überweisen. — Sind dagegen
Kinder vorhanden, so soll es zwischen diesen und dem Letztlebenden gehalten werden, wie es die Rechton des Stiftes
Münster und das Herkommen beim Adel vorschreiben, sofern nicht die Eheleute selbst noch anders bestimmen möchten.
Ist Anna die Letztlebende, so behält sie, sofern sie sich
nicht wieder verheirathet, den Genuss des ganzen Vermögens
bis zur Mündigkeit der Kinder. Verheirathet sie sich, so
soll sie nach dem Rechte des Stifts Münster mit ihren
Kleidern, Kleinodien, der Leibzucht und der Morgengabe
befriedigt sein, jedoch auch eine Gerade ³⁴⁹) haben, wie sie
im Stifte Münster beim Adel gebräuchlich. — Die Eheberedung wurde auf Seiten des Bräutigams von den drei
Brüdern: Heinrich, Pastor zu St. Jacob in Coesfeld, Georg
und Jost von Diepenbrock, ferner von Henrich von Diepenbrock zu Empele und dessen Bruder Rütger, Johann v. Hugenpot und Zeno von Welfeldt, auf Seiten der Braut aber von
deren Bruder Henrick, ferner von Diedrich von dem Boet-
selar, Erbschenk und Landdrost von Cleve, Adolph Stael
von H., Waldgraf zu Nergena, Wenemar von der Recke,
Droste zu Blankenstein, Diedrich von der Recke, Droste
zu Unna, Rutger Ovelacker und Johann Hugenpot zu Eickel
getroffen.

XII. Henrich Stael v. H., der einzige Sohn Lutters
und Marien von Backum, folgt seinem Vater in Heisingen
und kommt zum ersten Male mit ihm 1. Mai 1535 vor. Er
verheirathet sich im selbigen Jahre 10. Nov. ³⁵⁰) nach dem
Tode seiner Eltern mit Lutgardis von Aschenbrock, Tochter
von Johann Aschenbrock und Anna von Bodelswing. Beide

---

³⁴⁹) Das fahrende Gut, (Hausrath, Vieh, Bettzeug) eines Hofes.
Es durfte jedoch nach den Rechten verschiedener Gegenden nicht
alles genommen werden, z. B. musste in der Regel ein Bett zurück-
bleiben. Nicht selten war nur eins vorhanden.

versprechen Ehe- und Bettgenossen zu werden. Er bringt das Haus Heisingen mit allem Zubehör in die Ehe und will seine Braut mit dem halben Hofe zu Daelhausen bemorgengaben; sie muss ihm, wenn sie ihm ins Haus gebracht und ins Bett geworfen ³⁵¹) wird, 900 Goldgulden in einer ungetheilten Summe zubringen, dagegen soll sie auch auf die väterlichen und mütterlichen Güter verzichten, nur die Erbschaft an Seitenfällen bleiben vorbehalten. Mit den Kleidern, dem Heimfall bei kinderloser Ehe, der Nutzniessung während der Mündigkeit, der Wiederheirath etc. sind die Bedingungen ungefähr wie oben bei der Heirath von Heinrichs Schwester (S. 189), doch soll das Landrecht der Grafschaft Mark entscheiden. Die Heirathsbedingungen wurden auf Seiten Heinrichs durch Johann von Schüren, Droste zu Werden, Diedrich von der Recke zu Kemnade und Adrian Berswort und auf Seiten der Braut durch Johann und Georg Aschenbroch, ihren Vater und Bruder, Goddert von Schedelich, Droste zu Dülmen und Diederich von Billerbeck getroffen.

Am 18. März 1540 und 1541 Tag vor Dreifaltigkeit wird Heinrich vom Werdener Abte Heinrich von Groningen mit dem Hofe Cofeld und dessen Zubehör belehnt und 1549 feria tertia post cantate (der Revers hat Dienstag nach Cantate) für sich und seinen Vetter, „Ruberten Stails seligen Hardenberghs Stael Soenen to Steinhus" mit dem Hofe Daelhausen. ³⁵²)

Am 5. Sept. 1545 vertauscht er mit seiner Frau Land. ⁴⁵³) Am 16. Nov. 1561 kauft er mit ihr von dem Essener Bürger Johann Wintgart vor dem Hofrichter und den Ge-

---

³⁵⁰) II. 189. Dass die Mutter der Braut eine Bodelswing war geht aus II. 234 Nr. 307 hervor. ³⁵¹) Die Heirathsgebräuche waren bekanntlich nach Länder und Zeiten verschieden, in der Grafschaft Mark scheint das ins Bettwerfen der Braut Sitte gewesen zu sein. In Westfalen war ich 1819 zweimal Zeuge von einem entgegengesetzten Verfahren Die Braut wurde von dem Brautjunfern zu Bette gebracht, dann aber dem Bräutigame von den Männern der Zugang zu dem Brautgemache verwehrt, er musste ihn mit Gewalt, List oder Vergleich gewinnen.

schworenen des Werdener Haupthofes Barckhofen das darin gehörige Behandigungsgut „Grote Sype" zu Heisingen und wird damit vom Abte behandigt, 11. Juni 1566 wird er als todt aufgeführt. [354])

Seine Frau Lutgard überlebte ihn und zwar kommt sie als seine Wittwe 12. Nov. 1572 vor, wo sie ein Stück Land kauft und 1474, wo sie sich mit den Hobsleuten ver-

gleicht, 1478 und 28. Oct. 1581, wo sie mit ihrem Sohne Robert II. Overdorp und andere Güter verpachtet. [355]) Sie ist 1592 bei Heirath ihres Sohnes todt. Ihr Wappen war quergetheilt, oben in Silber eine schwarze, liegende Pferdeprame, unten in Blau drei (2. 1.) silberne Mispelblüthen, wie hier neben.

Sie gebar ihm vier Kinder, zwei Söhne, zur Zeit seines Todes noch minderjährig, und zwei Töchter, nämlich:

1. Robert II. Stael v. H., der die Linie fortsetzte und XIII. folgt.

2. Heinrich, er erscheint zweimal, 1566 18. Aug. und 1575 8. Aug. wo Robert Stail v. H. zu Steinhaus, Sohn des verstorbenen Hardenberg Stail zu Steinhaus, als sein Vetter, Namens seiner mit Daelhausen belehnt wird, vielleicht ist er es, der mit Elise von Landsberg verheirathet war und 1606 starb. [356])

3. Caspara, Stiftsdame zu Rellinghausen 1591, bewohnte 1602 das Haus genannt Lütger zu Werden.

4. Anna, 1591 Stiftsdame zu Stoppenberg, starb als Dechantin zu Rellinghausen. Beide Töchter verzichteten 15. Oct. 1591 zu Gunsten ihres Bruders Robert auf die elterlichen Güter. [357]) Anna borgte 1611 dem Johann Heinrich Schenck von Nydeggen 300 Reichsthaler, welche nach ihrem Tode an ihren Neffen Otto Heinrich Stael von Holstein fielen, der

[352]) II. 191. 202 und Werdener Lehnr. [353]) II. 195. [354]) II. 207. [355]) W. Abth. Heisingen und II. 208. [356]) II. 210 Fahne Cöln. Gesch. I. 467. [357]) II. 207. 215. 222 Nr. 249 und Red.

deshalb mit den Schenken in Prozess gerieth, in welchem
folgende Stammtafel offengelegt wurde:

Heinrich Stael von Holstein.

1. Ropert Stael v. H. zu Heisingen.	2. Anna Stael v. H., Dechantin zu Rellinghausen borgt 1611 dem Otto Heinrich Schenk 300 Rthlr.

Otto Heinrich Stael v. H. beerbt seine Tante Anna:

Kinder, welche unmündig sind und durch die verwittwete Markgräfin von Baden Maria Francisca, geborene Gräfin von Fürstenberg bevormundet werden.

XIII. Ropert II. auch Robert, Ropart, Rubrecht Stael
von Holstein zu Heisingen. Sein Siegel steht Tafel XI.
Nr. 50. Er ist zur Zeit des Todes seines Vaters noch unmündig und wird 1566 11. Juni sein Lehnsvormund, Johan
Hugenpoit zu Gosewinckel, Namens seiner mit dem Hofe
Cofeld und Zubehör vom Werdener Abte Hermann belehnt.
[358]) Sein Streit mit dem Pastor Heidman ist oben S. 68
erzählt. Bei dieser Gelegenheit wird er als Anhänger Martin
Luthers bezeichnet.

Am 19. April 1574 [359]) vergleicht er sich im Zustande
seiner Mutter und unter Vermittelung des Werdener Abts
Heinrich v. G. mit den Hobsleuten des Sadelhofes Daelhausen. Es gehören dazu acht Höfe, welche zusammen
jährlich auf Elisabeth am hellen Tage ihre Zinsen (Erbpacht-
gelder) in dem Hofe Daalhausen, zusammen 3 Gulden, 103
Schilling 40 Pf. an Geld, dazu 15 Malter 12 Scheffel Gerste,
3 Malter 3 Scheffel Roggen und 1 Malter Hafer, zahlen
müssen. Wegen des Geldwerthes wird bestimmt, dass jeder
Schilling gleich 3 Croner Albus, jeder Croner Albus gleich
4 Pfennige, jeder Pfennig gleich 5½ Heller cölnisch gerechnet werden soll. Die Hobesleute schulden dem Herrn
des Hofes jährlich einen Tag Handdienst beim Mähen der
herrschaftlichen Frucht und einen Spanndienst mit zwei

---

[358]) II. 207. [359]) II. 208.

Pferden zum Düngen des herrschaftlichen Ackers, statt dessen
sollen, so lange die Herrschaft nicht selbst auf dem Hofe
wohnt, beide Dienste jährlich mit 16 Albus (Sgr.) bezahlt
werden. Stirbt ein Hobesmann, so soll die Herrschaft sich
wegen des Handgewinns mit dem Erben, der ihn zu zahlen
verpflichtet ist, nach Billigkeit abfinden lassen. Sonstige
Lasten oder Abgaben darf die Herrschaft nicht fordern, die
Hobesleute sind keine Leibeigene.

Am 29. Nov. 1575 wird Ropert vom Werdener Abte
Heinrich mit dem Hofe zu Cofeld, den dazu gehörigen
Gütern und dem Hofe zu Weldinghusen belehnt. Aus seiner
Handschrift, die er unter den Lehnbrief gesetzt hat, ersehen
wir, dass er ein Schönschreiber war. Ein Siegel führte er
damals nicht, es siegelte für ihn der Werdener Erbmarschall
Wilhelm von Eil zu Baldeney. [360])

Auf Mittfasten 1579 verpachtete er mit seiner Mutter
den Hof Linderman.

Zu wissen, kundt vnd offenbar sei jeder menniglich kraft
gegenwärtiger Zetteln, dass vff heude die Edle Ehrendugenreiche
Lutgart von Asschebrock, Wittib Stäls zu Heisingen, Ropert
ihr eheliger Sohn, ihren hoff vnd guth gheissen Lindermansguth
wie dasselbe ahn haus, hoff, lendereyen, wasser, wyssgen, markenrecht vnderholto vnd aller In vnd zughoriger gerechtigkeit
zu Heisingen gelegen is, dem bescheidenen Evert Bergmans
Sohn, Annen seiner eliger hausfraw ihrer beider lebenlank vnd
lenger nicht, verpfacht haben — mit nachgesatzten conditionen
vnd vorwarden, dass sie jahrlix vff Martinitag achttage vor
oder nach vnbefangen geben sollen vunff malder Rogken, sechs
malder gersten, sex malder habern, zwei scholtsweine oder vor
jedes swein einen goldgulden, jedoch zu khüir der herschafft,
sex pfund gechegeldes flax, sex honer, ein halb pfund peffer, 1
pfund gimbers, ein hoedt suchers von sex pfund, ein halb Schepel
ertzen vnd ein Rixdaller zu offergelde vff christmiss zu erlegen,
auch jeder wechen einen dag mitt den pferden zu dhienen. Im

---

[360]) II. 210.

Fall Euert oder sein hausfrau tödtlich verfallen wurde, so soll
den Verpechteren ein churmode verfallen sein, darneben soll
das letzlebende Leib sich ohne vorwissen vnd bewilligung der
herschaft nitt widder vff das gudt bestaden. Ferner is verab-
scheidet, dass Pfechter, bei verlust der verpachtung, khein
Eickenholt in der marck hawen oder daraus füren sollen, im
fall sie des zu zeunen oder timmer nottürftig sein würden,
wollen Lutgart oder ihre erben jnnen der nottnrfft nach aus-
weisen. Nachdem aber vilgesagte ehleute Pechtere beide mitt
todt abgangen, soll das verpfachte gudt den verpfechteren loss
ledig vnd frei heimgefallen sein. Hier bei vber vnd ahn gewesen
als dedingsleuthe die achtbare vnd vorsichtige Jaspar Bungartt,
Burgermeister zu Werden, Herman Hoffschmit, Arnt zu Wey-
lickhausen, den diss alles mitwissig vnd khundig, zu mehrer
sicherung sein disser Zettelu zween eins Iuhaltz mit einer handt
geschrieben, aus einander geschnitten vnd jeder Parthiye eine,
allen vnmuth künfftiglich zu uerhütten, mitgetheilt worden. Verhandelt vff mittfasten zu den jahren 1579.

Nachdem seine Mutter gestorben war und seine beiden
Schwestern auf die elterlichen Güter am 15. Oct. 1591 verzichtet hatten [361]) schloss er am 10. Febr. 1592 ein Ehe-
bündniss mit Anna Schenk von Nideggen, Tochter von Otto
Schenk v. N. und Agnes Quad. Er bringt Heisingen, sie
ihre Erbtheile an den Gütern ihrer Eltern in die Ehe. Er
verspricht ihr am Tage nach dem Beilager eine Morgengabe
aus dem Hofe zu Ickte. Erfolgen keine Kinder so sollen
dem Letztlebenden aus den Gütern des Erststerbenden jährlich 300 Reichsthaler, ihr aber auch ausserdem die Morgengabe gezahlt werden. Wird die Ehe beerbt, so bleibt der
Letztlebende in den Genuss des ganzen Vermögens, will
dieser mit den Kindern nicht zusammenbleiben, so soll ihm
ein Haus in Cöln, Essen oder Werden geschafft, oder statt
dessen 40 Reichsthaler jährlich gezahlt werden und ausserdem ein Drittel sämmtlicher Einkünfte, sowie des Haus-

---

361) II. 215.

raths leibzuchtsweise zufallen. Möchte der Letztlebende sich weiter verheirathen, so kann er die Hülfte aller von ihm eingebrachten und ererbten, so wie der in der Ehe und im Wittwenstand erworbenen Güter in die neue Ehe bringen und die andere Hälfte leibzuchtsweise gebrauchen, jedoch muss er ein Inventar darüber errichten und den Kindern Vormünder bestelten. Die Kinder dieser Ehe sollen sich unter einander beerben und erst, wenn sie alle ohne Erben sterben möchten, von ihren Eltern und übrigen Anverwandten beerbt werden können. Güter, die einem der Eheleute später anfallen, sollen allein der, zur Zeit des Anfalls bestehenden Ehe und den daraus hervorgehenden Kindern zu Gute kommen, dabei soll Pfandschaft für Erbschaft gerechnet werden. Die Eheleute halten sich schliesslich das Recht bevor, durch Testament sich noch weiter zu beschenken.

Diese Eheberedung wurde von Seiten Roberts durch Wimar von Aschenbrock, Domkellner zu Münster, Gisbert von und zu Bodelswing, dem Enkel der oben S. 172 gedachten Anna Stael und Franz Freitag zu Buddenborg, dem Sohne der Enkelin jener Anna (die Ahnen stehn II. S. 253) und von Seiten der Braut durch Otto Schenk v. N., Bertram von Nesselrode zu Marschalsrath, Amtman zu Münstereifel und fürstlichen Rath, Wilhelm Ketteler zu Nesselrode und Ambotten, Amtmann zu Elberfeld, Rutger von Schöller zu Schöller, Arnt von Vitinghof genannt Scheel zu Aldendorf und Bertram Quad zu Eller getroffen und besiegelt. [362])

Im Jahre 1594 hat er mit seiner Frau die Hülfte des Sadelshofes Daelhausen an Arnold von dem Vitinckhoue gt. Scheel zu Aldendorf überlassen, der am 31. März d. J. vom Werdener Abte Duden damit belehnt wird. Arnold vermachte seinen Antheil an Guda v. Romberg, Wittwe Ketteler, welche das Lehn 1620 7. März empfing. [363])

Nach dem Tode seines Schwiegervaters fiel ihm Haus Herl zu, mit welchem er am 5. März 1602 vom Herzoge von

---

[362]) II. 217. Vergleiche Fahne Bocholtz I. Band 1. Abth. I. Tafel V. [363]) 220. 223.

Berg belehnt wurde, [364]) auch empfing er 13. Januar 1606 nach dem Tode des Werdener Abts Heinrich von Duden († 5. April 1601) von dessen Nachfolger Conrad von Cloodt und 10. Juni 1616, nach dessen Tode, von dem neuen Abte Hugo Preutaeus die Belehnung mit dem Hofe Cofeld und Zubehör. Beide Urkunden besiegelte er mit dem, Tafel XI. Nr. 50 abgebildeten Siegel. [365]) 27. Febr. 1613 verglich er sich mit Johann Heinrich Schenk v. Nideggen, die Urkunde lautet:

Zu wissen, dass heut 1613 27. Februarii die wolledele vndt veste Robrechte Stahl von Hollstein zu heissingen vnd Anna gebohrene Schenck von Nideggen Eheleuthe, vnd deren viellgeliebter Bruder hanss heinrich Schenck von Nideggen zur horst sich fruntlich zusahmen gethan vnd wegen ahnerfallener Schalischer Erbgüther nachfolgende Vergleichung getroffen, dieser gestalt, dweil vermögh weiland Arndt von Wittinghoff genannt Schell zu Aldendorff aufgerichten testaments gedachten Schencken drey viertentheile aber Stalen und seiner hausfrawen ein Viertheil zustendig, dass derwegen die guter vnd zehnde cum pertinentis zu Rindorp im Furstenthumb berge vnd Ambt Angermondt gelegen gedachten Schenken allein, darzu der grosse vnd zwey Rodenberger Weyer im Lant von Berge hinder der Duckenborgh in der heiden gelegen, darzu die jahrliche haber renth, die Kistenhaber genaut thut 4 Malder haber zu Lutzekirchen im ambte Misenlohe [366]) erblich haben vnd behalten darneben wollen Stahl Eheleute ihrem Bruder Schenk alsolche 14 Goldg. jahrliche pension, so mehrgedachter Schenk, crafft Erbtheiluung zwischen sambtlichen Kindern weiland Otten Schenk von Nideggen erster vnd 2ter Ehe aus dem hoff Herll den Stalen zustendigh, bisher zu bezalt hat, sambt deren haubt-

---

[364]) II. 222. [365]) II. 222. 223. [366]) Wegen dieses Kistenhafers schwebte zwischen Werner von Galen zum Forst, Schwager der obigen beiden Contrahenten und dem obengenannten Heinrich Schenk ein Prozess, Robrecht Stael musste daher dem Letzteren Eviction versprechen.

summe gentzlich quitiren. Hingegen sollen gedachte Eheleute Stahl haben die im Abt Blankenstein vnd kirspell Nidderwenigeren vnd Staleichen gelegene Erbgüter vnd Lenderey, als Hombergh, Kollenbergh, Breckinghaus, Hecking vnd Hackman. Geschehen zu Heisingen vffin hauss beiseins der Ehrentfesten vnd hochgelehrten auch Ehrbahren Casparen Gräerty dero Rechten doctoren vnd sindico Rellinghausen vnd Joannen Gruntscheit procuratoren vnd gezeugen hirzu sonderlich erfordert vnd gebetten.

Im Jahre 1619 1. Mai verpfändete er seinen Hof Homberg im Kirchsp. Niederweniger, der Act lautet in Auszug:

Wyr Robrecht Stahl von Holstein zu Heisingen vnt Anna gebohrne Schenck von Nideggen Eheleute bekennen, dass auff vnser fleissig begehren vnsern Nutzen zu schaffen vnns der Ehrenthafft vnd ehrbahr Peter Teschenmacher in der Mircken vnnt bieltgen Eheleute im Kirspell Elberfeld wonhafft gütlichen vorgestreckt vnt gelehnt haben vier jahr lang funffhundert Königsthaler, ahn alten Königsohrten fünff derselben vor jedern Königsthaler, welche wir quittiren vndt zu vnsern nutz angewandt haben darmon wyr vnsern gläubigern alle jahr auff tagh Philippi vndt Jacobi Apost. genant Meytagh zur gebührlicher pension geben vndt in Ihr sicher gewahrsamb gegen Elberfelt auff vnsere kosten vnt gefahr libern vnt unfelbahr bezahlen sollen vnt wollen dreissigh derselben Königsthaler — damit nuhn gemelter Teschenmacher vnt seine Erben der pension auch der 500 Königsthaler sicher sein, so versetzen vnt vervnderpfanden wyr jhnen vnser gantzos Erbguth vnt hoff Homborgh genant im Ambt Hattingen vnt kirsspell Niederwenigeren sich im pfall einiger nitzahlung darahn zu erholen vndt dafern wyr nach vier jahren in erlagungh der 500 Königsthaler seumigh erfunden würden, sollen ermelte Creditoren volnkommene macht haben Ihr obspecificirtes vnderpfandt vndt dabo dasselbe nit genugsamb alsdan anderer vnserer Erbgütheren sovill zu sich zunehmen, vnberechnet zu gebrauchen vnt einzuhalten, bis darahn Teschenmacher oder seine Erben gantz bezalt wordten seindt, dargegen vnss nit schützen soll

einige Exception geistlichen oder woltlichen rechtens . . . Ur-
kunt der Warheit haben wyr diese verschreibungh mitt eigenen
henden vnterschrieben vnt zu mehrer bekrafftiging den inhalt
hab ich Robrecht mein angebohren sigell ahn diesen brieff thun
hangen darneben vnnt zu allen vberfluss den Ehrentfesten vnnt
wohlgelehrten herrn Johann Willsach, Richtern des Amts Blankenstein erbetten diese Verschreibungh mit seiner vudorschrifft zu
confirmiren vnndt ex officio zu ratificiren, im Jahr 1619 ersten
tagh May.

gez. Robert Stahl von Hollstein zu hoissingen m. p.
Anna Stahl von Hollstein gebohrne Schenck von Nie-
deggen m. p. Johann Willsach, Richter, m. p.

Der Werdener Abt Hugo scheint ihm besonders ge-
wogen gewesen zu sein, denn er gestattete ihm 23. October
1622 die niedere Jagd auf dem linken Rhurufer gegenüber
Heisingen, von dem kaar ab, durch das Hammerfeld bei
dem Sonderen, den Heesper-Bach entlang bis an den Schlag-
baum zu Lutenscheid (jetzt Ludscheid), wo das Stift Werden
sich von der Herrschaft Hardenberg scheidet; dann von der
Landwehr bis längst dem Rhee und Frauenstein nach
dem Deel und Henxbach. [367]) Sie umfasste also die Gemeinden
Hamm und Vossnacken.

Nach diesem Acte finde ich keine weitere Verhand-
lungen von Ropert, er starb 1638. [368])

Anna Schenk von Nideggen, wie gesagt seine Frau,
war ein Kind erster Ehe von Otto Schenk von Nideggen,
ihre Mutter hiess Agnes Quad. Diese hatte ihm nur vier
Töchter geboren, von denen zweie, Engel. und Elis. Schenck
kinderlos starben und wie oben S. 193 gesagt ist, Veranlassung zu einem Prozess über ihre Erbschaften gaben. [369]) In
diesem wurde folgender Stammbaum mit darunter stehendem
rechtlichen Gutachten offen gelegt:

---

[367]) II. 223. Unter dem Namen „das Kaar" an der Ruhr wird
in den Werdener Lohnacten auch das Haus Oeft verstanden. [368])
II. 222 Nr. 250. [369]) Die Acten darüber beruhen im Reichskammer-
gerichte zu Wetzlar, Buchstaben S. Nr. 2895.

Otto Schenck v. Nideggen h. Agnes Quadt.

1. Agnes Schenk h. Werner von Galen.	2. Anna Schenk h. Stahl zu Heisingen.	3. Engel Schenk.	4. Elisabeth Schenk h. Friedrich von Calcum.

1. Elisabeth v. Galen h. Oberst von Roven.	2. Agnes v. Galen h. v. Kessel von Hackhausen.	1. Otto Heinrich Staall. 2. Robert Staall. 3. Anna St. 4. Margaretha St. 5. Engel St.

Amtmann von Roven.	Kinder.

„Beim Tode der Engel und Elisabeth Schenk waren Elisabeth von Galen, Otto Henrich, Robert, Anna Margaretha und Engel Staal am Leben, Agnes Staal (soll heissen Galen) aber nicht. Erfolgt also nach rechtlicher Ordnung, dass dieser Schwestern Kindern, tanquam in vno gradu constituti in capita succediren vnd der Agnes von Galen und Herrn v. Kessel Kindern, cum jus representationis non extendatur vltra fratres fratrumque filios, notorie auszuschliessen seien".

Otto Schenk war zum zweiten Male mit Anna von Plettenberg verheirathet. Aus dieser Ehe entsprossen mehrere Kinder unter denen Johann Heinrich Schenk v. N. ihm in Horst folgte.

Anna Schenk, welche, wie hierneben, einen goldenen, springenden Löwen in Schwarz im Wappen hatte, gebar ihrem Manne fünf Kinder:

1. Otto Heinrich Stael v. H. folgt in Heisingen unten XIV.

2. Ropert III., stiftete die Linie zu Endt, folgt unter P. XIV.

3. Angela heirathete Johann Ingenhof, Oberstwachtmeister und Commandant zu Heinsberg 1646.

4. Anna starb kinderlos. Sie heirathete Rutger von und zu Landsberg, Herrn zu Hausmannshaus, kaiserlichen Oberst 1646. (Red. Bd. 67 S. 607. Fahne Westpf. Geschl. 258.)

5. Margaretha.

XIV. Otto Heinrich Stael von Holstein folgte seinem Vater in Heisingen, womit er 1648 23. März vom Werner Abte Heinrich im Beisein von Gerard von Eller zu Oefte und Johann Hof genannt Pylman belehnt wurde, [370]) nachdem er vorher schon, 1639, vom Herzog von Jülich Berg das Haus Herl zu Lehn empfangen hatte. [371]) Er besass auch Güter zu Dückeburg und wurde, in Folge Testaments, Erbe seiner Tante Anna Stael v. H., Dechantin zu Rellinghausen. Ihr Nachlass verwickelte ihn in Prozess mit den minderjährigen Kindern des Johann Heinrich Schenk von Nideggen, deren Vormund 1658 der Herr von Hasselt zu Hasselrath war. Die Dechantin Anna hatte nämlich 1611 dem Johann Heinrich Schenk 300 Thlr. geliehen, welche die Vormünder dessen Sohnes, Otto Heinrich Schenk, zurückzuzahlen weigerten. Der Prozess wurde erst nach dem Tode Otto Heinrich's von dessem Sohne Ferd. Wilhelm verglichen. [372]) Otto Heinrich erscheint 9. Sept. 1671 zu Werden als Zeuge, wie der Abt Ferdinand den Friedr. Wilhelm von Hoven, Herrn zu Polwick, Drosten in der Hetter und des Landes Aspel mit dem Ickterhofe im Kirchspiel Kettwig, den er von seinem Oheime, Walraf von der Hoven zu Huckarde, geerbt hatte, belehnte. [373]) Am 23. Febr. 1679 wird Otto Heinrich als todt aufgeführt, er scheint Ende 1678 gestorben zu sein.

 Otto Heinrich heirathete 1651 Anna Margaretha von Landsberg, Tochter des Obersten Rütger von Landsberg und der Wilhelmine von Botlenberg genannt Kessel. [374]) Ihr Wappen war in Gold ein rother, silbergitterter Querbalken. Sie gebar ihm vier Kinder, welche bei seinem Tode noch minder-

[370]) Werd. Lehnregister. [371]) II. 222. [372]) Acta Heisingen im Werdener Archive. [373]) Werd Lehnreg. Nach Friedr. Wilhelms Tode, 7. März 1682, wurde dessen einzige Tochter Johanna Maria Elbrog von der Hoven belehnt. [374]) Fahne westpf Gesch. S. 258. Red. 67 S. 607 II. 234. 239.

jährig waren und deren Vormundschaft die verwittwete Markgräfin von Baden, Maria Francisca, geborene Gräfin von Fürstenberg freiwillig sich unterzog: nämlich:

1. Ferdinand Wilhelm, der folgt XV.
2. Amalia Eleonore, welche wie sogleich erzählt werden soll, Erbin zu Heisingen wurde.
3. Eine Tochter, (Engel Elis.) die den Reichsgrafen von Torring heirathete.
4. Francisca Luise, welche man zu Jülich in das Kloster zum h. Grabe steckte und mit 50 Thlr. Spielgeld jährlich abfand; sie lebte dort noch 1709.

XV. Ferdinand Wilhelm Stael von Holstein folgte seinem Vater in Heisingen. Er kommt zuerst 1667 2. Dec. mit seiner Schwester Engel Elisabeth als ältester Sohn und Tochter vor, (II. 226 Nr. 272.) wurde am 23. Febr. 1679 noch minderjährig, in der Person des Badischen Secretairs Henrich Gualter Ab Aust von dem Werdener Abte Ferdinand belehnt und empfing am 9. Sept. 1681 die Belehnung selbst, als Grossjähriger (II. 226). Den obenerwähnten Prozess beendigte er am 12. Sept. 1678 zu Hilden durch Vergleich. Er starb ohne Kinder, als letzter männlicher Spross dieser Linie; am 27. März 1696 wird er als todt aufgeführt. Seine Schwester Amelia Eleonore folgte ihm im Lehne. Diese war mit Johann Georg, Reichsgrafen von der Hauben, kaiserl. Kammerherr und Generalwachtmeister, Churpfälz. Geheimrath, Oberjägermeister der Oberpfalz, Oberamtmann zu Neumark verheirathet, der am 27. März 1696, nach Absterben seines Schwagers, Namens seiner Frau in der Person seines Bevollmächtigten, Veit Arnold von Landsberg zu Baur, mit Haus Heisingen belehnt wurde. Beide Eheleute verkauften es 1709 Nov. dem Abte Coelestinus von Werden für 23000 Thlr. oder 34500 Reichsgulden, jedoch musste letzterer auch die darauf versicherten Schulden und die jährliche Rente von 50 Thlr. an die Nonne Francisca Luise, Schwester der Verkäuferin zu zahlen übernehmen. Das Haus wird bei dieser Gelegenheit beschrieben bestehend aus „Hof Cofeld, auch Stahlhaus genannt, kleinen Jagd in der

Heisinger Mark, Kohlberg in der Heisinger Mark, Fischerei in der Ruhr, Mark- und Holzgerechtigkeit, insbesondere Schulteis Hof zu Heisingen, Overndorf genannt, Hof zur Linden, Steinhaushof, Schmieskotten, Stemmer, Hagerbusch, die Vhle, Blockhaus, Krekeling, Mettnnann, Greuelsberg und Geilekothen, Weubelkotten, Jansberg, Hausmansgut zu Niedertüschen, die Hälfte der Güter zu Grundscheid, das Hofge-

 richt zu Heisingen, die Mühle zu Schaphaus, das Gut die Wunne, Pieperskothen, Gut Rindersberg, die Grut zu Werden, ferner gehören in dem Verkauf: das Gut Dalhausen im Amte Blankenstein und Ickterhof im Amte Angermund. Hauben führte einen Schrägbalken, zu jeder Seite von einer Gleve begleitet.

O. Die clevische Linie.

XI. Adolph Stael v. Holstein, wie oben S. 152 und 181 gesagt, Sohn Roperts I. zu Heisingen, erscheint zuerst 1503 16. Nov. mit seinem Bruder Lutter als Mitbesitzer von Heisingen, dann in eben dieser Stellung 1505 am 4. und 27. März und 5. Juli 1506, wo er das Tafel VIII. Nr. 37 abgebildete Siegel führt. [375]) Am 27. April 1518 vollzieht er mit Lutter die S. 181 beschriebene Theilung und gebraucht dabei ein neues Siegel, welches Tafel IX. Nr. 42 abgebildet steht. [376]) 1538 27. Januar besiegelt er als Waldgraf zu Nergena auf Seiten des Herzogs Johann von Cleve dessen

 Vereinigung mit Herzog Carl von Geldern, [377]) zuletzt 1544 13. Mai den Heirathsvertrag zwischen Anna, Tochter des verstorbenen Lutter Stael und Diedrich v. Diepenbrock. [378]) Seine Frau war aus dem clevischen Geschlechte der von Eyck, genannt Dreicke oder Dreck, [379]) und führte in Silber einen schwarzen Hirsch.

375) II. 159. 160. 161. 163. 164. 376) II. 170—173. 377) II. 187. 378) II. 195. 379) II. 235.

Sie gebahr ihm namentlich zwei Söhne und eine Tochter:

1. Stephan, der XII. folgt.

2. Heinrich nahm Reuterdienste beim Herzog von Cleve und quittirte 1556 11. Dec. seinen Sold.

3. Margaretha, 1555—67 Wittwe, h. Floris v. Mevert zu Venne, clevischen Küchenmeister. Fahne Cöln. Geschlechter I. 281.

XII. Stephan Stael von Holstein folgte seinem Vater in der Waldgrafschaft Nergena, besass auch die Schankwirthschaft zu Uedem, bestand für den Herzog von Cleve mancherlei Gefechte und quittirte 1556 11. Dec. sammt seinem Bruder der clevischen Regierung Sold- und andere Ansprüche. [380])

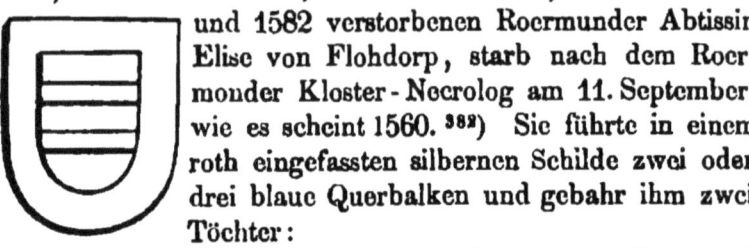

Seine Frau Margaretha von Flohdorp, Tochter Gerards, Herrn zu Leut [381]) und Schwester der, 1559 erwählten und 1582 verstorbenen Roermunder Abtissin Elise von Flohdorp, starb nach dem Roermonder Kloster - Necrolog am 11. September, wie es scheint 1560. [382]) Sie führte in einem roth eingefassten silbernen Schilde zwei oder drei blaue Querbalken und gebahr ihm zwei Töchter:

1. Margaretha war Nonne im Kloster zu Roermund und starb 5. Dec. 1579. [383])

2. Elisabeth Stael von Holstein, welche sich mit Wilhelm von Reuschenberg zu Selicum [384]) verheirathete und Mutter des gelehrten und geachteten Deutsch-Ordens-Comthurs Stephan Diedrich v. Reuschenberg wurde. (that profess 1615 † 1652) [385]). Sie war nach einer Aufschwörung Erbin zu Knippenburg. [386])

---

[380]) II. 204. [381]) Fahne Cöln. Geschl. I. 102. [382]) Fahne Bocholtz I. S. 160. [383]) Ebend. S. 165. [384]) Fahne, Westph. Geschl. 333. [385]) II. 235 Nr. 312. [386]) II. 236 Nr. 314. Vergl. II. 257 Nr. 391, wo aber zweimal statt: Eyck gt Drook, Stael gelesen werden muss.

P. Linie zu Am Endt.

XIV. Ropert III. Stael von Holstein aus dem Hause Heisingen, stiftete, wie oben S. 200 gesagt, die Linie zu Endt. Er besass Helmer und seine Frau brachte ihm das Haus Am Endt, von dem oben S. 20 die Rede war und wegen dessen er 10. März 1646 auf dem Landtage zu Wesel durch Ludolph Georg von Boenen und Caspar von Syberg aufgeschworen wurde. Ueber die dabei vorgelegten Ahnen ist oben S. 179 und 180 das Nöthige gesagt. Er heirathete Maria Elisabeth von Götterswyck (Worm-Götterswyck) Erbin des Rittersitzes am Endt. Sie starb 1667 16. Januar und er 1664 und sind beide zu Götterswick-Hamm (Görsiker) in der Kirche begraben, wo ihre Leichensteine. [367])
. Ob aus dieser Ehe Kinder hervorgegangen sind, habe ich bisher nicht ermittelt, wahrscheinlich gehört hierher die Ahnentafel, welche bei der Cleve-Märkischen Ritterschaft aufgeschworen ist, sie lautet:

N. Stael von Holstein h. N. Schenk von Nydeggen.

N. Stael v. Holstein h N. von Honnepel genannt Impel.

N. Stael v. Holstein h. N. von Aldenbockum.

N. Stael von Holstein, probans.

Q. Linie zu Steinhausen und Hardenstein.

X. Lutter Stael von Holstein, der zweite Sohn Ruprechts I. und Christinen von Hardenberg (oben S. 152) war Mitbesitzer zu Hardenstein und stiftete die Linie zu Steinhausen durch seine Frau. Er erscheint zuerst 1455 16. März bei dem Ehevertrage seines Bruders Neueling, [368]) den er mitbesiegelte.
Aus dem Nachlasse seines Vaters wurde ihm neben verschiedenen Geldsummen die Pfandschaft an Stadt und

---

[367]) II. 232 und 251. [368]) II. 113.

Amt Werden und Stadt und Amt Bochum zu Theil, er hul-
digte deshalb am 9. Febr. 1462, kurz nach seines Vaters
Tode, [389]) dem Herzoge von Cleve, als Grafen von der
Mark, schwur den Amtbrief seines Vaters treu zu befolgen,
auch das Schloss zu Werden [390]) persönlich zu bewohnen.
Bei dieser Gelegenheit gebrauchte er das Siegel, welches
Tafel VI. Nr. 27 abgebildet ist, es hat die Umschrift: s.
lutt' stael va. hulste. und hat über dem bekannten Schilde
einen Helm mit zwei Büffelhörner die aussen mit den Kugeln
verziert sind. Am 2. April desselben Jahres genehmigt er
mit seinen Brüdern die Schenkung seines Vaters an den
Bastartbruder. [391])

Er scheint einen heftigen Character gehabt und diesen
auch an Wittener Unterthanen zur Geltung gebracht zu
haben; denn er hat zweie derselben wiederrechtlich ins Gefängniss geworfen, dadurch dem Herzoge Verlegenheiten
bereitet und deshalb sich von Letzteren durch eine Strafe
von 400 Gulden Gnade bewirken müssen, wie dieses seine
Urkunde vom 3. Sept. 1462 nachweisst. [392])

Im folgenden Jahre erscheint er als Gläubiger des
Erzbischofs von Cöln und des Herzogs Johann von Cleve.
Der Letztere weisst ihm dafür Renten auf den Zoll zu
Büderich und Orsoy an. [393]) Zu gleicher Zeit setzt er sich
mit seinem Bruder Heinrich auseinander. [394]) Bei dieser
Gelegenheit siegelt er mit dem oben erwähnten Siegel. Am
13. März 1464 wird er von Conrad von Gleichen, Abt zu
Werden und 1476 12. März von Adam, Abt zu St. Martin
in Cöln, als Administrator des Stifts zu Werden mit den
Höfen Cofeld und Ovendorp (später Heisingen) und der
Grüt zu Werden belehnt. Er siegelt abermals mit obigem
Siegel.

Lutter war mit Jutta von Witten, Tochter Rütgers von
Witten und Bathen Voss verheirathet; sie brachte ihm Stein-

---

[389]) II. 119. [390]) Es wird dasjenige gewesen sein, welches vor
Werden in der Ruhr lag. [391]) II. 120. [392]) II. 124. [393]) II. 122. 123.
[394]) Eb.

hausen und mehrere andere, in der Herrschaft Witten gelegene Güter in die Ehe, wegen derer Gerechtsame er mit Franco von Witten, Rötger dessen Sohn und Hermann und Bernard, Söhnen Heinrichs von Witten, als Besitzern der Herrschaft in Streit gerieth, der endlich Sonntag 8. Januar 1464 durch den Landrosten, Ritter Gosen Kettler dahin verglichen wurde: dass die Brüchten, welche von den Leuten Lutters gehoben werden möchten, ihm zufallen sollen, Brüchten an den Leib ausgeschlossen. Die Abgabe von dem Bier, das am Tage, wo man Mariens Bild zu Witten herumträgt, vertrunken wird, sollen beide Theile zur Hälfte bekommen. Die Jagd in der Herrschaft bleibt gemeinschaftlich und keine der Parteien soll ihre Güter verkaufen, ohne sie vorher der andern Partei angeboten zu haben. Die Urkunde darüber, welche im Reichskammergericht zu Wetzlar Nr. 3700 beruht, lautet:

Tho wetten dat auermitz my Goesten Kettler Ritter, Landtdrosten ein freundtliche gutliche scheidunge gedediget ist op dato dieses brieues tuischen Lutter Staell als van seiner haussfrawen wegen Jutten van Witten, vp eine, Francken von Witten, Rotger sein Sohn, Hermann vnd Berendt, Henrichs Sohne von Witten vp der ander seiden, also hierna beschrieben folget. So die vorsch. partheyen ein tidtlanck twyschedig gewest sint vmb die herlichkeit vnd gerichte tho Witten so sollen die vorsch. Rotger, Hermann und Berndt vnd ihre Eruen hebben vnd behalten die furgt herligkeit vnd gerichte, doch also, alsolche gütter, alss Lutter Staell in der forgt. herligkeit vnd gerichte hanet die Rotger von Witten, dem gott genade, seiner hausfrawen Jutten Vatter gereuet hefft, so wat broicke vp den furgesch. guederen, so von den luden darto gehorende vervallen, dat (solche) Lutter Staell vnd seine eruen boren vnd hebben sallen nah ihrem willen vtgescheiden off dar ein lyff gebrocken worde, dat mogen die von Witten richten. Ock ist bededinget, soe wanner men vnser lieben frawen bilde tragt tho Witten, so wes dan an bier zyse verfelt vp den dach beide partheien vnd ihre eruen furgt. dat gelicke hebben

sollen vnd dartho der frohne von Witten dat, von ihrer beider
wegen heuen, dar hei sein eyde tho doen sall, dat gelick tho
deilen, ock so magh Staell vnd seine eruen mit jagen in derselben herschafft vorg. gelick den von Witten vnd off einich von
diesen vorgt partheien off ihre eruen dieser herligkeit gerichte
offt guederen gelegen in der herschop vorgt, vorkoepen, versetten oder vertyen willen, der sall dat den anderen partyen
kundig doen vnd wollen die dan darvur geuen dat ein frombt
darvor doen wolte, die sollen dan die negsten dartho wesen
vnd dit alles sonder argelist. da dit gedediget wart, da weren
medde auer vnd ahn von Lutter Staels wegen E u e r t v o n
D a e l e vnd A r e n d t v o n d e r B e r g h vnd von der von Witten
wegen Melchior Freydagh vnd Henrich Euen Rentmeister der
tidt tho Vnna vnd dat dit festlich gehalden werde heb ich
Gossen Ketler mein Siegel vmb beide willen beider partheyen
vnd tho tuge ahn den brieff gehangen vnd to noch mehrer be-
tugnusse der warheit, hebben wy Lutter Stael, Rotger, Herman
vnd Berndt von Witten vnse Siegelen bey Siegell bern Goesens
vorsch. an diesen hrief gehangen. Gegeben in dem Jahr dusent
vierhondert vier vnd sechsigh des Sondags negest, nae der heiligen drey koninge dage.

Aus dieser Urkunde geht hervor, dass Rötger von
Witten, der Vater von Jutta, Lutters Frau, die Güter zu
Witten, also namentlich Steinhausen von den Eltern geerbt
hatte. Rötger war bereits 1438 todt. Drei Söhne folgten
ihm, unter diesen reizte einer, Namens Hermann, den Zorn der
Dortmunder, indem er einen ihrer Mitbürger, den angesehenen
Rathsherrn Drostelman, ins Gefängniss schleppte, sie zogen
3. April 1434 vor Steinhausen und zerstörten es von Grund
aus. Vier Jahre später fällt Hermann selbst bei einer Plün-
derung von Dorstfeld in die Hände der Dortmunder; er
befreit sich zwar durch eine Sühne, verschwindet indessen
aus der Geschichte. Er und seine drei Brüder starben
kinderlos, die Güter fielen an ihre Schwester Jutta, welche
sich 1464 in deren Besitz befindet (oben S. 56).

XI. Hardenberg I. Stael von Holstein, Herr zu Hardenstein und Steinhausen erscheint schon 1. April 1484, wo er,
mit Herman und Bernard von Witten, seinem Vetter Rütger
von Witten Grundstücke zu Witten überträgt. [395]) 1503 vergleicht er sich mit Rütger, Hermann und Wilhelm von
Witten dahin, dass sie auf gemeinsame Kosten die Brücke
über die Rhur herstellen wollen. Er wird gemeinschaftlich
mit seinen Vettern, Lutter und Alef Stael von Holstein Besitzer des Hofes zu Ovendor p, sowie der Grüt zu Werden
[396]) und 27. April 1518 todt genannt. [397]) Die Capelle zu
Steinhausen hat sein Grab, wie der oben, S. 41 abgebildete
Grabstein bezeugt. Die darauf abgebildeten Wappen sind
die seines Vaters und seiner Mutter und seine [398]) Ahnen
folgende:

Ruprecht Stael von Holstein.	Christine von Hardenberg.	Rötger von Witten.	Batha Voss.
Lutter Stael von Holstein.		Jutta von Witten.	
Hardenberg Stael von Holstein.			

Er hinterliess von einer nicht benannten Frau zwei
Söhne, beide Hardenberg genannt, nämlich:

1. Hardenberg II. der unten XII. folgt.
2. Hardenberg III., beide zum ersten Male in der Theilung vom 27. April 1518 genannt. Letzterer starb 1520 4.
März zu Steinhaus. [399])

XII. Hardenberg II., Stael von Holstein, Herr zu
Hardenstein, Steinhausen und Dalhausen erhielt mit seinem Bruder in der Theilung der Familiengüter, welche
sie mit ihren Vettern Lutter und Adolf Stael, Söhnen Roperts, unter Vermittelung ihres gemeinsamen Oheims Henrich Stael, des clevischen Marschalls und Ritters am 27.
April 1518 vornahmen, Schloss und Haus Hardenstein mit

---

[395]) Oben S. 56. [396]) II. 160. 161. [397]) II. 170. [398]) Die oben
Seite 40 aufgeführten Ahnen sind nicht die Seinigen, sondern die, der
an Brempt verheirathet gewesenen Beatrix Stael und ihrer Schwester
Caspara, Abtissin zu Neuss. [399]) II. 170. 258.

dem Gute Berschusen, die Sondermühle bei Witten und eine Erbrente von 3 Gulden jährlich aus den Wittenschen Gewässern. Das Siegel, welches er an diesen Act hing, steht Tafel IX. Nr. 41 und das seines Bruders ebenda Nr. 43 abgebildet. [400]) Er besass auch gemeinschaftlich mit seinem obengenannten Vetter Lutter den Sadelhof Dalhausen in dem Kirchspiele Wengeren, mit welchem Letzterer am 12. März 1522 vom Werdener Abte Theodor Hagdorn für sie beide belehnt wurde. [401]) Im Jahre 1527 wurde ihm und seiner Frau Juliana, sowie seinem Vetter Lutter und dessen Frau Maria vom Werdener Abte Johann die Erlaubniss ertheilt, den Hof Dalhausen auf 8 Jahre mit 100 Goldgulden zu belasten. [402]) Bei dieser Gelegenheit braucht er abermals das obige Siegel. Er baute 1529 Steinhaus neu auf und starb vor seiner Frau. Diese hiess Juliana, war aus dem

 Geschlechte der Holthausen zu Krickenbeck und führte in Blau einen silbernen, mit Hermelinschwänzen verzierten Querbalken. Sie gebahr ihm zwei Söhne:

1. Robert I. der XIII. folgt. Mit diesem verpachtete sie 1549 Donnerstag nach Cantate eine Wiese zu Dalhausen für 1 Joachimstahler, wobei Mathias von Hoeten und Adolph Quad von Aldendorp als Zeugen erscheinen. Sie siegelte, ihr Sohn aber ist noch ohne Siegel. [403])

2. Hardenberg IV., geboren 1545, hatte einen kräftigen, allen Gefahren trotzenden Körper und lebte, wie sein Grabstein zu Witten sagt, 40 Jahre im Kriege. Am 21. Dec. 1598 wählte ihn die Stadt Dortmund zu ihren Kriegsobersten gegen die anrückenden Spanier, er nahm Everhard von Heigen zu Amecke zu seinem Fähnrich und übte seine Soldaten tüchtig ein, prüfte auch ihre Pünktlichkeit durch Generalmarsch schlagen. Am 8. März 1599, als die Gefahr beseitigt war, übergab er auf dem Markte sein Regiment und erliess den Offizieren und Soldaten den Eid. Des

---

[400]) II. 160. [401]) W. [402]) II. 175. [403]) W.

Abends gab er im Hause zum Drachen eine Gasterei und liess, als er bezecht war, die Trommel schlagen. Das gab grossen Lärm. Die Bürger zerschlugen die Trommel, rückten vor den Drachen und schossen hinein. Mit Noth wehrten einige Rathsherrn den Sturm ab, man liess vier Tage das Haus bewachen und Rath und Gemeindevorsteher beriethen, was zu thun sei. Am 15. Mai wurde die Sache verglichen und Stael und sein Fähndrich sprengten im Carriere über den Markt zur Stadt hinaus; der Letztere hatte die, von der Stange gerissene Fahne als Feldzeichen um den Leib geschlagen. [404]) Hardenberg starb 1624 13. Juni, 78 Jahre alt. [405])

XIII. Robert I., Herr zu Steinhausen und Dalhausen. Mit dem letzteren ward er nach dem Tode seines Vaters 1549 21. Mai in der Person seines Vetters, Heinrich Stael von Holstein, Herrn zu Heisingen, der es mit ihm gemeinschaftlich besass, von dem Werdener Abte Hermann belehnt. Es scheint daraus hervorzugehen, dass er damals noch minderjährig war. Am 18. Aug. 1566 empfing er die Belehnung in eigener Person für sich und als Vertreter der unmündigen Kinder des verstorbenen Heinrich Stael zu Heisingen und endlich 8. October 1575 ebenfalls für sich und für Ropert Stael, Sohn des genannt † Heinrich Stael zu Heisingen, vom Abte Heinrich Duden. [406])

Zu seiner Zeit war Reinhard von Brempt Herr der Herrschaft Witten, und, wie es scheint in folge Erbverträge, auch alleiniger Besitzer von Hardenstein. Mit diesem erneuerten sich die Streitigkeiten wegen der Leute der Stael und sie wurden auch dieses Mal durch Vermittelung der Verwandten und Freunde gütlich beigelegt, wie folgender Vertrag in den Acten des Reichskammergerichts bekundet:

---

[404]) Fahne Dortm. I. 208—210. [405]) II. 259. [406]) W. und II. S. 203. 207. 210. Heinrich Stael ist dort Druckfehler, es muss Rupert Stail heissen.

14 *

Im nahmen des heren amen. Die weill twischen dem erenuesten vnd erbaren Reinhardten von Brempt, heer tho Witten eins vnd Robbert Staell von Holstein zum Steinhauss andertheils vnd derselben vorvadern von alders hero der herligkeit vnd bruchten halber, so vp Staels guederen von den leuden darup wonhafftig im Gerichte Witten verfallen, disputation gewesen vnd solcher bericht vthe verdrags brieuen, so etwan durch Goissen Ketler tuischen Lutter Staell eins vnd Francken, Rotger, Herman vnd Berndt von Witten andertheils vnd folgendts tuischen Brembts vnd Staell vatter, durch andere freunde einhalt derselben vpgerichtet. 1) Sollen nun fort mehrgemelter Brembt vnd Staell für sich vnd ihre erueu des thon ewigen dagen vereinigt sein vnd der streitiger punct vp nachfolgende meinungh vnd erklerungh alletit verstanden vnd gedeudet werden. 2) Als dass alle broicken so von Staels luiden vnd gueteren vp oder von den guederen im gerichte Witten verfallen wurden nicht Brembte, sondern Staele vnd seinen eruen tho kommen sollen, doch so ferne eht geine leiffbrocken *) wehren, die Brembte als dem gerichtsherrn vnd seinen eruen vnd nicht Staele zur straffe bliuen sollen, ouch mit dem vnderscheiden, wanner sich Staels luide vp oder von den gueteren mit trombden slaen vnd sonst brockhafftig wurden, dat sie alsdan vor geburliche Strafe von dem gerichtsherrn vnbefreiet sein sollen. 3) Item wanner Staels lude vmb schuldt ahn dem gerichtsherrn beclaget woerden, soll gerurter Brembt vnd seine eruen gedachten Staele vnd seinen eruen solche schuldtklagh ersten anzeigen. Wanner dan Staele dieseluen einwendigh vierzehn tagen tho der bezahlung nicht anhalde vnd Brembt wieder init klagten derwegen ersocht wurde, soll er Brembt vor solche schuldt, sofern sie bekentlich vnd beweisslich, mit einem gerichtsfronen pfande langen vnd einen jederen rechtens wiederfahren lassen. 4) Item wannehr Brempt der gerichtsherr tho beforderung der Iustitien ein gemein gericht anstellen laten, so sollen Staels Lude solch gericht stercken vnd hegen helpen, doch wannehr dieselben in Staels noidigen diensten wehren vnd dies dem

---

*) D. h. an Hals.

gerichte anzeiden, sollen sie vngefahret sein. 5) Wan die Graue von der Marck einen schatt mit bewilligung der gemeinen Ritterschaft vnd Landtschafft vtsetten wurde, sollen Staels wie Brembts vnd andere Lude im Ausschlage gleich gehalten werden. 6) Item sollen Stails leude im gerichte vorgt. gesetten einem gemeinen klockenschlage tho folgen schuldigh sein, derentwegen gedachter Brempt vnd seine eruen vp gesinnen Staels oder seiner luden im pfall der noth mit dergleichen klockenschlagen vnd behulfflichen mitteln tho schutzung vnd befriedung jrer personen vnd armuth nach seinen besten vermogen gehalden sein, wie einem gerichtsherrn gebührt! *)

---

*) Die, hier nachfolgenden ferneren Artikel des Vertrags bestimmen: 7) Brempt als Holzrichter bestraft die Frevel, welche die Stael'schen Leute in der Wittener Mark durch ungebührlichen Hau und Ausfuhr begehen möchten. 8) Er bestraft sie auch, wenn sie ihren Nachbarn das Land abbauen. 9) Das Multer in der Herrlichkeit bleibt zwischen Brempt und Stael gemeinschaftlich. 10) Brempt darf keinen Gerichtseingesessenen in seiner „Nahrung und Handtierung" hindern, er kann nur die Accise fordern, nämlich vom Brauen jährlich 2 Schilling und ausserdem das Kesselgeld, d. h. eine feste geringe Abgabe für die jedesmalige Benutzung des öffentlichen Braukessels, in dem nur gebraut werden durfte und der in dem öffentlichen Brauhause stand. 11) Wer anderes als Wittener Maas, Gewicht und Elle braucht, ist straffällig. 12) Da über die Kirchengift zu Witten beim Absterben des Pastors Wessel Rieth letzthin zwischen den Parteien Streit entstanden ist und Stael auf seine Ansprüche verzichtet hat, so wird von jetzt Brempt das Patronat sowohl über Pastorat als Vicarien ausüben. 13) Den Stael wird die Bank und die Gruft in der Wittener Kirche vorbehalten, 14) Die Mark zu Witten soll sowohl den Leuten des Brempt, als des Stael gegen gebührliche Pacht ausgethan werden, zur Aufsicht über die Mark sollen die Brempt zwei sesshafte Personen, einen von ihren, einen von Staels Leuten, anstellen. 15) Da Brempt eine übermässige Schaafheerde hält, so wird er verpflichtet sie so zu beschränken, dass er sie vor Gott und der Welt vertreten kann. 16) Brempt muss auf der Stael Ansuchen die Mark begehen und in ihren Grenzen erhalten lassen. 17) Beide Parteien behalten das Recht, aus der Mark Holz zum Bau von Häusern und Mühlen und zum Kribben zu fordern, die vereideten beiden Aufseher weisen das Holz an und erhalten zum Lohn den Abfall. Möchte Brempt dem Stael in dieser Benutzung hinderlich sein wollen, so kann Letzterer ohne weiteres das Holz nehmen.

Alle vorgt articulen hebben beide Brempt vnd Staell vor sich
und ihre eruen stede, vast vnd vnurbrocklich to halden bei
adelichen ehren vnd ahn gesworner aydtsstat gelauet vnd sich
mit gutem willen ungenotiget verwilkoret, so jemandt von
ihnen oder ihreu eruen diesen verdrag in ein oder mehr articulen nicht hielden, dat dieselbe in ein poen von 500 Golden
reinischen Gulden, halb den Landerfürsten vnd halb der haldenden
partheien verfallen vnd gleichwoll alle vorige articulen nicht
tho weniger tho holden gebunden werden vnd sein sollen. Allet
ohne exception, gefehrde vnd argelist. Doch sollen alle vorige
vfgerichtete verdrage, so fern sie diesen articulen nicht tho
wedder in ihrer volnkommen macht verbleiben. Bei diesen verdrage sein auer vnd ahn gewesen an seiten Brombts die erenuest vnd erbaren Christoffer von Plottenberg, Droste
zum Schwarzenberg, Wennemar von Boelschwenige
vnd Schotte Froydag thor Buddenburg vnd an seiten
Staels Mathias von Hoete thom hoffe, Adolff Greuter
tho Wederingen vnd Johann von der Recke thor Marken,
dartho der auch ehreuneste Jorgen Schelle thor Rechen als
von beiden seiten gekoren middeler vnd vnderhandler. In Vrkundt der warheit hebben Brempt vnd Stael sampt ihren beiden
hausfrauwen diesen verdrag vnderschrieben vnd besiegelt vnd
tho mehrer Sicherheit hebben Schell und die Freunde ihre
Siegel an diesen brief doen hangen. Actum Anno domini 1559
12. Juli.

gez. Reinhardt v. Brembt. Catharina v. Plettenberg, gen.
Brempt, Robert Stael. Anna von Hoete, gen. Staell.

Durch diesen umständlichen, mit adligen Ehren und
leiblichen Eiden bekräftigten Vertrag hätte man den Frieden
für immer gesichert halten dürfen, allein es kam anders.
Wenemar von Brempt, der seinem Vater Reinhard in der
Herrschaft folgte, war ein hochfahrender, eigenwilliger Mann
störte sich an die Verträge nicht, erhöhte die Brüchtengelder
willkührlich, verwandelte die Leibesstrafen in Geld und eig-
nete sich dieses ausschliesslich zu, schaltete unbeschränkt in
der Wittener Mark, haute Holz, trieb Vieh auf und gestattete
dieses auch dem Hans Friedrich von Stamheim, verweigerte

die Besichtigung der Mark, welche das willkührliche Verfahren offen legen konnte und gab eine neue, die Staelschen Leute drückende Brauordnung. Nach vielen Reibungen wurde auf Sonntag, 28. Juni 1584, ein Vergleichstermin in der Kirche zu Witten verabredet. In diesem erschienen Robert Stael und Wenemar v. Brempt persönlich und auf Seiten des Erstern traten Diedrich von der Recke, Droste zu Unna und Camen, Georg von Hoete zu Bügge, Hardenberg Stael, obigen Roberts Sohn, und auf Seiten des letztern Henrich von Brempt zu Hardenstein, sein Bruder und Detmar von Dynsinck zu Berendorf als Vermittler auf. Es kommt ein schriftlicher Vergleich zu Stande, worin der obige Act vom 12. Juli 1559 wörtlich wiederholt und ausserdem bestimmt wird, dass die gemeine Brüchte nicht höher als 6½ Mark Dortmundsch sein darf, dass da, wo Leibesstrafen in Geld verwandelt werden, jedem Theile die Hälfte davon gebührt ; dass die Mark nächsten Michaelis besichtigt und dem Stamheim der Holzhau und die Viehtrifft darin genommen werden soll, endlich, dass die neue Brauordnung ungültig sein und jeder der Vertragsschliesser Einen seiner Leute vereiden und durch sie das Bier probiren und in Preis setzen solle ; sollten die Vereideten parteiisch oder die Brauer Fälscher sein, so darf Brempt sie strafen.

Der Act ist von den Anwesenden, Hardenberg Stael ausgenommen, der noch kein Siegel hat, besiegelt.

Auch dieser Act führte nicht zum Frieden. Wenemar schritt zu neuen Bedrückungen der Staelschen Leute, forderte von ihnen unbillige Brüchten und Dienste, alles in der übermüthigsten Weise, weil er keinen Widerstand zu fürchten hatte, da Robert bereits alt und gebrechlich und sein Sohn Hardenberg zu seiner Ausbildung nach Italien gereist war. Die schriftlichen Vorstellungen, welche ihm Robert zugehen liess, blieben unbeachtet. Als Hardenberg im April 1585 zurückkam, fand er den Streit auf das Aeusserste gesteigert. Entschlossen ergreift er die Rolle des Vermittelers und erwirkt im Mai ein Compromiss, wonach Vertrauensmänner innerhalb 14 Tage zusammentreten und einen Schiedspruch thun sollen. Doch ehe dieser Zeitpunkt eingetreten ist, schreitet Brempt zu einer neuen, rechtswidrigen Handlung, die bei der Sachlage besonders erbittern musste. Er lässt den Gemeinde-Braukessel, welcher seit ewigen Zeiten im Dorfe Witten allen Unterthanen bequem gestanden hatte, abbrechen, nach dem Hause Berge abfahren und dort einmauern. Dabei steigert er die Gebühr für das Gebräu über 5 Weispfennige. Die Staele hatten einen nicht unbedeutenden Theil ihrer Unterthanen im Dorfe und weiter östlich wohnen; diesen war das Brauen, welches in jenem Kessel nur geschehen durfte, theils erschwert und theils, sofern sie nicht Gefähre hatten, unmöglich gemacht. Robert protestirt zum Schutze seiner Unterthan, findet aber kein Gehör, der Protest muss also gerichtlich gefasst werden. Zu dem Ende wird der Richter Diedrich Wernink von Wetter citirt. Dieser erscheint mit seinem Diener Albert Huchtenbrock und beide begeben sich 24. Mai 1585 Nachmittags zu dem Hause Berge, begleitet von Hardenberg Stael und Joachim Bonn, Schreiber des Robert Stael. Hardenberg und Bonn führen jeder ein langes Rohr (Flinte) als Waffe, Werninck einen Prekelstock und Huchtenbroich einen Katzbalger (kurzen Degen). Wenemar ist nicht in Berge, sie finden ihn im Dorfe in Bottermannshof, wo er Morgens Branntwein getrunken hat und jetzt mit dem Pastor von Witten und Heinrich Heitmann hinter dem Biere sitzt. Der Schreiber Bonn meldet dem Brempt, dass Junker Hardenberg ihn zu sprechen wünsche. Dieser tritt mit dem Richter und Huchtenbruch ein. Brempt gibt dem Richter die Hand, sieht aber den Hardenberg höhnend an und hält ihm den Spies entgegen. Als Hardenberg ihm diesen entwindet, zieht Brempt sein Seitengewehr, Hardenberg seinen Dolch. Man rauft sich. Brempt schlägt seinen Gegner über den Kopf und drängt ihn mit dem Spiese in den Hof und in die Mistpfütze, dort wirft Huchtenbroch dem Hardenberg, da er unbewaffnet ist, seinen Katzbalger zu und dieser sitzt im Nu in der Brust des Gegners. Brempt wird als Leiche nach Berge getragen; Hardenberg und Huchtenbroch flüchten sich nach Kloster Cappenberg, wo des ersteren Onkel Prior war und später nach Kloster Steinfeld.

Justa Went, die Wittwe Wenemars, erhob Klage bei der herzoglichen Regierung und wurde vom Gerichte zu Bockum im selbigen Jahre 1585 dem Hardenberg das ganze Vermögen, vorbehaltlich dem Vater die Leibzucht, in contumaciam aberkannt. Um dieses Urtheil in Vollzug setzen zu können, bedurfte es der Mittheilung an die Person des Verurtheilten. Zu diesem Ende suchte ihn der Gerichtsbote bei allen seinen Verwandten in Witten, in Wetter, in den Häusern: Ichterlo, Bynck, Ascheberg, Romberg und holte sich zuletzt in Münster von dem Hofrichter die Erlaubniss im Kloster Cappenberg instrumentiren zu dürfen. Hier wurde endlich die Insinuation unter manchen Abentheuern bewirkt und am 17. Mai 1586 ein Register der Einkünfte von Steinhausen aufgestellt und so stand die Beschlagnahme in Aussicht. Das machte eine Appellation an das Reichskammergericht nothwendig, welches am 20. Juni 1586 ein Conpulsorium an das Gericht zu Bockum erlies, die Acten einzusenden. Hardenberg führte vor dem Reichsgerichte aus, dass er in Nothwehr gehandelt habe. Nach zehnjähriger Prozedur fand sich endlich Herzog Joh. Wilhelm von Jülich-Cleve-Berg bewogen einen Vergleich unter den Parteien zu vermitteln, der am 22. März 1596 also vollzogen wurde: (Nr. 3700 des Reichskammergerichts.)

Nachdem zwischen dem edlen vnd ernuesten Weilandt Wennemar von Brembt hern zu Witten vnd dem auch edeln vnd erenuesten Hardenbergh Stael von Holstein allerhandt jrrungen sich erhalten dadurch dieselbe dermassen im jahr weniger zahls 85 ahm 24. Mai zu Witten im dorff in vnwillen gerathen, dass auch ermelter Brempt sehliger durch gedachten Staele verwundet worden vnd daselbst alsspaldt mit thodte abgangen, in massen daher des abgestorbenen Brembts Wittibe freunde vnd verwante dasselb weilandt herrn Wilhelmen hertzogen zu Cleve, Gülich vnd Berge denuncyrt auch jr furstlich G. derselben märkischen Anwaldt beuolen wieder ermelten

Staelen mit recht zu procediren. Dahero alsolcher process bis hero vnerortert getrieben — geraume zeit von Jahren ahn vnderscheidtlichen gerichten geschwebt als hat der herr Johann Wilhelm hertzogh zu Cleve, Jülich und Berg auf vielfältig bitten und anhalten gedachtes Staels freunden vnd verwandten zu aufhebung aller processe auch wieder plantzung frieden und einigkeit den edlen vnd ernuesten Dietherichen von der Reck zu der Reck vnd Jürgen Sybergh zu fuerde resp. furstlich clevischen Rhat, Drosten zu Unna Lünen Blankenstein vnd Werden neben Dietherichen Hillersbrinck dero Rechte Doctoren vnd markischen Anwaldt nuhmehr committirt vnd beuohlen eine fridsame handlung zu nehmen vnd von wegen ihrer f. g. beizuwohnen vnd dieselb dahe moglich (jedoch ihrer f. g. an deroselben landtfurstlichen hoch vnd gerechtigkeit vnnachtheilig) treffen zu helfen gestalt dahero heut nach vielfaltiger gepflogener müheseliger handlung gemeltes Brempts nachgelassene kinder vormundere vnd verwandten in an vnd beisein deroselben Brempts dreyer sohne mit gedachten Hardenberg Staelle auch in anwesen vnd fleissiger vnderhandlung seiner freundtschaft endlich vnd vnwidderrufflich folgender massen sich verglichen, wie dann beiderseits solchs vaste vnd vnuerbruchlich zu halten bei wahren worten vnd adlelichen ehren an aydtstatt mit reiffen rhatt vnd freyen willen zugesagt vnd angelobt. 1) aufenglich soll vnd woll gedachter Staell, dass sich wegen angezogenen verlauff gegen den lieben Gott vergriffen vmb verziehung, auch was desfals ermeltes Brempts Kindern freunde vnd verwandten beleidiget vmb christliche vetterliche verziehung nachlassungh vnd absohnung bitten. 2) Demnltchst sich deren geselschafft nach moglichkeit zu enthalten. Im full aber Brempts kinderen oder freunde gemolten Staelen iu einiger geselschafft oder beisamenkunfft antreffen vnd sich darbei thun würden, soll ermelter Staell zu weichen nicht schuldig sein, sondern beiderseits sich still vnd freundtlich erzeigen vnd keiner weiterung sich anmassen noch befleissigon, auch nach geendigter geselschafft ein jeder mit den seinigen vnbefahret vnd friedsamb seines weges ziehen. 3) Zu den soll vnd wol gedachter Staell sich des kirchengangs vor seine persohn daselbst zu Witten begeben, wie gleichfals als lange er ein possessor vnd besitzer des hauses zum Steinhause ist, von selbigen hause im gericht Witten nit jagen oder zu jagen gestatten, jedoch auss vnd zurück zugh durch dass hasselholtz in das Amt Bochumb mit gekoppelten hunden ime freigelassen auch seinen nachkommen die Jagd gerechtigkeit des hauses zum Steinhaus vnbenommen. 4) Hat Stael gedachtem v. Brempt ein viertelsede Landts in den Brempter Lendereien gelegen zur befurderung des friedens erblich vnd ewiglich vbergelassen vnd soll 5) der braukessel denen von Brempt frey sein auf ihrer behausung oder im dorff zu halten, jedoch Staelsleuten wie anderen vmb ein gleichmessig kesselgelt zu brauchen vnweigerlich gefolgt werden. *) 7) Damit alle verbitterungh in grundt aufgehoben hat Staell sich vetterlich erbotten, aller gutter befürderung, freundtschafft vnd einigkeit sich zu befleissigen — auch zur ergentzung vnd recompens gemeltes Brempten vncosten schaden vnd interesse, 1500 Reichsthaler (negsten Martini 500, folgenden Ostern 1597 1000 Reichsthaler) vnd alle vnkosten zu erlagen versprochen, imgleichen in dreien oder vier jahren eine praebent zu Paderborn oder Hildesheim zu behuf gemeltes Brempts kindern vnd erben auff seine kosten ausszubringen, 8) endlich zu der ehren gottes vnd erhaltung der armen in Witten 400 Reichsthlr aus seinen Wittenschen Gütern zu verschreiben. — In Vrkhundt der Warheit ist dieser abscheidt von den abgeordneten vnd an seiten Brempts von den edel ehrnuesten hoch vnd wolgelehrten achtpare vnd erbaren Reinhardt, Lubbert vnd Wenemarn gebrüderen vnd söhnen von Brempt zu Witten, Mathias de Wendt zu Holtfelde, Gerhardt von Bodelswingh her zu Mongede, Dietherich Ouelacken zu Wischeling fürst. clev. rath Droste zu Empler, Altena vnd Iserlon, Johan von Brabeck zu Letmate, Euerwin Steueninck zum Broch, Dietherich von der Reck zu Scheppen, Henrich Pott-

---

giesser der rechten doctoren, gräflicher Bentheimischer Rhat vnd Burgermeister zum Hamme vnd Conradt Marcker Richter zu Witten, an seiten Staels von den Ehrwurdigen, edeln, eren-nesten Hardenberg Staelen von Holstein, Wonemarn von Hoite Probsten zu Cappenberg, Niclassen von Hoite, Thumherrn zu Hildesheimb, Jörgen von Hoite zum Hoffe vnd Bogge, Johan von Aschenbergh zum Ichterlohe, Drosten des Ambts Werne, Alberten von dem Busch vnd Robberten Staell von Holstein ermelten Staels bruderen, thumbherrn zu Hildesheim, Joachim Buxtorff vnd Wilhelm Mösseler, beide der rechte doctoren vnter-schrieben vnd von beiden parteien wie auch etzlichen anwesenden mit ihren angeporenen pittschaften befestigt. Geschehen zu Dortmund in Johann Dorpfers behausung am 22. Marty 1596.

Da Hardenberg die Präbende nicht zur Zeit schaffen konnte, so entstand neuer Hader, es kam zu Scheltworte. Lubbert drohte den Hardenberg zu erschiessen etc., endlich kam 1607 zu Cleve ein Vertrag zu Stande, worin Hardenberg versprach statt der Präbende 600 Thlr. in 3 Monaten zu zahlen.

Ropert vergleicht sich 1574 mit den Hobsleuten zu Dalhausen, wird 1586 5. Juli vom Werdener Abte Heinrich Duden mit Kuisengut im K. Oberwenigern behandigt [407]) und führt überall das Siegel welches Tafel X. Nr. 49 abgebildet steht. Er starb 1594 4. Mai 3 Uhr Nachmittags [408])

Seine Frau Anna von Hoete zu Hove, Tochter von Mathias von Hoete und Irmgard von Ascheberg zu Byink und Ruschenburg führte in Silber einen aufrechten, rothen Maueranker. Sie gebahr ihm:

1. Hardenberg V., der XIV. folgt.
2. Robert, Domherr, 1602 Domküster zu Hildesheim, wurde 1594 4. October vom Werdener Abte Heinrich Duden mit Dalhausen belehnt, [409]) das er aber 1608 sein Bruder Hardenburg abtrat, [410]) ebenso mit Küsen-

---

[407]) II. 208. 215. [408]) II. 258. [409]) II. 221. [410]) II. 223.

gut, dass er später (1625 18. Febr.) seinem Vetter Robert,
ältesten Sohne seines Bruders Hardenberg abgetreten hat.⁴¹¹) [411]
Er war 1596 oben bei der Sühne.

    3. Anna, Stiftsdame zu Maria in Capitol zu Cöln.

    4. Robert IV., Herr zu Herbecke, Stifter dieser Linie,
folgt unter R. XIV.

    XIV. Hardenberg V. Stael v. H., Herr zu Steinhausen
und Dalhausen, wird mit Letzterem 1594 4. Oct. vom Abte
Henrich Duden und 1608 17. Juli vom Abte Conrad belehnt. 1594 war sein Bruder, der Domherr, noch Mitbesitzer, 1608 aber hatte letzterer ihm sein Recht abgetreten.
⁴¹²) [412] 1610 war er auf der Hochzeit seines Bruders Robert II.
und 1625 18. Febr. ist er todt.⁴¹³) [413] Seine Frau Catharina Voss,
Tochter von Diedrich Voss zu Aplerbeck und
Margarethen von Hövel zu Sölde, führte in
Silber drei rothe Schrägbalken und auf dem
Helme einen naturfarbigen, wachsenden Fuchs,
in der Regel zwischen einen rothen Adlerflug. ⁴¹⁴) [414] Sie hatte in ihrem Wittwenstande
viel von Lubbert v. Brempt zu leiden, namentlich drückte
er ihre Leute, befahl diesen, seine Kühe Tag und Nacht auf
der Weide, ebenso sein Haus Berge auf eigene Kost und
mit eigenen Waffen zu bewachen, pfändete diejenigen, welche
nicht folgten und nahm ihnen, obgleich die Brüchte nur 7½
Mark sein durfte, in Kühen den zehnfachen Werth. Die
herzogliche Regierung zu Cleve befahl zwar am 26. Juni
1626 die Rückgabe der Pfänder bei 100 Goldgulden Strafe,
aber Lubbert schritt höhnend zu neuen Pfändungen und
appellirte, als die Regierung zu schärferen Maassregeln griff,
an das Reichskammergericht, welches, wie oben S. 64 erzählt
ist, ihn in Schutz nahm und die herzoglichen Mandate
cassirte.

    Catharina gebahr ihm mehrere Kinder von denen ge-
nannt werden:

---

  ⁴¹¹) [411] II. 225 ⁴¹²) [412] II. 221. 223. ⁴¹³) [413] II. 225. Nr. 259 ⁴¹⁴) [414] Fahne
v. Hövel I. 2 S. 177—179.

1. Robert III. (auch Wincmar Robert), der unten XV. folgt.

2. Anna Cunigunde, zuerst Stiftsdame zu Asbecke, h. 1632 Robert von Elberfeld [415]) dem sie Erbrechte auf Dahhausen brachte; ihr Sohn Heinrich wurde damit 1671 21. April vom Abte Ferdinand belehnt.

3. Clara Christine, Erbin zu Husen † 1660 h. Bernard von Romberg zu Massen, Droste zu Witten und Iserlohn. [416])

4. Clara h. Albert v. Huchtenbrock zu Rodeleuen. Sie wurde mit 900 Rthlr. abgefunden, was durch einen Vertrag vom 7. April 1665, im Franciskanerkloster zu Dorsten, auf Seiten der Huchtenbruck durch Albert Huchtenbrock zu Gatrop, Diedr. v. Asbeck, Johann Bungart, Bürgermeister zu Wesel und Christoph von dem Berg, und auf Seiten der Stael durch Otto Aschebrock zu Noithausen, Georg Schell zu Rechen vnd Diederich Werninck, Richter zu Wetter vereinbart wurde.

XV. Robert III. (auch Robert Wincmar oder Werner Robert) Stael v. H., Herr zu Steinhausen, Dalhausen und Martfeld wurde 18. Febr. 1625 nach Tode seines Vaters vom Abte Hugo als der älteste Sohn mit Dalhausen und Küsengut, welches letztere ihm sein Oheim, der Hildesheimer Domherr, übertragen hatte, belehnt. [417]) Am 24. Nov. 1648 empfing er beide Lehen im Beisein des Hermann Uebelgün, Richters zu Herbede und des Johann Franken, Bürgermeisters zu Werden von dem Abte Heinrich. [418]) Seine Ahnen sind Bd. II. S. 232 Nr. 300 S. 234 Nr. 308 S. 240 und 241 benannt. Er starb 20. Sept. 1665. [419])

Seine Frau Ursula Cunigunde Raitz von Frentz, Tochter von Adolph und Johanna von Ilem, Erbin zu Martfeld und Mettinghoven starb 1667. [420]) Aus ihrer Ehe gingen 8 Kinder hervor, welche 1669 14. Juli sich wegen Metting-

---

[415]) II. 242 [416]) II. 232. 233. 237 wo die Ahnen und Fahne von Hövel II. 2 Tafel XIV. [417]) II. 225 Nr. 259 und 260. [418]) W. [419]) II. 226. [420]) Ebenda.

hoven verglichen und 1687 10. Mai die olterlichen Güter theilten: [421])

1. Johann Adolph, ältester Sohn, Herr zu Steinhausen und als solcher 1669 24. April bei Märkischer Ritterschaft aufgeschworen, [422]) 14. Juli d. J. beim Vergleich, 1687 in Streit mit seinem Bruder Wolf.

Wilhelm, 1690 in Prozess mit der Wittwe Ossenbrock wegen der Jagd in der Bommer Mark, deren Herr er genannt wird. Er starb gegen 1691 kinderlos und führte zuweilen z. B. 1682 acht Ringe, wie hierneben, in seinem Pettschaft, während alle seine Brüder Kugeln haben und er selbst auch die Theilung von 1669 mit einem Wappen von 8 Kugeln und auf dem Helme die beiden Hörner mit den Kugeln besiegelte.

2. Wolfgang Friedrich, der zweite Sohn, 1669 bei der Theilung, erhält 16. Deci 1687 Martfeld und Milspe und wird 1703 als kinderlos gestorben aufgeführt. Er heirathet Anfangs 1684 (der Heirathsvertrag datirt: Cöln, 4. Febr. 1684) Maria Frowein, Tochter des Cölner Bürgers Engelbert Frowein und der Maria Magd. Schelkens [423]) und Wittwe von Heinrich Wilhelm Alhausen mit

---

[421]) Die Urkunden sind in Besitz des Freiherrn v. Elberfeld zu Martfeld, dessen Archiv auch die Urkunden für die weitere Geschichte dieser Linie enthält. [422]) II. 240. [423]) M. M. Schelkens war dreimal verheirathet, 1. mit Dr. Eskens, 2. Engelbert Frowein, Kaufmann zu Cöln, handelte mit Vitriol, worin er grosses Vermögen stecken hatte, 3. mit Gotschalk Strümp genannt Jansen. L. I. Der Heirathsakt mit letzterem datirt: Haus Martfeld 31. Aug. 1669. Sie bringt ihm von ihrem grossen Vermögen 2000 Thlr in die Ehe, er nur seine Kleider, 1 Deckbett, 2 Kissen, 1 Bettziech, 2 Stück Leinewand, 2 schlechte goldene Ringe, 1 Pettschierring, 1 Ohm Wein, 30 Reichsthlr. Geld, wogegen die Braut die Kosten seiner Promotion zum Licentiaten in Duisburg bezahlen muss. Er nahm während seiner vierzehnjährigen Praxis nur 50 Thlr. ein und starb 1684. Nach seinem

dem sie schon 1674 verheirathet war. Wolfgang Friedrich wird 1703 als todt aufgeführt, seine Frau Maria lebte noch 1707 als Wittwe zu Martfeld.

3. Ferdinand Adrian, der die Linie zu Steinhaus fortsetzte und XVI. folgt.

4. Robert, Malteser-Ordensritter, 1679 in türkischer Gefangenschaft aus der ihn sein Bruder Ferd. Adrian mit 2800 Rthlr. löst.

5. Franz Rudolph, ebenfalls Malteser-Ordensritter, zuerst Münsterscher Hauptmann zu Fuss, 1676 Capitain-Lieutenant zu Pferd im kaiserlichen Regiment Graf Spork. Er verglich sich 1672 1. August mit seinem Bruder Joh. Adolph dahin, dass er auf alle seine Rechte am elterlichen Erbe verzichtete, wogegen dieser ihn in acht Tagen 100 Thlr. um sich und einen Diener zu kleiden und zwei Pferde auszurüsten, ferner 500 Thlr. um seine Gläubiger in Malta zu befriedigen, zahlen musste. Sollte der Krieg zwischen dem Bischofe von Münster und den Generalstaaten fortgeführt werden, so darf Rudolf in den nächsten zwei Jahren nichts fordern. Hört der Krieg auf und später gebühren ihm jährlich 25 Thlr. für Kleidung, 100 Thlr. für Kost. Will Rudolph statt dessen nach Malta reisen, so soll er 100 Thlr. Reisegeld und 3 Jahr jährlich 150 Thlr. und nach der Rückkehr jährlich 100 Thlr. erhalten, bis er eine Comthurstelle erlangt.

Im Jahre 1678 erscheint Franz Rudolph beim Heinrich Cramer, Bürger zu Mülheim am Rhein im Hause zum Weinberg, lässt sich dort mehrere Tage beköstigen und borgt sich, unter dem Vorgeben dem Obersten v. Nagel zu Herl einen Besuch machen zu wollen, von dem Wirthe ein Reit-

---

Tode entstand Prozess über seinen Nachlass zwischen seiner Wittwe und seinen Erben, der zuerst von ihr und nach ihrem Tode von ihrer Tochter vor Bürgermeister und Rath von Cöln geführt, 1693 aber an das Reichskammergericht gebracht wurde. In den Acten findet sich ein Inventar über ihr Vermögen, wonach sie eine, für ihre Zeit an Gold und Silber reiche Dame war.

pferd. Da weder Reuter noch Pferd zurückkamen, liqui-
dirte Cramer 165 Thlr. a 44 Albus, welche 1678 30. Juli
Franz Rudolphs Bruder, Johann Adolph zu zahlen versprach,
dagegen sich die zurückgebliebene Kleidung herausgeben
lies. Cramer wartete vier Jahr vergebens auf Zahlung,
wendete sich an Churfürst Joh. Wilhelm zu Düsseldorf und
bat: die Ländereien beider Brüder zu Ingendorf, Amt Bercheim
mit Beschlag zu belegen, was 23. April 1683 durch Befehl
an den Amtmann Freiherrn v. Hassel zu Stommeln und den
Vogt Wilhelm Heinrich Bertram zu Bercheim verwilligt
wurde. Gerichtsbote Lummertz verkündete den Beschlag
am 14. Juni 1683, aber mit so wenig Erfolg, dass 1692,
als beide Brüder kinderlos gestorben waren, Cramer noch
unbefriedigt war und nun gegen Ferdinand Adrian Stael
v. H., Bruder und Erbe der vorigen, neuerdings Klage erheben musste, die 21. Juni 1692 angenommen wurde.

6. Johanna Catharina ist 1664 9. Sept. im Stift Bedbur
aufgeschworen. (II. S. 234.)

7. Anna Maria heirathete Conrad von Nagel zu Gaul,
sie verglich sich 1699 20. Oct. wegen ihrer Ansprüche mit
ihrem Bruder Ferd. Adrian auf 1600 Thlr. wobei ihrem
Manne noch mündlich ein Pferd von 80 Thlr. Werth versprochen wurde. Da das Geld auf sich warten liess, trat
Nagel im Frühjahr 1701 drängend auf. Die Frau des Ferd.
Adrian antworte, ihr Mann liege am Podogra schwer dar-
nieder, man habe bis dahin weder 80 noch 1600 Thlr. auf-
bringen können, hoffe aber gar bald einen Darleiher zu
finden. Dieser war aber 1704 25. Febr. noch nicht gefunden, weshalb an diesem Tage Nagel die Gerichte in Anspruch
nahm.

8. Christine Maria heirathete 1. Aug. 1662 in der goldenen Kammer des Stommeler Hofes zu Cöln auf dem Büchel
den Freiherrn Arnt von Wilich zu Crombach und nach
dessen Tode († vor 14. Juni 1699) Gerard Arnold von
Boulich, unter dessen Zustimmung sie sich 14. Febr. 1690
zu Lennep über ihre Ansprüche an das elterliche Gut dahin
mit ihrem Bruder Wolfgang Friedr. verglich, dass sie darauf

verzichtete, dagegen jährlich 65 Thlr. zugesichert erhielt, für die Letzterer ihr 1000 Thlr. baar als Capital überzählte und da diese nur 62½ Zinsen entsprachen, noch 2½ Thlr. jährliche Rente zulegte.

XVI. Ferdinand Adrian Stael von Holstein, nach dem Tode seines Bruders Johann Adolph Herr zu Steinhausen und Martfeld, erhielt durch seine Frau den Rittersitz Lövenich resp. Bosslar und wurde seinetwegen 1697 bei der cölnischen Ritterschaft aufgeschworen. Seine bei dieser Gelegenheit offengelegten Ahnen habe ich II. S. 240 (Vergl. S. 234) mitgetheilt. Er war 1646 geboren, erscheint zuerst bei dem Vergleiche vom 14. Juni 1669 und stirbt 1702 11. Juni [424]) als gichtbrüchiger Mann. Seine Frau Maria Clara

von Kesselstadt, Erbin zu Lövenich resp. Bosslar, welche in Silber einen rothen Drachen als Wappen führte, überlebte ihn und hatte als Wittwe mehrfache Prozesse zu bestehen. Einer davon, der den Gesundbrunnen zu Schwelm betrifft, verdient hier besonders Erwähnung. Im Jahre 1706 wurde dieser Brunnen an dem Rothenberge auf den Gründen des Hauses Martfeld entdeckt, der evangelische und lutherische Prediger zu Schwelm benachrichtigten sofort die fürstliche Kammer zu Cleve, behaupteten das Wasser sei Regale, baten den Brunnen zu überdachen und einen Armenstock daran aufzuhangen. Maria Clara widerstritt diesem am 4. März 1707, behauptete: Wässer seien keine Regale und erbot sich um den Brunnen Häuser zur Bequemlichkeit der Brunnengäste zu bauen, was ihr am 7. desselben Monats verwilligt wurde. Hiergegen protestirte nun die Wittwe Stael zu Martfeld, geborene Frowein, indem sie erklärte: Haus Martfeld gehöre ihr als Nutzniesserin, durch den Bau von Häusern werde ihr Nutzungsrecht geschmälert. Die clevische Regierung entschied endlich 1. Dec. 1707: es solle eine Brunnenordnung entworfen und zur Approbation ein-

---

424) II. 229.

gesendet werden, zwischen den beiden Wittwen müsse ein
Vergleich erwirkt und jedenfalls für Wohnung der Patienten
die geeignete Räumlichkeit geschafft werden. Dabei ernannte
sie Dr. Frowein zum Brunnenmeister und verpflichtete den
Rentmeister und Hofrath Johann Hermann Hymmen i. u.
Dr. zu Schwelm dafür zu sorgen, dass im nächsten Frühjahr
alles zur Aufnahme von Gästen fertig stehe. Der Wittwe
Maria Clara wurde die strenge Aufforderung, die nöthigen
Logier- und Badehäuser um den Brunnen sofort zu errichten,
widrigenfalls andern dazu das Recht eingeräumt werden
solle. Ihre Antwort bietet einigen historisch - interessanten
Stoff. Nachdem sie angeführt hat, dass der Brunnen und
was an Land darum liege, ihr Eigenthum sei, also ohne ihre
Einwilligung nicht dürfe benutzt werden, bemerkt sie weiter:
das Anstellen eines Brunnenmeisters und die Hebung der
Brunnenrevenüen sei Sache des Eigenthümers des Brunnens,
so liege der Schwalbacher Brunnen auf den Gründen der
Familie Sippel, welche seit undenklichen Zeiten die Admini-
stration und Nutzungen besitze und bereits in 16 Stämme
vererbt habe. Was aber die Erbauung von Badehäusern
um den Brunnen betreffe, so liege dafür keine Nothwendig-
keit vor; alle kalte Heilbrunnen lägen frei und entfernt von
den Wohnungen der Brunnengästen, die überall in den umliegenden Ortschaften ihr Logis suchten. So zu Schwal-
bach, Pirmont, Dahlbrunnen, Salzerbrunnen, ja der Wild-
baderbrunnen liege eine Stundeweit von der Stadt und
von jedem andern Hause ganz frei und stehe doch schon
seit 400 Jahren in einem gleich guten Rufe. Das einzige
was man an jenen Orten zum Vergnügen der Gäste thue,
bestehe darin, dass man im Frühjahr Laubhütten an passend,
entfernt liegenden Orten anlege und deren Benutzung den
Gästen gegen Zahlung einer gewissen Summe gestatte.
Nichts desto weniger sei sie bereit, bei dem Brunnen Badehäuser zu errichten, wenn der Brunnen sich bewährt habe
und es ihm nicht ergehe, wie dem neuentdeckten Brunnen
zu Hörde, der, nachdem er viel von sich reden gemacht,
plötzlich verschwunden sei.

15 *

Der Schwelmerbrunnen fand wirklich Aufnahme, er wurde nach und nach mit zweckmässigen und eleganten Häusern umgeben, mit Anlagen verziert und war noch in den letzten 20. und 30. Jahren der Zusammenfluss der Intelligenz Westphalens, namentlich sammelte sich dort der westphälische Dichterkreis.

Maria Clara gebahr ihrem Manne im Jahr 1691 einen Sohn Wolfgang Robert der XVII. folgt.

XVII. Wolfgang Robert Leopold Stael von Holstein, Herr zu Steinhausen, Martfeld und Lövenich, wurde 1722 28. Dec. bei der Märkischen Ritterschaft aufgeschworen [425]) und starb 1729 20. April, 38 Jahre alt [426]) als der letzte männliche Spross dieser Linie. Steinhausen fiel an die Herrn v. Elberfeld, die es bis vor kurzem unausgesetzt besessen haben. Martfeld kam an die Herrn von Gysenberg. Der letzte Freiherr von Gysenberg, Adolph Arnold Robert, Domherr zu Hildesheim schenkte es an J. W. H. von Hasenkamp zu Weitmar als Pathengeschenk und dieser mit seinem Sohne Adolph Carl v. H., der Premierlieutenant war, verkauften es 1745 5. Juni an Joh. Peter Hochstein zu Gemarke und dessen Frau Maria Marg. Wichelhausen für 4100 Thlr. a 80 Albus.

B. Linie zu Herbecke. [427])

XIV. Robert II., Sohn Robert I. (oben S. 221) heirathete 1610 Anna v. Ruispe zu Brüninghausen, welche ihm 7500 Reichsthaler, damals eine grosse Summe, in die Ehe brachte. Anna war zuerst mit Johann von Brabeck verheirathet gewesen und hatte diesem zwei Söhne: 1. Westhoff von B. und 2. Walter von B. geboren,

---

[425]) II. 241. [426]) II. 229. [427]) Die Geschichte dieser Linie geht aus den Acten des Reichskammergerichts, Nr. 1990, hervor. Vergl. Fahne westpf. Geschlechter 8. 73. 345.

über welche, nach Johann's Tode und Anna's Wiederver-
heirathung, der Bruder Johanns, Walter v. Brabeck, Dom-
propst zu Paderborn die Vormundschaft führte und sich als
solcher am 24. Sept. 1610 zu Cappenberg mit Robert Stael
und dessen Frau Anna wegen der Aussteuer der Letzteren
verglich. Diesen Act unterschrieb auch Hardenberg Stael
zu Steinhaus. Robert erscheint 1605 17. Dec. als von Dortmund gewählter Kriegsanführer. [428]) Er wird überall als
guter Hausvater gerühmt, kaufte mit seiner Frau 26. April
1612 von Philipp Torck zu Edinghaus und dessen Frau
Catharina geborene Cappel den Sitz Herbecke im Amte
Wetter, Kirspiel Hagen, für 5600 Rthlr., ferner den Blanken-
nagelshof für 1150 Rthr., das Alshausgut zu Eppenhaus für
400 Rthlr., Schutzlers Gut zu Delsterhoven für 130 Rthlr.
und Nettelbeckskotten für 150 Rthlr., ferner mehrere Wiesen
für 375 Rthlr., erbaute die Herbecker Mühle mit 100 Rthlr.,
schuf einen Graben um das Haus Herbecke mit 250 Rthlr.
und besass dabei viele Tausend Rthlr. Baarschaft und Hy-
pothek.

Nach dem Tode seiner Frau 1624 verglich er und
sein Sohn Robert sich mit Westhof von Brabeck zu Leth-
mate über verschiedene Ansprüche und schritt dann zur
zweiten Ehe mit Christine von Keppel, als deren Diener
Bernard Stael, geboren 1602 und erzogen zu Hildesheim,
genannt wird. [429]) Christine starb ohne Kinder, worauf Robert zu einer dritten Ehe mit Elisabeth Hülsberg, Tochter
des Pastors zu Elsey, überging. Der Ehevertrag mit ihr
datirt vom 14. März 1633. Er erklärt darin, dass er die
Heirath mit einer Unadligen eingehe, um seinen Sohn ersterer
Ehe nicht durch den Unterhalt einer Adligen zu drücken.
Es wird bestimmt, dass Elisabeth beim Todesfalle ihres
Bräutigams die 1300 Thlr., welche sie in die Ehe bringt,
zurückempfangen, ausserdem 3 Hausskühe, 2 Betten mit Zu-

[428]) Fahne Dortm. 219. [429]) Wohl zweifellos ein unehelicher Sohn
Roberts, des Domherrn zu Hildesheim. Bernard Stael lebte noch
1669 18. Oct und war damals Vogt des Stifts Elsey.

behör und die nöthigen Victualien zum Beginn ihrer eigenen Haushaltung erhalten solle. Endlich werden ihr, so lange sie Wittwe bleibt, Wohnung, 6 Malter Roggen, 3 Malter Gerste und 6 Schweine jährlich zugesichert und sollen die Kinder dieser Ehe mit 300 Thlr. ausgesteuert werden.

Robert machte 16. April 1636 in seiner Stube an der Küche zu Herdecke vor Notar Diedr. Zweyhaus sein Testament und ernannte darin Heinrich von Heese zu Ruhendahl, Joh. Becker i. u. D., Albert Geisler, Amtmann des adligen Stifts Herdicke und Hermann Hackenberg, Bürger zu Dortmund, zu Vormünder seiner beiden Kinder dritter Ehe. Er starb bald darauf und liegt zu Herbecke begraben.

Seine erste Frau Anna, welche in Blau bestreut mit goldenen Steinen zwei ins Kreuz gesetzte goldene Hakenlanzen führte, gebahr ihm einen Sohn und eine Tochter:

1. Robert III., welcher unter XV. folgt.
2. Anna, Stiftsfräulein zu Asbeck.

Mit der dritten Frau Elis. zeugte er zwei Kinder:

3. Henrich Stael v. H., welcher bald in Hagen, bald Dortmund wohnte.

4. Gertrud Agnes Stael v. H., welche sich mit dem Richter Robert Wortmann verheirathete und 1678 19. Febr. Wittwe war.

XV. Robert III., Stael v. H. zu Herbecke wurde von seinem Vater sorgfältig erzogen und zur besseren Ausbildung auf ein Jahr nach Frankreich geschickt, wo er indessen mehr Geld verausgabte, als dem Vater recht war. Er war 1633 zurück und bestätigte am 23. März 1640 vor Notar Mathias Greue und in Beisein der Zeugen Diedrich von Sieberg zu Busche und Bernhardt Stael das Testament seines Vaters; später jedoch, als es darauf ankam, die 1300 Thlr. herauszuzahlen, verweigerte er dieses, weshalb nach dem Tode seiner Stiefmutter zwischen deren Kindern und ihm Prozess entstand, der erst 1659 vor dem Justizrath zu Cleve verhandelt, dann aber 1679 an das Reichskammergericht gebracht wurde.

Robert erlebte das Urtheil erster Instanz (23. Nov. 1675) nicht. Er wird auch Herr zu Bram und Zehnthof genannt und war mit mit Sybilla Elis. Op dem Berg, Tochter von Johann und Marg. Freydag, verheirathet; sie führte in Roth eine silberne Pferdeprame und gebahr ihm zwei Kinder:

1. Emund Ferdinand, welchem der Appell gegen das Urtheil vom 23. Nov. 1675 insinuirt wurde. Es möge zur Characteristik der Formüngstlichkeiten jener Zeiten der Verlauf dieser Handlung hier erzählt werden. Notar Henrich Nothoven aus Viersen, dem die Insinuation aufgetragen war, begiebt sich Samstag den 5. alten oder 15. neuen Styls nach Brühl, wo Emund Ferdinand als Capitain-Lieutenant im Quartier lag und erfährt von der Schildwache, dass er mit den Soldaten ausgerückt ist. Notar wartet bis zur Rückkehr der Truppen, lässt sich anmelden, erhält aber durch den Corporal die Antwort: Capitain sei Morgens nach Westphalen gereisst und habe befohlen, einlaufende Briefe ihm, Corporal, zu übergeben. Notar durchschaut die Verläugnung und eilt deshalb in das Wirthshaus zum Stern, wo Stael logirte, fragt den Wirth, Simon Wachendorf, der schon instruirt, erklärt: er wisse nicht, wo Stael sei, bei Seite aber hinzufügte, es sei ihm und allen Domestiquen verboten, irgend etwas anzunehmen, worauf Notar die zu insinnirenden Stücke in der Küche auf die Kochbank legt, mit der Erklärung sie dem Capitain bei Zurückkunft zu behändigen. Emund Ferdinand scheint bald darauf kinderlos gestorben zu sein.

2. Anna Marg. Stael v. H. Sie heirathete Johann Georg von Westrem; beider Ahnen stehen II. S. 239.

S. Linie zu Berensterz und Saal.

XIII. Wie diese Linie aus den seither genannten ent-
sprungen ist, habe ich bis dahin nicht feststellen können, der
aus ihr zuerst Genannte heisst Volmar I. Staell, er war mit
einer Tochter Engelberts von der Leien (Neuhof genannt
Ley) deren Mutter Catharina v. Möllenbeck hiess, verheirathet
[430]) die ihm unter anderen die Fischerei in der Dühn in die
Ehe brachte, womit ihr Vater 1480 vom Herzoge von Berg
belehnt worden war. [431]) Nach diesem Datum und anderen
Umständen zu urtheilen, lebte er mit denjenigen Staelen
gleichzeitig, welche in diesem Werke in der XIII. Generation genannt sind, weshalb ich denn auch bei ihm diese Zahl
angenommen habe. Er war 1563 todt. Seine Frau gebahr
ihm zwei Söhne:

1. Volmar II., der die Linie fortsetzte und XIV. folgt.

2. Johann, aus dem die Linie zu Schönholthausen her-
vorging und der T. XIV. folgt. Kindlinger nennt ihn, wohl
irrig, Andreas Stael v. H.

XIV. Volmar II. (auch Weimar, Wimmar was also synonim) und bald Stael, bald Stall genannt, wurde 1563 16.
Juni nach dem Tode seines Vaters mit der Fischerei belehnt.
Aus der darüber aufgenommenen Urkunde geht hervor, dass
sein Vater die Belehnung nachzusuchen versäumt hatte und
der Herzog deshalb berechtigt gewesen wäre, das Lehn wegen
Felonie an sich zu nehmen, dass er jedoch Gnade für Rechte
hatte ergehen lassen. Volmar besiegelt diese Urkunde, worin
er Weimar genannt wird, mit dem Tafel X. Nr. 98 abgebildeten Siegel, worin er Volmar heisst. Er war 2. September

---

[430]) II. 238. Fahne Hövel I. 2. 125. Fahne Bocholz I. 2. 108.
Die Stammfolge war:

N. Neuhof, genannt Ley.

| 1. N. Neuhoff, gt. Ley, h. einen | 2. Engelbert Neuhoff gt. Ley 1480 |
| Stael von Holstein. | h. Catharina v. Möllenbeck. |

Tochter h. Volmar Stael v. Holstein.

[431]) II. 206.

1600 todt uud hinterlies von einer nicht benannten Frau drei Söhne:

1. Volmar III. der XV. folgt,
2. Andreas 1600,
3. Johann 1600. Alle drei wurden am 2. September 1600 mit der Fischerei belehnt. [432])

XV. Volmar III. Stael wird 1600 2. Sept. als der älteste Sohn mit der Fischerei belehnt. Er war kaiserlicher Rittmeister und steht 1606 an das Haus Clev auf der Sandkaul in Cöln angeschrieben. [433]) Er führt bei dieser Gelegenheit den Beinamen von Holstein, den man bei seinem Vater und Grossvater vermisst. Die Urkunde lautet:

Kundt sei, dass die Erenuest vnd achtpare Adam van Hildenn vnd Peter Ross, als volmachttige Beuelchabere des Erenuesten Bertram Isaaci dero medicinen Doctorenn vnd F. Elisabethen von Hillesberg eheleuth in macht ihrer besiegelter vnd gerichtlich authorisirter Volmacht diesem Schrein jngelacht, jetzt berurte ihrer principalen haus gnant Clene, vff der Sandtkaulen gelegen vntgen Pawels Schomechern hauss ouer, so wie dass Albani Anno etc. LXXXIX geschrieben stehett gegeben vnd erlacssen haben den Edellen vnd Erenuesten J. Volmaren von Holstein gnant Staill vnd Johannen Broich eheleute von nun vorthan mit recht zu haben zu behalten zu kheren vnd wenden in wess bandtt sie willedt behaltten dem erblichen zinss seines Rechtens datum den XXviiij. Juli Anno etc. XVIᶜVI.

Mutatum in contienti per dominos Volckwin et L. Beiwegh. Kundt sei dass der Edeller vnd Erenuester J. Volmar von Holstein gnant Staill vnd J. Johanna eheleuth ihr erbschafft in den neysten noto gegeben vnd erlaissen haben. Abraham vnd Isaac Sassraedt, gebroedere von nun vorthan mit recht zu haben vnd zu behalten zu kheren vnd zu wenden in wes bandt sie willen behalten den erblich Zins seines rechten. Datum

---

[432]) II. 221. [433]) Red. 67. S. 704. Apost scab. II. 223 steht irrig Apost nov for.

vt supra per dominos Weberet L. Beiwegh Scheffen. mutatum infra 16. May 1626. [434])

Seine Frau Johanna v. Broch, wie sie im cölner Schreine genannt wird, oder Lucia Gertrud v. Broch, wie sie Redinghoven irrig nennt, mit der er 1606 und 1616 vorkommt,

scheint aus den Broch, genannt Volckert, gestammt zu haben, ein Geschlecht, welches nebenstehendes Wappen: in Gold drei rothe Querbalken führte. Sie gebahr ihm drei Kinder:

1. Andreas Stael von Holstein der k. Oberst und 1655 mit Catharina von Horn zum Broch verheirathet war, starb 1685 kinderlos, sein Bruder und seine Schwester beerbten ihn.

2. Wilhelm Friedrich Stael v. H. war 1658 schwedischer Oberstwachtmeister.

3. Johanna Margaretha Stael v. Holstein war schon 1658 mit Balthasar Schmitt von Schmittfeld, 1665 Zweibrücker Rath und Hofmeister, 1685 churpfalz und fürstlich Landsberger Hofmeister, verheirathet. Sie erbte Berensterz. (Red. 67. S. 704 und 709.)

T. Linie zu Schönholthausen.

XIV. Johann (nach Kindlinger Andreas) Stael von Holstein, heirathete Johanna von Landsberg, deren Mutter eine Schlenderhan war [435]) starb nach 1575 und hinterliess einen Sohn, Johann II., der folgt.

[434]) 1626 erhielten das Haus die Eheleute Joh. Geilenkirchen und Wilhelmine Klee. 1742 Conrad v. Hemmerden, Fassbinder und Cath. v. Glessen, 1677 Carl Schorn Medicinae Doctor, 1678 der cölnische Hauptmann Johann Küuer und dessen Frau Anna Sophia Schorn, die es dem Rathsherrn Gerhard Stamberg überliessen. [435]) Die Quelle der hier folgenden Abstammung ist II. S. 238 N. 324. Fahne: Bocholtz

 XV. Johann II., Stael von Holstein, Herr zu Schönholthausen, heirathete Elisabeth von Schnellenberg, Tochter von Johann von Schnellenberg und Maria Schade, Erbin zu Schönholthausen, die in Gold 5 rothe Schrägbalken führte. Sie gebahr ihm vier Kinder:

1. Johann III., der XVI. folgt.

2. Johanna Maria Stael von Holstein h. Wilh. Heinrich von und zum Bruch.

3. Hermanna Marg. Sie wurde zu Arnsberg aufgeschworen und heirathet Johann Adam von Bruch zu Fredeburg, Eheberedung am 25. Oktober 1654.

4. Catharina Elisabeth Stael v. H. heirathete Adam Rütger von Hörde zu Schwarzenraben 1650—1658.

XVI. Johann III. Stael v. H. zu Schönholthausen heirathete 1626 Friederike von Breidenbach, genannt Mosbach. Beide qnittirten 1634 die Aussteuer. [485])

 Er starb gegen 1648 nachdem er mit seiner Frau, welche in Silber eine schwarze Bärentatze führte, eine Tochter erzeugt hatte, die 1664 an Bartholomäus von Landsberg verheirathet wurde (II. 225) und ihm eine Tochter Christine von Landsberg gebahr. Letztere starb als Nonne zu Sarn und hatte folgende Ahnen auf ihren Grabstein:

Landsberg. Weynant. Stael v. Holstein. Breidenbach, gt. Mosbach.

Landsberg. Stael von Holstein.

Christine von Landsberg (II. 225. 257.)

Die Breidenbach, genannt Mosbach, führten ihren ersten Namen von dem Sitze Breidenbach bei Lindlar im vormaligen Herzogthum Berg.

Lodtmann, Acta Osnabrugensia, Band 2, zählt unter

I. 2 S. 108 Nr. 9 n. J. 1 S. 107. Fahne, Hövel, I. 2. S. 125. Vergl. oben S. 34—36. [486]) II. 225.

den Staelschen Ahnentafeln, die in den Osnabrücker Archiven seiner Zeit aufbewahrt wurden, auch eine auf, gemäss der ein Stael zu Schönholthausen in Osnabrück aufgeschworen worden ist. Das jetzige Staats-Archiv daselbst verwahrt diese Ahnentafeln nicht mehr; sie sollen der Osnabrücker Ritterschaft übergeben sein, über deren Archiv aber ein unerfreuliches Dunkel ruht, welches die Staatsverwaltung hoffentlich bald beseitigen wird.

U. Linie zu Cliff.

Mit den beiden vorigen Linien scheint die zu Cliff in Verbindung zu stehen. Ich finde davon:

1470 ist Wilhelm Stael von Holstein mit der Wittwe des Conrad von Overhus genannt Lebbinck zu Cliff verheirathet. (Vergleiche Fahne Cöln. Gesch. II. 143.)

N. Stael von Holstein zu Cliff heirathet N. von Herrinck.

1. Lutgard Stael v. Holstein, Erbin zu Cliff h. Volmar von Neuhof, der 1525 belehnt wird.	2. Maria h. Johann von Neuhoff genannt Ley (Fahne v. Hövel I. 2. S. 125.

Zu dieser Linie gehört auch die Ahnentafel, welche ich Bd. II. S. 237 Nr. 320 habe abdrucken lassen. Darnach scheint Wilhelms Mutter eine von Libingen gewesen zu sein und er, Wilhelm selbst mit der Overhus noch einen zweiten Sohn gehabt zu haben, der mit einer Merode zu Flichsteden verheirathet war und mit ihr Kinder erzeugte.

Ferner scheint zu dieser Linie folgende Generation zu gehören, welche ich in einem Kindlingerschen Manuscripte fand:

N. von Overhus heirathete eine von Dücker.

N. Tochter von Overhus obiger Ehe heirathete einen Herrn Stael von Holstein.

V. Linie zu Loburg

Auch den Anschluss dieser Linie an den Hauptstamm festzustellen ist mir bis jetzt nicht gelungen. Ihre Fortpflanzung, wie sie durch die Urkunden im zweiten Bande dieses Werkes erwiesen wird, ist in aller Kürze folgende:

IX. N Stael (Kindlinger M. 168) h. eine von Ketteler.

X. 1. Rötger Stael 1469. (II. 126 Kindl. N. 168) 1475 (II. 128.) 1493 (II. 144. 146.) 1502 Knappe (II. 157.) h. Neyse (Agnes) 1469 1475 (II. 128) Sie ist aus dem Geschlechte der Schado vom Ihorst. (II. 146.)	2. Johann Stael 1460 – 1502 Domherr zu Münster und Osnabrück (II. 118. 126. 157.) 3. Diedrich Stael 1469–1502 Domherr zu Münster (II. 126 157.)
XI. 1. Carl Stael 1493 mit seinen Eltern (II. 144. 146.) h. Cunigunde 1494 (II. 146) 1500. 1503 (II. 157. 159.)	2. Wilbrand Stael, Domherr zu Münster 1500 (II. 157. 170. 254.) 3. Anna h. Johann Corf, gt. Schmising (II. 254 Nr. 375. 376. 394. 395.) 1506 (Fahne von Hövel Tafel III.

XII. Anna Stael, Erbin zu Loburg 1553 Wittwe h. 1517 Heinrich von Münster zu Boslar (Fahne Bocholtz I. 2 Tafel XI.

Es ist hier zu bemerken, dass die Aufschwörungstafel II. S. 238 Nr: 325 ganz irrig gestellt ist, sie muss lauten:

Schmising, Stael. gt. Korff.	Hoberg.	Spiegel.	Fürsten-berg.	Pletten-berg.	West-phal.	Hörde.
Schmising, gt. Korff.	Hoberg		Fürstenberg.		Westphal.	
Schmising, gt. Kvrff.			Fürstenberg.			

Agatha Sch., gt. Korff h. Caspar Wrede.

Diese Ahnentafel höher hinauf ergänzt stellt sich also dar:

Hermann Corf, gt. Schmising zu Harkotten 1418 minorenn.	Nesa von Beveren.	Rütger Stael v. Holstein.	Nesa Schade zu Ihorst.
Johann Corf, genannt Schmising		Anna Stael v. II. zu Loburg.	

Heinrich Corf, gt. S., h. Elseke von Hoberg, Erbin zu Tatenhausen.

Zu dieser Linie werden auch folgende Personen gehören:

1. Die Münsterschen: Domherrn Diedrich und Carl
Stael, welche 1466, Sonntag nach Valentin in Uebereinstimmung mit den übrigen Capitelsherrn den Vergleich geneh-
migen, den Henrich von Moers, als Bischof von Münster, mit
den Burgmännern zu Vechte geschlossen hat. Die Urkunde
steht bei (Lodtmann) Acta osnabrugensia I. S. 221.

2. Die Ehefrau des Tecklenburger Edelmanns von Horn
(mit den ins Kreuz gesetzten Hörnern) von der die Ahnentafel des Epitaphs II. S. 254 Nr. 373 spricht: die sich also
auflösst:

Rudolf von Holl 1514—1540	Gertrud von Münch- hausen zu Hadden- hausen.	N. von Horn in der Grafschaft Tecklen- burg.	N. von Stael.

Georg von Holten, geb. 1514,   Gertrud von Horn, † 1575.
† 3. März 1576.

Rudolf von Holte † 1560.

W. Linie zu Lüttich.

Eine andere, ebenfalls dem Anschlusse
nach noch nicht nachweisbare Linie findet
sich in den Geschichtsbüchern des Bisthums
Lüttich vor. Sie führte, zur Unterscheidung
von den übrigen Linien, einen Herzschild mit
drei goldenen Balken in Schwarz und bei
einigen von ihnen ist noch ein Kopfstück auf-
gesetzt mit einem goldenen Greife. Glieder von ihr kommen
insbesondere in einer Ahnentafel der Herrn von Malaise vor,
welche also lautet:

Henry	Marg.	Godefroi	Maria	Martin	Aleid	Pierre	Catharina
de	de	Masset.	de	de	de	d'>	Jamar.
Malaise.	Fechier.		Royer.	Stael.	Fresart.	Neufcourt.	

Jacque de Ma-   Maria Masset.   Jean de Stael.   Adrienne de
laise.   Neufcourt.

Charles de Malaise.   Ailis de Stael.

Helene de Malaise 1690.

Diese Malaise waren bei und in Huy an der Maars ansässig und führten in Silber drei (2. 1.) rothe Aermel.

Ihre Abstammung beginnt also:

Arnold de la Malaise, Knappe, Herr zu Lavoir, Scheffen zu Huy 1390—1414 h. Aleid Polard, Tochter von Heinrich Polard, Scheffen zu Huy 1396.

1. Henrich de la M.	2. Maria.	4. Heinrich der Jüngere,
Ritter, Scheffen zu	3. Hubin de la M.	Bastart, hinterliess einen
Lüttich, Herr zu La-	Bastart h. Catha-	Sohn.
voir und Chantreine	rina Montroyal.	5. Aleid, Bastart, h. Hein-
1438—43 h. Machaut.		rich de Fumale.

Heinrich de la M. Ritter,   Hier folgt eine zahlreiche Nachkommenschaft
Herr zu Lavoir und   in sechs Generationen, meist ns Scheffen zu
Chantreine h. Johanna   Lüttich.
v. Dongelberg, Erbin zu
Dongelberg, Tochter von
Johann von Brabant,
Herrn zu Dongelberg,
Serain le Chareau, Bom-
melette etc.

Johann de la M., Herr zu Dongelberg, Lavoir, Chantreine. Seine Nachkommen nannten sich Malaise de Dongelberg.

Obiger Martin Stael war Scheffen zu Lüttich. Er testirte 1629 6. August zugleich mit seiner Frau Aleid de Fressart und vermachte seinen Töchtern, welche Nonnen waren, jeder 12 Gulden. Ausserdem finde ich: Margaretha Stael, welche

1639 11. Dec. dem Bürgermeister Peter Ferdinand von Hamulton zu Huy heirathete. 1671 24. Januar machte Johann Stael, Novize zu Floreffe, in der Absicht in den Orden zu treten, sein Testament. Er setzte seine Schwester Alis, Ehefrau des Charles de la Malaise zu seiner Haupterbin ein, vermachte seinem Bruder Ernst, Benedictiner-Mönch zu St. Jacque in Lüttich 100 Gulden, seiner Schwester Catharina Nonne zu St. Andreas in Mastricht 50 Gulden und verschiedenen Kirchen Lüttichs kleinere Geldsummen. Er scheint der Letzte dieser Linie gewesen zu sein.

Die Abstammung ist also:

Martin de Stael h. Aleid de Frosart, beide machen 6. August 1629 ihr Testament.

1. Johann de Stael h. N. N.	2. Marg. de Stael h. 1639 11. Dec Peter Ferdinand Hamulton, Bürgermeister zu Huy. 3—5 Nonnen.

1. Alice de Stael h. Carl de la Malaise zu Lüttich.	2. Johann de Stael tritt in das Kloster zu Floreffe Präm.-Abtei an der Sambre (Saba setzt aber vorher seine Schwester Alice zu seiner Erbin 24. Januar 1671.

3. Ernst, Benedictiner-Mönch zu Lüttich.

4. Catharina, Nonne zu St. Andreas in Mastricht.

Anderweitige Nachrichten findet man in den Manuscripten der vormaligen Herolde des Fürstenthum's Lüttich, J. G. und J. H. Le Fort, welche im 17. und 18. Jahrhundert thätig waren. Ihr, viele hundert Bände und Convolute umfassender Nachlass, enthält auch Stammtafeln der Stalle (seit 1312) und der Steel.

X. Linie zu Suthausen.

Suthausen, jetzt zwei herrschaftliche, unmittelbar neben-einander liegende Sitze an der Düthe, eine Stunde westlich von Osnabrück, mit schönen Waldungen, Wiesen, Mühlen, einer Capelle im Hofe, war allodial bis auf das Wohnhaus, welches von der Abtei Iburg zu Lehn ging [437]) und gehörte in aller ältester Zeit der Familie von Varendorp. Ritter Eberhard von Varendorf erbaute 1280 die dortige Burg [438]) und benutzte sie 1298, um von dort aus dem Grafen von Dale und dem Edelherrn Giselbert von Bronchorst, welche in der Stadt Osnabrück eingekehrt waren, nachzustellen. Beide erboten sich, bei der Stadt Recht zu nehmen, wodurch diese verpflichtet wurde, ihnen Schutz zu gewähren. Sie belagerte die Burg, wogegen Everhard zu ihrer Vertheidi-gung den Ritter Bernhard von Davernberg und einige Ge-sellen des Grafen von der Mark herbeiholte. [439]) Im Jahre 1333 wurde die Capelle zu Suthausen fundirt [440]), dann besass ein zweiter Eberhard v. V. die Burg und zugleich ein Burglehn zu Iburg, die Burg Nortorp daselbst, die Gogerichte zu Iburg und Dissen, den Zehnten zu Glandorf, einen Raterdshof zu Bennigen, Kr. Hagen u. s. w., von denen er das Dissener Gogericht 1363 an Ravensberg ver-kaufte. Er starb vor 1404 mit Hinterlassung zweier Söhne: 1. Amelung, Ritter, der den Stamm fortsetzte und 1404 vom Bischofe von Osnabrück belehnt wurde und 2. Johann, der Geistlich, Propst von St. Johann und Domsenior in Osna-brück wurde, endlich 3. einer Tochter, welche die Erbrechte an Wilhelm Stael brachte. Die beiden Brüder theilten 1407, [441]) Johann erhielt das Gogericht zu Iburg, die Burg Nortorp und einige Renten, alles übrige fiel an Amelung. Bei dem Acte erscheinen die Knappen Bernard und Ame-lung von Varendorp, Söhne Godekens und wahrscheinlich

---

[437]) Taube: Vertheidigung der Ober- und Untergerichte der Burg Wulften, 2 Bände fol. 1766 Wien bei Kurtzboden S. 485. [438]) C. Stüve Geschichte des Hochstifts Osnabrück. Osnabr. 1858 8vo. S. 125. [439]) Ebend. S. 149. [440]) Eb. S. 179. [441]) Taube.

Vetter der ersteren. Propst Johann wohnte zu Suthausen und unternahm von dort viele Fehde und Raubzüge, wie sie in jenen Zeiten selbst bei der Geistlichkeit im Schwunge waren. So zog er 1428 raubend und brandschatzend gegen die Stadt Herford, wurde aber mit seinen 60 Helfern gefangen; 1437 stellte er sich an die Spitze der Bischofswahl, was zu einer Fehde führte, gerieth dann mit der Stadt Osnabrück wegen des Müllers zu Belm in Fehde, in Folge dessen es zu den grössten Greuelthaten kam. So schlug er, obgleich Propst und Domsenior, mit seinem Anhange und seinen Dienern am Aschermittwoch 1440, wo jeder residirende Domherr im Chor erscheinen musste, seine Mitchorherrn, aber angeblich seine Feinde, den Domdechanten Hugo von Schagen und andere Domherrn mit blutenden Wunden in der Kirche selbst zu Boden und warf die Domherrn Giesecke v. Wulften, Hardecke Wedessche, Hermann von Münster in Fesseln, während die übrigen Domherren durch die Fenster entsprangen; dagegen wurde seine Burg Suthausen erstürmt, alles Vieh sowohl dort, als in den Propstei-Gebäuden geraubt. [442] Propst Johann starb anfangs 1442, [443] sein Antheil an Suthausen fiel mit Nortorp und anderen Gütern auf Wilhelm Stael, während Amelung v. Varendorf die andere Hälfte von Suthausen erhielt, die er auf seine Descendenz vererbte, bis sie verarmte und an die Korf verkaufen musste, wie unten erzählt werden soll.

Die Staelsche Linie zu Suthausen führt ebenfalls nur einen einfachen silbernen Schild mit den 8 rothen Kugeln, was im Allgemeinen die Zusammengehörigkeit mit den Stael von Holstein genugsam angedeutet, um aber, wie es nöthig ist, den Anschluss von Person zu Person nachweisen zu können, fehlen bisherau die Quellen. Wohl deutet der Umstand, dass niemand aus der Suthauser Linie den Beinamen „von Holstein" geführt hat, darauf hin, dass die Abzweigung in der allerfrühesten Zeit stattgefunden hat, auch unterstützt dieses der wiederkehrende Vorname Diedrich

442) Stüve S. 343—49. 443) Eb. S. 374.

(Theoderich) vermischt mit Wilhelm; allein einen speciellen Anhalt bietet nur das Denkmal, welches dem Domherrn von Horne im Dome zu Minden gesetzt worden ist. Es hing vor etwa 30 Jahren noch an einem der Pfeiler des Mittelschiffes, ist aber jetzt, wie ich mich vor Kurzem überzeugt habe, als ich seiner Inschrift wegen hingereist war, verschwunden; ich kann nur noch die Band II. S. 254 verzeichneten Quartiere davon beibringen. Diese sind:

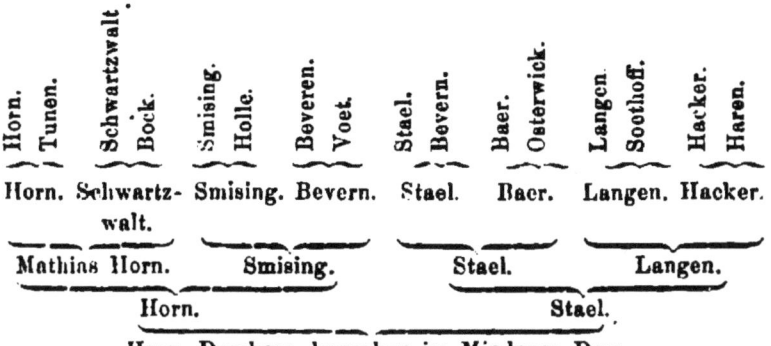

Horn, Domherr, begraben im Mindener Dom.

Diese Ahnentafel wird durch anderweitige Urkunden und Nachrichten unterstützt, namentlich durch Urkunden in der kindlingerschen Sammlung, und durch die Stammfolge in der Familie Corf genannt Smising [444]) und Holle. Aus beiden Letzteren geht hervor, dass Johann Corf genannt Smising, der mit Helene von Holle verheirathet war, schon 1414, deren Sohn Hermann, verheirathet mit Nese von Bevern, aber erst gegen 1496 starb, dass Gertrude Corf genannt Smising, die Tochter Hermanns und Nesen, schon 1465 die Ehefrau des Mathias von Horne geworden war und dass demgemäss deren Sohn, der die Staelsche Tochter geheirathet hat, zwischen 1460 — 1470 geboren und zwischen 1490--1500 in den Ehestand getreten sein wird. Hiernach muss sich die nebenlaufende Staelsche Abstammung so aufbauen, dass der Urgrossvater der, an Matthias von Holle

---

[444]) Fahne Gesch. der Herrn v. Hövel Bd. I. Abth. 2. Taf. III.

verheiratheten Staelschen Tochter mit seiner Frau, aus dem Geschlechte der Bevern, 1390—1410 gelebt hat, also in die Generatio IX. der, diesem Werke zu Grunde liegenden Stammtafel füllt. Dieser Urgrossvater und zugleich erste, nachweisbare Stammhalter dieser Linie hiess aber Diedrich, (Theoderich) ein Name, der an die ältesten Stammhalter des ganzen Geschlechts Stael erinnert und auch, nach bestehendem Gebrauch jener Zeiten bei Anwendung und Vererbung der Vornamen, auf eine Abstammung von ihnen schliessen lässt.

IX. Diedrich (Theoderich) Stael erscheint 1410 als Erbe seines Schwiegervaters, Johann von Beveren und Besitzer dessen Lehngüter, so berichtet der Archivar Ketteler in seinen Glossen zu dem Lehnsbuche des münsterschen Bischofs Florenz von Weuelinghoven (1364—1379). Nach diesem Lehnbuche bestanden aber die Güter, welche Johann von Beveren von dem Bisthum Münster zu Lehn trug, in dem Lohofe, dem darauf erbauten Schlosse zu Ostbeveren, mehreren Mansen zu Westbeveren, dem Holzgerichte in der Mark von Westbevern und in dem Burgericht zu Linelo [445]. Da Ketteler nicht angegeben hat, in welchen dieser Lehne Diedrich Stael gefolgt ist, so bleibt demjenigen, der die Geschichte dieser Staelschen Linie specieller kennen lernen will, sowohl in diesen, als in vielen anderen gleich zu erwähnenden Punkten, noch ein reiches Feld für Forschungen übrig; ich will hier nur bemerken, dass 1434 Conrad Stael mit einem Erbe zu Westbeveren belehnt wurde. [446]

---

[445] Johannes de Beveren tenet curtem dictam Lohof, super quam curtem constructum est castrum suum in Ostbeveren, item plures mansos in par. Westbeveren, judicum dictum Holtgericht in marca to Westbeveren et judicium dictum Burgerichte in Linelo. (Lintelo?) [446] Stift münst Lehnbuch

Diedrichs Frau, Cunigunde von Beveren (auch ihr Vorname ist durch Ketteler bekannt) war aus demjenigen· Geschlechte der Beveren, welches im Münsterschen zu Ost- und Westbeveren seine Burgen hatte und zwei eckiggeschobene Querbalken im Wappen führte.[447]) Sie zeugte ihm einen Sohn, Wilhelm I., der X. folgt.

X. Wilhelm I. erscheint 1437 als nahe befreundet und verwandt mit den Varendorp, so in der Sache des Müllers zu Belm, von dem oben die Rede gewesen ist. Dieser war während seines Streites mit dem Propst Johann v. Varendorp in dessen Burg Suthausen eingedrungen und von diesem, weil er gegen ihn aller Art Schimpf- und Läster-Worte ausgestossen hatte, gefangen und eingekerkert worden. Da sich der Müller der Stadt Osnabrück unterworfen und erboten hatte, dem Urtheilsspruche des dortigen Raths zu gehorchen, so nahm sie·sich seiner Sache an, wogegen der Propst vor Bischof, Capitel, Mannschaft und Stadt Recht zu holen versprach. Der Müller war gegen Bürgschaft, sich wegen der Lästerung vor Gericht zu stellen, von Johann entlassen worden. Hiermit war die Sache nicht erledigt. Diener des Propstes wurden bei Osnabrück eingefangen und Osnabrücker Bürger

---

[447]) Nach Ketteler's Bemerkung wohnte Johann von Beveren zu Havixbeck, Kumann meint, dass eine Inschrift des Hauses Havixbeck und eine Epitaphium hinter dem Chore der Pfarrkirche zu Havixbeck damit übereinstimme. Johann v. B , der Vater Cunigundens, scheint also ein Spross von Johann von Bevern und dessen Frau Cunigunde gewesen zu sein, die 1328 zu Havixbeck wohnten (siehe Fahne westph. Geschlechter S. 45 –47, wo au.h die ferneren Nachrichten über dieses Geschlecht). Mit Johann starb also die Linie der Beveren zu Havixbeck aus; eine andere Linie der Beveren zu Nienberg, die bei Fahne nicht vorkommt, ist

N. von Beveren (auch Bever).

1. N. v. B   2. Herman von Beveren.

1. Everd v. Beveren.   2. Schotto v. B. zu Nienborg.

beraubten einen, unter dem Propste stehenden Hof zu
Schledehausen. Der Propst berechnete den Schimpf zu 3000
Gulden, indessen seine Knechte wurden verurtheilt, dem
Müller für die erlittene Haft Wandel und Busse zu thun,
während der Propst in seiner Vertheidigungsschrift meinte,
wegen des Müllers zu antworten nicht schuldig zu sein,
weil derselbe ausserhalb der Landwehr und der offenen
Strasse in seinem väterlichen Gute wegen seine „Verhalinge"
geschlagen sei. Es sei aber Gewohnheit der Stadt, wer
einen ausserhalb der Stadt erschlage, der verschlage der
Stadt nicht. Indessen wolle er den Wilhelm Stael, den
Kirchherrn zu Suthausen Herrn Johann Ameling und den
Ehrwürdigen Herrn Erich von Hoya (Bischof) als Obmann
für seine Richter anerkennen und sich ihrem Urtheile fügen.
Datum 20. Dec. 1437. [448])

Einige Jahre später, nach dem Tode des Propstes
Johann und seines Bruders Amelung, empfing unser Wil-
helm die von beiden hinterlassenen Lehngüter des Stifts
Osnabrück, so wie sie solche von ihrem Vater, dem Ritter
Everhard von Varendorp, geerbt hätten, das Lehnbuch des
Bischofs Heinrich beschreibt dies 1442 mit folgenden Worten:

Wy Wilhelm Stael heuet entfangen eyn borchlen to Jborch
vnd den groten zegeden to Glandorppe vnd vort alle andere
gude de he van heren Johanne van Varendorppe prouest
to suute Johanne vnd seligen Amelinge van Varendorppe des
vorss. Johans broder heuet, da in er selige vader her Everd
van Varendorppe Ritter geeruet hadde vn van den stichte to
osn (abrugge) to lene ghaen. Jtem steet mede in der cedelen off
der lengude mer weren de em vnwitlich weren des mynen
heren syner rechticheit vn Wilheme vorss des synes vuuerlustich.

Zu diesen Lehnen gehörte auch die Burg Nortorpe bei
Iburg.

Im Jahre 1456 wird Wilhelm abermals und zwar vom

<hr />

[448]) Urkunde im Stadtarchiv zu Osnabrück, vergl. Stüve l. c.
S. 345.

Bischof Conrad mit obigen und vielen anderen Varendorper Lehnen belehnt, unter anderen mit dem Gogerichte zu Iburg, welches er 1450 for. secunda a fest. pent. dem Domstifte zu Osnabrück für 220 Gulden verkaufte, [449]) resp. 1457 6. Juli gegen andere Güter vertauschte; [450]) unter den Zeugen erscheint auch ein Johann Stael, Domherr zu Osnabrück, wohl Wilhelms Bruder.

Wilhelm hatte sich in die wildesten aller damaligen Faustrechtshändel, die Fehde der Grafen von Hoya und Diepholtz über die Münstersche resp. Osnabrücker Bischofswahl eingelassen, welche durch die, für ihre Zeit grosse Schlacht bei Varlar (1454 18. Juli), worin 116 münstersche Bürger und 60 Ritter, darunter der Ritter Lutter Stael [451]) fielen, zwar gebrochen, aber nicht beendigt ward. Er war dadurch in Schulden gerathen und musste zu deren Deckung 1457 dem Wollenamte zu Osnabrück seine alte Burg zu Gretesch mit der Mühle daselbst verkaufen. [452])

Wilhelms I. Frau war aus dem Geschlechte der Baer, mit dem schwarzen Bären in Silber; ihre Mutter war aus dem Geschlechte der Osterwick. [453]) Sie gebar ihm drei Söhne:

1. Diedrich II., der XI. folgt.

2. Johann war schon 1452 Domherr und 1473 — 91 Domdechant zu Osnabrück, erscheint 1452 mit seinem Vater und 1488 mit seinen Brüdern in Urkunden.

3. Wilhelm, 1488 Domherr zu Münster.

XI. Diedrich II. Stael war Herr zu Suthausen, welches wahrscheinlich schon sein Vater Wilhelm I., vielleicht in

---

[449]) Wie Taube Beilage S. 213 hat. [450]) feria 2da. p. pent wie Stüve l. c S. 398. berichtet. [451]) Ficker Münsterische Chroniken. Münster 1851 8vo. I. S. 352. [452]) Stüve l. c. S. 394. Das sehr alte Gredesch liegt im Kirchsp. Belm, nahe bei Osnabrück; auf dem Felde daselbst findet man zwei Hünengräber, eins aus fünf, das andere aus sechs grossen Steinen bestehend. [453]) II. S 254 Nr. 373 und S. 243 Nr. 332.

Folge einer zweiten Ehe mit der oben erwähnten Schwester
des Johann und Amelung v. Varendorp, besessen hatte;
das darneben westlich gelegene Suthausen war zu seiner
Zeit in den Händen des Amelung v. Varendorp, mit dem
er in offenem Streite lebte. Die Sache war schon 1502 vor
die Vehme gebracht und 1506 durch Bischof, Capitel, Ritterschaft und Stadt bei 500 Gulden Strafe für den Friedens-
brecher geschlichtet worden, wurde aber durch Schläge und
Wunden, die Amelung und seine Leute, wie es hiess unter
Mitwissen Diedrichs, erhalten hatte, neu angefacht und 1507
Sonntag Reminiscere durch Bischof und Landschaft dahin
entschieden, dass Diedrich sich durch Eid wegen der Schuld
reinigen und jede Partei ihre Leute entlassen solle. [454])

Diedrich besass auch die Mühle zu Atter, ein kleines
exemptes Gut in der gleichnamigen Bauerschaft bei Osnabrück, welche er an Bernd Gruber, Kämmerer der Stadt
Osnabrück für 310 Goldg. verkaufte, wozu sein Vater Wilhelm und sein Bruder, der Domdechant Johann, endlich
auch 1488 auf St. Laurenz sein Bruder Wilhelm, Domherr
zu Münster die Erlaubniss ertheilten. [455])

Im Jahre 1510 wurde Diedrich vom Bischofe Erich II.
von Osnabrück mit dem Zehnten zu Balkensleden und dem
Bischofshofe zu Neuenkirchen belehnt, beide einst auch von
den Varendorp besessen. Im Jahre 1515 gab er seinem ältesten
Sohne Wilhelm das Gut Suthausen und bewirkte dessen Heirath
mit Walburga, der Tochter des mächtigen Lambert von Oer zu
Kakesbeck. Zu diesem Zwecke kamen Sonntag, 2. Septbr.
1515, auf Seiten des Bräutigams der Vater Diedrich Stael,
Herr zu Suthaus, Wilhelm, der Bräutigam und Sohn, Johann
Stael, Propst zu Claholt, Wilbrand Stael, Scholaster, Wilhelm

---

[454]) Stüve 8. 456, Taube 1. c. [455]) Das Gut kam durch Grubes
Tochter an die bürgerliche Familie Hetlage und gab 1550 zu einer
erbitterten Fehde mit den Grothaus zu Kronenberg und Syck Anlass,
die noch 1590 und 91 dem Lande grosses Unheil brachte. Mittheilung
des Dr. C. Stüve.

Stael und Florian von Langen, beide münstersche Domherrn, Gerard der Sasse und Henrich von Langen zu Stockum, — auf Seiten der Braut aber, deren Vater, Diedrich Schade, Domdechant zu Münster, Gerd von Beuerförde, Alexander Droste, Caspar Corf, Bernd von Westerholt, Rütger von Westrem und Euert von Merfeld zusammen und bestimmten die Mitgift der Braut auf 1000 Goldgulden, von denen 600 am 29. Sept. 1516 als dem Tage, wo die Eltern die Braut in Suthausen dem Bräutigam überliefern sollten, aufgezählt werden mussten. Der Bräutigam bringt Suthausen in die Ehe. Die Braut soll mit Kleidern und Kleinodien untadelhaft geschmückt überliefert und ein Jahr nach vollzogener Ehe beleibzüchtigt werden. Der Vater des Bräutigams verpflichtet sich, nicht mehr zu heirathen. Die Geschwister des Bräutigams müssen auf die Erbgüter verzichten. Für den Fall des Absterbens der Braut oder des Bräutigams wird ähnlich verfügt, wie oben S. 189. Die Urkunde lautet:

In den namen des vaters des sonnes vnnd des hilighen geystes Amen. kundich sy allen luden dat op dach data dusses breues dorch freunde beyder parthie hyr na beschreuen Is eyn hillich vnnd Ehtschop verramet bededyngt vnnd gheslottenn na szedeu vnnd wonte der hilligheu kerken Tusscheu dem Erbaren vnnd vesten Wilhelm Stail Didericke sonne eyns, vnd der Erbare Walburch van Oer Lambertz vnde Johanna van Oer eelicke dochter anderdeyls jn mathen formen maner vnd wyse hyr na beschreuen. (1.) Int erste heft Wilhelm Stail vorgt. de genompten Walburch van Oer tor hilligen ee genomen vnd sick to eyner eelicken huesfrouwen na szeden vnde wonte der hilligen kerken geuen laten vnde (2.) Lambert van Oer vnde Johanna sollen Walburch vor eynen bructschatto mede geuen dusent gude enckede vulwechtige gulden Rynsche gulden der se sesshundert reyde ouerleueren vnde betalen sollen wanner se Walburch ere dochter Wilhelm Stail vors. tho Suthusen heyme brenget welck gescheyn sall op sunte Michaell nu nest komen oever eyn yaer verteyn dage vor offt na onbefangen vnd de nastendigen veyrhundert gulden sollen Lambert

vnde Johann vorgt. en geuen vnd guetlicken betalen bynnen
veyr yaren na der heym brengynge als nemptlick op Sunte
Michaell vyffsteynhundert vnd achteyn twehundert vnd de anderen
twehundert op S. Michaell vyteinhundert vnud twentich veirteyn
dage vor off na un befencklyck vnnd hyr mede sall Walburg
vorgt. von alle eren vaderliken vnnd moderliken Erue vnd
gude vertyen vnd vertegen syn, dat en weren saike se god vnd
de hillighe kercke war mede beeruede. (3.) dan Lambert
vnd Johanna vorss. sollen Walburch beeleden vnd klennoden
geborlicker wyse onbestreflich. (4.) Ock ys bededingt were sake
dat Wilhelm Stail vorgerort na den wyllen godz affliuich worde
vor Walburge sunder nabliuende leuendige eder dregenn gebort so
sollen Wilhelm Eruen Walburge vorgt. vor eyne wedderkair
geuen — — sesteynhundert enckede goldene Rynsche guldeuen
vnd dar to ere gerade klennode vnd frouwelicke gerechticheit
na szeden vnd wonten dusses landes dan Walburch sall so lange
in dem semptlicken gute to Suthusen sytten blynen byd er sodans
vernoget vnd betaelt ys. (5.) Verstorue ock Walburch er Wilhelm
sunder leuendige lynes gebort dat doch gode almechtich to beyden syden guetlicken schicke vnd verhode Alsdan sall Wylhelm Wal-
burges rechten Eruent bynnen yars tor rechter wedderkair geuen
vyfhundert golden Rynsche gulden myt eren frouweliken klennoden vnd geraidt. (6.) ock ys bededingt dat Wylhelm Stail
Walburge syne huesfrouwe bynnen yars dar na wanner se em
to heymo gekomen is sall betuchtighen na szeden, gewonte vnnd
Lantrechte des stichtes osenbrugge. (7.) Vorder ys bekallet wert
sako dat Wilhelm Staill verstorue vor syner husfrouwen vnd
lyues Eruent van en beyden geboren na leyte So sall Walburch
in demo semptlicken gude sittene blynen, so lange se sick nicht
bemammnet oder verandirsatet vnd erer kynder vormunder syn
vnnd den frunden to beyden syden dar van des yars Reckcn-
schopp doen. (8.) Dan so sick Walburch wedder vmbe wolde
bemannen vnnd veranderen mach se doen op ere tucht morgen-
gove gerade vnd frouweliche gerechticheit vnd nicht forder.
(9.) Ock ys bekallet dat Dyderick Stail Wilhelms Vader sick
nicht sall wedder behilliken vnd syne anderen kynder sollen
vortichnisse doen vnd vertegen syn vnnd blyuen op ere vader-

lyke vnd moderlicke semptlyke guedt heth en were sake se godt
vnd de hillige kercke van syduäll war mede beeruede week (sic)
so diderick gelouet heft vnd sall sodans myt warborgen versege-
len vnd verbreuen so velo als nodich. (10.) Vorder ys noch
bededingt dat Diderick staell sall op dem huse to Suthusen myt
syner wonstadt blynen vnnd de kost versorgen vnnd dat huyss
vorstaen vnnd Wylhelm synen sonne vnd Walburch syner huys-
frouwen eynen temptlicken pennynck wysen vnnd tolaten komen
dar van so er dagelixs geholt templicker wyse doen konnen.
(11.) Dan so Diderick Staill sick myt synon sonne vnd syner huesfrouwe to Suthusen nicht to samen fredelicken verdregenn konden
eder nicht geleuede alsdar to blynen alsdan wyll Dyderick syne
Woustedt to Ryne myt dem gude in dem Ampte van Ryne
belegen, annemen vnd Wilhelm synen sonno vnd syner huersf.
Suthusen myt dem semptlicken gude dar to hort alinck vnnd
all ouerlatenn Beholtlick em doch eyne betterynghe als nemptlick
sess molt roggen vnnd sess retter swye na erkentnysse der
frunde vnnd (12.) dyt allent wo vorss heben beyde parth vorgerort alsoo yngegaen angenomen bewyllet, belenet vnnd gelouet
stede vast vnnd ouverbrocken to holdenn sunder argelyst. Dedyn-
gesludo hyr an vnnd ouer gewest van wegen Dydericks Staels vnnd
Wylhelm syns sonnes de werdighen Erbaren vnnd vesten her Johan
Staill Pranest tho Clahotte her Wylhelm Staill
Scholaster her Wylhelm Staill her Florcken van
Langhen domherrn der kercken tho Munster Gerdt do
Sasszo Hinrick van langhentho Stockem vnnd
cordt Staill vnnd wegen Lambertz van Oer Johanna syr
(sic) huesfrouwen vnnd Walburch erer dochter de Erwerdighe
Erbaren vnd vesten her Diderick Schade domdeken der
kerken to Münster Gerdt van Beuerforder Sander
Droste Jaspar Korff geandt Smysinck Berndt
van Westerholte Rotger van Westerhem vnd
Euert van Merfelde, Orkunde der Warheyt aller vorgt
puncte So hebe wy Dyderick Staell Wylhelm Staell vnd lambert
van Oer alle vorbenompt vuse Jngeselego vor vns vor Johanna
vorss vnd vor alle vuse Eruen witlicken an dussen brieff ghe-
hangen vnnd hebt vort gebeden de opgenanten vuse dedingeslude

dussen hillixbreff der twe ys eynes Juholdes vnd ytlick parth
eyn entfangen hefft myt vns tor Wytschopp to besegelen, dem (Sie)
wy Johan Staell prauest, Wylbrandt Staell Scholaster florecken van
langhen domherrn Gerdt de sassze Hinrick van langhen euerdt
Staell Diderick Schade domdeken gerdt van Beuerforden Sander
Droste Jaspar korff Berndt van Westerholte Rotger van Westerhem vnd Euerdt van Merfeldo so gerne gedaen vnd heft to
merer vestinge der warheit aller vorgerorder puncte vnse Juge-
segele als dedingeslude tox medde wytschopp an dussen breff
gehangen ju dem Jaer vnss hern dussent vyfhundert vnd vyffteyne
des Sontages na Egidy abbatis.

An der Urkunde hangen noch **16** Siegel, das des
Conrad Stael ist abgefallen. Diedrich der Vater nannte sich
in der Umschrift des Siegels „Stael“. Der Sohn aber und
Wilbrand nannten sich „Stal“ und der Domherr Wilhelm
hat „Stall“. Bei dem Propste ist das Wort nicht ganz
deutlich. Letzterer und der Bräutigam haben auf dem
Helme die Münzen zur Seite der Hörner, Wilbränd und der
Domherr Wilhelm aber haben sie mitten auf den Hörnern.
Bei Diedrich ist die Helmzier zerstört. Die übrigen Siegel
zeigen folgende Schilde:

Oer. Florken Langen. Langen zu Stockum. Diedr. Schade.

Gert de Sasse. Droste. Korf gt. Smysink. Westerholt.

Beverförde hat den
Biber und auf dem
Helmo einen offenen
Flug.

Westrem   Merfeld

Zwei Tage später stellten Vater und Sohn mit ihren
nächsten Anverwandten: Gert de Sasse, Henrich Langen zu
Stockem und Cort Stael eine Urkunde aus, worin sie bei
Strafe des Einlagers die Bedingungen des Heirathsactes zu
halten versprachen. Die Urkunde lautet:

Wy Didrick Staill to Suthusen, Wilhelm Staill
syn sonne, gerdt de Sassze, Hinrich van langen to
Stockem vnd Cordt Staill doen kundt so als dorch den frunden
to beyden syden, eyne hillige echtschopp na szeden vnd gewoute
der hilligen kercken verramet gededingt vnd geslotten is tusschen
Wilhelm vorgt. an eyne vnd der Erbaren Walburgh van
Oir, Echte dochter Lambertz van Oir vnd Johanna syner
eelicken husfrouwen, an den anderen syden, jnholt der hillix forworden dar op gemaket, versegelt vnd verbreuet, dorch welcher
hillix forworden somyge artikell vnd puncte begreppen, eyn
parth den anderen to vullenstrecken, So bekennen wy Diderick,
Wilhelm Gerdt, Hinrick vnd Cordt alle vorss. dat wy myt vnsen
eyndrechtigen guden vryen willen, myt samenderhant, vuser itlick
eyn vor all, vor vns vuse Eruen vnd aneruen hebt gelouet, vnd
louet in crafft dusses breues, dat alle vnd itlicke puncte vnd
artikell, jn den seluen hillix forwerden bestemmet vnd vthge-
sproken, de Diderick vnd Wilhelm vorss, to komen to vullen-
trecken, van wedderkair, geholde vnd anders, dat wy de semptlicken artikell vnd puncte all, vnd eyn itlick bisundern willen
also lamberte van oir Johanna syner eelicker husfrouwe, walburch erer dochter vnd eren Eruen stede vaste vuuerbrocken
vnd oprichtigen holten, wo sick dat ock begeuen vnd tokomen
mochte, wanner dan lambert van Oir Johanna syn husfrouwe,

walburch ere dochter, offt ere Eruen vns semptlicken to gelycke, offt vnser eyn alleyne, der wegen laten manon vnd eyschen dorch ere seluest bodden offte breuen, eder an vuse antworde off wonstadt, alsdan sollen vnd willen wy van stundt an ryden jtlick myt twe reysigen perden vnd eynen knechte, bynnen T e l g e t, jn eyne Ersame gemeyne herberge, vnd dorch do manunge betekent wert, vnd lesten alsdar na p l e c h t s e d e guder mans vnd on willen ock vth der lestunge nicht scheyden, alle artikell vnd puncte, en syn ersten tot eren benogen myt richtinge alles geledonen, vnd vpgelopenen schaden, genslicken vernoget, betalt vnd vullentogen. Dan wert saike wy offt vuse Eruen jn der lestinge legerich worden, vnd dar jnne bouen sess wecken vorbleuen, So mogen lambert, Johanna, vnd Walburch vorss, offt ere Eruen vmme do vngeholdene artickell vnd puncte, vort myt schaden der haluen verlopen, myt eynen dagelix fronen, an vuse semptlicke gudt, bewechlick eder vnbewechlick, war vnd wo wy dat nu tor tydt hebt, vnd hyrnamals krygen werden, to gelycke, offte eyndell, sunder vtteringe jemandtz eder eynges gudes bisundern, to eren koer, war vnd wo se sick des bekomen kont manen penden vtteren slyten vnd kumern, gelyck dat na formen der rechten gerichtlicken jngepandt, vnd na p a e l s s r e c h t e geuttert vnd gesletten were vnd mogen vnd sollen sodans juneholden sunder Reckenschopp, h e n t h so lange, se alinck vnd all der vugeholdenen artikell vnd puncte, myt den vpgelopenen schaden quiddet, vnde tot eren wal benogen, vullentogen vnd vthgerichtet syn, dar wy noch numandt van vuser wegen nynerlege excepten eniger rechten, Jndracht, Wedderrede, priuilegia nyefunde noch jehande argelyst entegen bruken sollen noch willen. dat wy so semptlick vnd eyn itlick bysundern, jn guden truwen seckeren, vnd louen vprichtigen, by vnser eer vnd truwen ind in rechter edesstadt, stede vast vnd vnuerbrocken to holdene. Oirkunde der warheyt aller vorss puncte, so hebn wy … vnse Ingesigele vor vns, vuse Eruen vnd anerven witlicken an dussen breff gehangen, dar an vnd ouer weren vor tuge to gebeden de werdigen vnd Erbaren her J o h a n S t a i l l p r a u e s t to claholte her W i l h e l m S t a i l l, vnd her f l o r e k e n v a n l a u g e n Domhern tho M u n s t e r. Datum anno domini millesimo quingentesimo decimo quinto feria quinta post Egidy abbatis.

Das an dieser Urkunde hangende Siegel des Cordt Stael zeigt nur den Schild mit den acht Kugeln, ohne Helm.

Diedrichs II. Frau war aus dem Geschlechte der Langen und zwar derjenigen Langen, welche die Reihe rechtsschräger goldener Wecken in Blau führten. Ihre Mutter war eine Hacker, welche in Silber drei (2. 1.) Hakenspitzen im Wappen hatte.[456] Er trat dadurch mit einer, in den Hochstiftern Osnabrück und Münster mächtigen Familie in Verbindung. Sie gebar ihm 1. einen Sohn Wilhelm II., der XII. folgt und mehrere andere Kinder, die in obigem Heirathsacte erwähnt, aber nicht namhaft gemacht sind, von denen indessen einige, namentlich Töchter näher bestimmt werden können, nämlich:

2. Tochter, verheirathet an einen Sohn des Mathias von Horne und der Gertrud Smising.[457]

3. Tochter verheirathet an einen Herrn von Kersenbrock.[456]

4. Jost Stael, er war Deutschordenscomtur zu Osnabrück und wurde 1561 vom Bischofe von Osnabrück als Comptur zu den Gots Rittern zu Osnabrück mit Sloerserue, Plaggenrinkes koten, Dirickmans, Hermangiserue in der Bauerschaft Walenbrock, Wennekenserue, Findemanserue K. Westercappeln zum Behufe der Gotsrittern zu Dienstmannsrechten belehnt.

---

[456] Das Epitaph des Domherrn Horn und des Dom. Herbord v. Langen, jenes einst, letzterer noch jetzt im Dome zu Minden, haben das Wappen, beide ergänzen sich auch in sofern, als daraus auf die Verwandschaft mit der Frau des Diedrich Stael geschlossen werden kann. [457] II. S. 251. Nr. 337. Fahne v Hövel I II. Taf. III Die Horne, wie Stüve meint, von Hörne im Osnabrückschen stammend, waren ein mächtiges Geschlecht, aus dem Diedrich v. H., ein Mann von grossen Eigenschaften, 1376—1102 den bischöflichen Stuhl zu Osnabrück bekleidete. [458] II S. 249

5. Wahrscheinlich gehört auch hierher Diedrich Stael, der 1535 Domherr zu Osnabrück war, jedoch 1555 nicht mehr aufgeführt wird.

XII. Wilhelm II. Stael, Herr zu Sut-

hausen und Rheine. Er vollzog seine Ehe, wie oben gesagt, mit Walburga von Oer, mit dem Blau und Silber pyramidal-getheilten Schrägbalken in Gold, Tochter von Lambert von Oer und Johanna von Middachten im Jahre 1516 und zwar am 29. Sept., wo ihm die Braut von deren Eltern ins Haus gebracht wurde.

Er erscheint mehrfach in Urkunden und zwar zuerst 1509 Dienstag nach Oculi bei der Eheberedung des Henrich von Langen, des verstorbenen Engelberts Sohn, mit Lencken Korff, des Johann Korff genannt Smysinck Tochter, auf Seiten der Familie Langen, welche auch durch Roleff v. Langen, Domherr Henr. Voss, Joh. Busch und die Gebrüder Diedrich und Clas Langen vertreten wurde, während Johann Valcke, Domscholaster, Henrich Schenckink, Domküster, Wilbrand Stall, Domherr, Jost Korff, Cordt Stall und Jasper Smysinck auf Seiten der Braut standen. Die Braut brachte 850 Goldgulden, der Bräutigam Haus Stockem in die Ehe. (K. 26 S. 135.)

Im Jahre 1523 wird er in dem Registrum militarium et Vasallorum monasteriensium als Innehaber eines Burg-Sitzes zu (Stadt) Rheine[459]) aufgeführt, dessenwegen er in einem späteren Register, welches für ein bestimmtes, aber nicht benanntes Jahr, den münsterschen Adel aufzählt, soweit er zu Ritterdienste in Geld angeschlagen ist, zu 48 Gulden eingeschätzt wird, um 6 Monate lang einen Bewaffneten zu halten[460]). Noch in einem anderen Register wird dieser Sitz das Haus zu Rheine genannt und hinzugefügt, dass Wilhelm nicht dort, sondern im Auslande wohne.[461])

---

[459]) Kindl. G. 84. S. 66. [460]) Ebd. S. 5: Wilhelm Staell von der Guderen to Rene vp ene gewopede VI. maent lank yder maent VIII Gulden. [461]) Eb. 33 Gleichzeitig hatte Wilbrant Stael dort einen Burgsitz Ebd.

1523 1. Nov. ist er Lehnszeuge als Alart von Quern-heim, Sohn des verstorbenen Boldewin v. Q., zum Behufe von Caspara von Hoberg, Tochter Otto's, von dem Bischofe von Osnabrück mit Kaldenhoue im Kirchspiel Ostercappeln und anderen Gütern belehnt wird.

1532 befindet er sich in dem Ausschusse der Osna-brücker Ritterschaft, welche den wichtigen Vertrag zwischen Domcapitel und der Stadt Osnabrück thätigen. [462])

1534 Dienstag nach Bonifacii (9. Juni) belehnt ihn Franz von Waldeck, Bischof von Münster und Osnabrück und Administrator zu Minden mit den Osnabrücker Lehnen: dem Zehnten zu Balckinsleden im Kirchspiel Borcklo, mit Menckenhaus und Bennenhaus in Dienstmannsstatt. [463])

1548 ist er Vormund der minderjährigen Kinder des verstorbenen Herbord von Langen [464]); zum letzten Male wird er in der Münsterschen Rittermatrikel von 1554 auf-geführt [465]) und 1556 ist er todt.

Seine Frau gebar ihm mehrere Kinder, von denen benannt werden:

1. Diedrich III., der XIII folgt.

2. Anna. Sie wurde an Henrich Schade zu Ihorst verheirathet. [466])

3. Margaretha, Ehefrau eines Herrn von Elsen und 1569 Wittwe, wie aus nachfolgender Urkunde hervorgeht, wonach sie dem münsterschen Bürger Johann Schade 800 Goldgulden Capital, resp. 48 Goldgulden jährliche Renten und dem Münsterschen Bürger Henrich Berninck 400 Thlr. resp. 24 Thlr. Renten schuldet, für deren richtige Zahlung

---

[462]) Kress vom Archidiaconalwesen Anhang S. 67. [463]) Lehnbuch im Landesarchiv zu Osnabrück. [464]) Fahne West. G. S 263. Das gleichzeitige Verzeichniss der adligen Sitze im Münsterlande drückt sich also aus: Wilhelm Staell hefft gelick fals ein Edelmans gesete bynnen Rhene ock Erue vnnd guder vmblang Reno liggen.

Herbards von Langen selige Eruen hebben ock eine Woenstadt bynnen Rheno mit Eruen vnd guderen dar buten gelegen, synth vnmundich vnnd ist Wilhelm Staell ehr Vormunder. Kindl. 84 S. 187. [465]) Eb. S. [466]) II. S. 231 Nr. 333.

sich Heinrich Schade zu Ihorst und Heinrich Korff gen. Smising verbürgten.

Wyr Henrich Schade yn der Jhorst, Droste zu Wyldeshusen vnd Henryck korff genandt Smysinck drosten vnd Elsche syn eheliche huisfrowe, dhon kundt vnd bethugen apentlich yn vnd vormitz deisem besegelden breue, vor vns vnsern eruen vnd sunst jedermennichlichen, dat wi hebben gelouet vnd lauen friegh vnd schadelois tho haldende vnd tho waren, den Edelen Erenuesten vnd Erbaren Lamberten van Oher zu kakessbocke vnd sinen eruen vor sodane loffte vnd vorschriuunge, als he von wegen vnd in stat der dogentrichen vnd Erbaren Margareten Sthaels, Wethwe von Elsen ahn den werdigen vnd hochgelerten Johan Schaden der Rechten Licentiaten, Annen eheluden, borgernn der stat Münster vnd eren Eruen, vp acht vnd vertzich guiden, enckeden, fulwichtigen, ouerlenschen golden rinsche gulden jarlicher renthen vor achthundert derselben goltgulden heubtsummen gedaen, wir lauen auch glichfals dem vorbenenten Lamberten vnd sinen eruen vff vher vnd twintich daler jarlicher renthen von verhundert enckeder, fulgeldene vnd guider derselbigen daler heubtsumme ahn den Ersamen Henrich Berninck borger derselbigen stat vnd synen eruen vnd sich als warborgen vnd gelicke principael wegeu vpgemelter wethwen von Elsen mit sinem segell verpflichtet hefft, vnd wir lauen ehn vnd eren oruen von deiser jarlichen renthen sampt den heubtsummen vnd allen schaden also frieg vnd schadelos tho holden vnd tho waren, vnd ich Henrich Schade setto ehme thom rechten vnderpande, drei miner frie thobehorige dorslechtige vnd nicht lheonhorige eruen vnd güdere, als mit namen Tulings Erde, ym kerspel Engeter vnd Burschup Euecklnckhusen gelegen, item Starmanns erue vnd Schopstedenn Erue beide im kerspel Alffhusen vnd Burschup Hecke gelegen alle drei Stifftz osnabrugk. Oick sette ich Henrich Korff dem opgemelten Lamperten von Oher vnd sinen eruen des thom rechten vnderpfande vnd in warborgen stede drei miner frige, thobehorige vnd dorschlechtige Eruen vnd guidere, genant Holmans Erue vnd Dingwertz Erue, beide ym kerspel Vermolde

vnd Burschop P e c k o l a jtem W y t h b r a c h t e s Erue ym
vorgerorten kerspel V o r m e l d e Burschop Osterwede alle drei
yn der graueschup R a u e n s p u r g h, ghene Lohenguidere tho
sien vnd sunst vnser boden semptliche andere eruen vnd guidere
mit alle eren jarlichen vpkumpsten, nutzungen, vorfellen, olden
vnd nien thobehoringen vnd gerechticheden allen gebreck, hinder
nachteil vnd schaden, so se deisser loffte haluen krigen, oder
liden worden, gantz vnd allinck tho uerhalen tho bekommen
vnd tho befordern mit allen gerichten vnd rechten geistliches
offte werthliches, wie ehnnen sulches bequemest sin will, sunder
vnser offter vnser eruen wederreder, jnsage, exception vnd suest
ohne alle vthfluchte, geferde vnd argelist, vnd offte gerorthe
Lambert vnd sine Eruen mit duisser schadelose breue nycht
genochsam verwaret were, dat wi alsdan Lamberten vnd sinen
Eruen tho eren gesinnen alle tydt starcker vnd vaster versecche-
runge tho geuen willich vnd verplichtet sin willen sunder argelist. Dieses thor warheit — hebbe wi Henrich Schade vnd
Henrich korff genant Schmisinck tho T a t e n h u s e n jeder
vnser angeborn jngesegell ahn duissen breue witlicken gehangen,
des ich E l s c h e war bekenne vnd derseluigen segell hirmede
tho gebrucke. Datum anno domini viffteienhundert neigenn vnd
sestich ahm auende Michaelis Archangeli.

Schade führt im Siegel einen Helm,
besteckt mit Wimpeln, Korf die Gleve.

Margaretha gebar ihrem Manne einen
Sohn, Jobst von Elsen und eine Tochter.
Die Letztere wurde Abtissin zu Lippstadt
und habe ich ihre Ahnen II. S. 252 mitgetheilt. Der Sohn erbte das elterliche Gut,
namentlich den Kaldenhof in der Grafschaft Ravensberg,
den er schuldenhalber 1579 28. Sept. an Lutger von Raesfeld zu Hamern, Droste zu Wolbeck und Sassenberg für
600 Thlr. Darlehn unter Bürgscuaft des Zerrich von Baeck
zu Grevinckhof und Rückbürgschaft seiner Vettern Lambrecht von Oer zu Kakesbeck und Caspar von Oer zu
Broich verpfänden musste.

17*

XIII. Diedrich III., Herr zu Suthausen und Rheine. Seine Ahnen stehen im zweiten Band S. 243 Nr. 332 und S. 244 Nr. 334.

Er wurde 1561 vom Bischofe Johann von Osnabrück nnd 1584 9. Febr. vom Bischof Heinrich mit dem Zehnten zu Balkenslede im Kirchspiel Borcklo [467]) gegenüber des Bixhofshaus (Bischofshaus), Menkenhaus und Bennenhaus in dienstmannsstatt und am 20. Juni 1590 von Bischof Bernard auf dem Lehntage zu Iburg mit eben jenen Gütern belehnt, bei dieser Gelegenheit wird er bischöflicher Rath genannt. [468]) Im münsterischen Vasallenregister ist er wegen Rheine zu 2 Pferden veranschlagt. [469]) Er starb 1591.

Diedrich III. war mit Sophia von Dincklage zu Schulenburg verheirathet, sie brachte folgende Ahnen:

   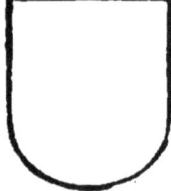

Herbrod von Dincklage.	Anna v. Hecket.	Johann von Wahlen Herr zu Doetlingen.	N. v. Dincklage.

Hermann v. Dincklage Herr zu Quackenbrück u. Dincklage geb. 1490	Lykke (Lucretia) von Wahlen Erbin zu Doetlingen in der Grafschaft Delmenhorst, deshalb langer Prozess mit den Grafen von Oldenburg am Reichskammergericht.

Sophie von Dincklage h. Diedrich III. Stael.

Sie war 1599 todt und hatte während ihres Wittwenstandes viel Sreitigkeiten mit ihrem Schwiegersohne Amelung von Varendorf, Drosten zu Iburg, der den zweiten Ritter-

---

[467]) In den Mittheilungen des hist. Vereins zu Osnabrück Band III. S. 117 u. f. steht irrig Backerstedde im K. Borken. [468]) Lehnregister zu Osnabrück. [469]) Kindl. B 84. S. 111.

sitz zu Suthausen besass, davon unten. Aus ihrer Ehe entsprossen 16 Kinder, nämlich:

1. Wilhelm Stael starb unverheirathet.

2. Cordt, erhielt in der Theilung mit seinem Bruder Hermann das Hergewedde und war vorher schon durch den Rittersitz Wahlburg, im Osnabrücker Amte Huntenburg, abgefunden worden Er wurde für sich und seine Brüder 1600 vom Osnabrücker Bischofe Philipp Sigismund mit dem Zehnten zu Balkenslede und den anderen Gütern, wie sie sein verstorbener Vater besessen hat, belehnt.

3. Hermann I., geb. 18. März 1557, studirte zu Marburg und Leiden, wurde Domherr zu Minden und widmete sich dem Hofe des Henrich Julius, postulirten Bischofs von Halberstadt, als indessen sein Bruder Wilhelm gestorben war, nahm er die Güter Suthausen und Rheine an sich und fand seine Brüder in nachfolgender Weise ab, wobei bestimmt wurde, dass im Falle seines kinderlosen Sterbens sein Bruder Caspar, als Ultimogenitur, in den Gütern folgen solle. Hermann heirathete 1604 Elisabeth von

Landsberg, die ihm am 21. Mai 1606 einen Sohn, Philipp Sigismund gebar, der am 3. Januar 1607 starb. Bei dieser Gelegenheit wurde eine Leichenrede gedruckt, welche sich im Archive des Stifts Halberstadt (jetzt zu Magdeburg) vorfindet und die meisten der obigen Lebensmomente

Hermanns enthält. Sonst ist noch zu bemerken, dass Hermann 22. Sept. 1593 ein Halberstadter Stiftstatut, 23. Juni 1596 das Adelsattest des Christoph von Hohenroth un d 21. Febr. 1605 eine Capitulation untersiegelte. [470])

4. Gisbert.

5. Jost, war Stiftsherr zu Wildeshausen, erhielt eine Leibrente von jährlich 60 Thaler.

6. Euert. 7. Heinrich.

---

[470]) Magd. Archiv.

8. **Diedrich IV.** Seine ritterliche Abstammung mit vier
Ahnen wurden am 18. Januar 1586 bei dem Capitel von
Halberstadt präsentirt, wobei sich Reinecke Hack zu
Scheuensdorf, Rudolph von Snetlage zu Wulften, Gerhard
Nagel, Erbsass zu Osnabrück und Amelung von Varendorf
zu Suthausen erboten, die Richtigkeit derselben zu beschwören,
wie folgende Urkunde des Stiftsarchivs bekundet.

Vor jdermeniglichen dieses Brieffes ansichtigen vnd sonderlich
vor den Erwirdigen Erntuesten, Aehtbaren Hoch Wolgelarten Hern
Dechandt Seniori vnd Capitell gemein der Collegiat-Kirchen
Beatae Mariae Virginis zu Halberstadt vnsern gunstigen Herrn
bezeugen vnd sagen wir R e n e c k e H a k e zu S c h o u e n -
d o r f f , R u d o l f f v o n S n e t l a g e zu Wulfften, G e r h a r d t
N a g e l l zu osnabrugk vnd A m e l u n x v o n V a r e n d o r f f
zu S u t t h a u s e n respective erbgesessen bey vnsern waren
Worten adelichen ehren trewen vnd gutten glauben auch jn
aides statt dass D i e t e r i c h S t a e l l d e r J ü n g e r von
D i e t e r i c h e n S t a e l l seinem vatter vnd Sophia von Dincklage seiner Mutter vnd auch von allen seinen vier Ahnen Ehelichen Echt vnd recht Erbarer vnd Rittermässiger arth geboren
ist vnd da es an diesem vnserer gezuchniss nicht genochsamb
vnd jemandes einigen Mangel darahn hethe oder haben wolte
Aldan vnd vff solchen fall sein wir vrbutich vff rechtlichs vnd
geburlichs erforderon zu jeder zeit angerechter geburt herkommen vnd Anschafft halber eidtlichen gezuchniss zu geben.
Dessen zu mehrer glaubwurdiger vrkundt haben wir obgenante
als gezeugen vnsere angeborne pittschafft an diesen brieff wissentlich hangen lassen vnd sich ein jechlicher mit eigener handt
vnterschrieben geschehen nach Christi vnsers einigen Erlosers
vnd Selichmachers geburt den achtzehenden Monatz tagh Januaris
im Fünfzehenhundersten vnd der weniger Zall jm sechs vnd acht-
zigsten Jare.

| Reynecke Hack meyne handt. | Dass obengenant be- kenne ich Rudolff von Snethlage mit eigener handt. | Gert Nagell. | Ick Amelunck von Varendorp bekenne wie bouen geschrieben mit ogener handt. |

Diedrich wurde Stiftsherr zu St. Moritz in Minden und erhielt als Abfindung vom elterlichen Vermögen 1700 Thlr. und ein Ehrenkleid.

9. Heinrich.

10. Gerhard wurde Stiftsherr zu Halberstadt und erhielt als Abfindung 1200 Thlr. und ein Ehrenkleid.

11. Johann war 1603 Domherr zu Halberstadt (Magd. Arch.) und erhielt als Abfindung neben einem Ehrenkleide 1000 Thlr.

12. Adam.

13. Caspar, der XIV. folgt.

14. Anna, die vor 1584 an Amelung von Varendorp zu Sudhausen, Droste zu Iburg, verheirathet wurde, dem sie einen Sohn Wilhelm Eberhard v. V. gebar, der 1636 zu Lippstadt starb. (II. S. 252. Nr. 366, wo die Ahnen stehen.)

Varendorp.	Voss?	Stael.	Sophie von Dinklage.
Amelung von Varendorp.		Anna Stael.	

Wilh. Eberhard von Varendorp † 1636.

Die Ehe Annas wurde zur Schlichtung von vielen Streitigkeiten über die beiderseitigen Rechte an Suthausen geschlossen, allein das Mittel reichte nicht aus. 1597 war viel Streit, der nicht verglichen werden konnte. A. Varendendorp, der auch mit Rudolph von Snetlage zu Wulften in Verwicklung kam, gerieth in Concurs, der aber lange Zeit unerledigt blieb, weil das Domcapitel von Osnabrück, als Lehnsherr dieses Theils von Suthausen, den Verkauf verhinderte; erst 1622 genehmigte es den Verkauf für 6300 Thlr. an Diedrich Korf, als dessen Concurrent Caspar Stael aufgetreten war, der jedoch nur 6000 Thlr. geboten hatte. Seitdem besitzen die Korf diesen Theil von Sudhausen. Sie vererbten es bis zur Gegenwart.

15—16. Töchter.

XIV. Caspar Stael, Herr zu Sudhausen und Rheine, der jüngste Sohn Diedrich III., erhielt in der Theilung die

Anwartschaft auf die Dompräbende zu Halberstadt und bis zum Genuss derselben jährlich 50 Thlr., nach erlangtem Genusse aber 600 Thlr. Capital. Nach dem Tode seines Bruders Hermann trat er in den Besitz der Güter Sudhausen und Rheine. Vom Bisthum Münster trug er das Graelshaus mit dessen Pertinentien zu Lehn und liess am 12. April 1633, als er dieses Lehns wegen Reuterdienste thun sollte, zu Protocoll erklären: dass er selbst nicht mitreiten könne, dass aber sein ältester Sohu, der bei Ihrer fürstlich Gnaden zu Osnabrück in Diensten stehe, für ihn 3 Monate lang mit einem Pferde dienen oder 30 Thlr. zahlen solle. [471])

Caspars Frau war Catharina von Steveninck, Tochter von Everwin (die Ahnentafel hat· Johann) Steveninck zu Willinghege, [472]) welche in Gold einen blauen, rechtsschrägen, gebogenen Balken im Wappen führte. Ihre Mutter war Marg. von Ledebur. Sie gebar ihm, neben anderen, einen Sohn, Everhard Wilhelm, der XV. folgt.

XV. Everhard Wilhelm Stael, Herr zu Sudhausen und Rheine, † 1663.

Er heirathete 1641 Margaretha Anna von Neheim, mit dem goldenen Sparren in Blau, Tochter von Diedrich von Neheim zu Sundermühlen und Elise Korf, Erbin zu Rollinghoff. Sie war noch 1670 Wittwe und gebahr ihm drei Söhne:

1. Caspar Wilhelm, geb. 1642.

2. Hermann II., der XVI. folgt.

3. Johann Eberhard.

---

471) Kindl. L. 82 S. 217.   472) II. S. 244 u. 245. Fahne Westph. Geschlechter S. 323.

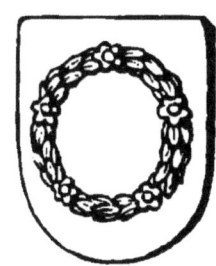

XVI. Hermann II. Stael, Herr zu Suthausen und Rheine, h. Christine Helene Wrede mit dem, ablang, Roth und Gold getheilten Schilde, worin ein Kranz von wechselnder Farbe mit fünf rothen Rosen, Tochter von Diedrich Wrede zu Loe und Margaretha Helene Vincke von Kiluer. [473]) Sie gebar ihm drei Söhne:

1. Mathias Ernst Wilh., der XVII. folgt.

2. Christoph Eberhard, 1699 in der Abtei Siegburg aufgeschworen, starb 1736 als Propst zu Oberpleis. [474])

3. Diedrich Wilhelm Stael, beim Domcapitel zu Osnabrück aufgeschworen. [475])

XVII. Mathias Ernst Wilhelm Stael zu Suthausen und Rheine.

Er wird 1743 27. Aug. als Baron und Landrath und noch lebend aufgeführt, ist aber 1754 21. Februar todt, [476])

h. 1716 Anna Dorothea Barbara Kettler zu Harkotten, mit dem rothen Kesselhaken in Gold, Tochter von Goswin Caspar Kettler und Anna Dorothea Korff. [477]) Sie gebar ihm vier Söhne:

1. Goswin Hermann Stael, zu Osnabrück bei der Ritterschaft aufgeschworen. [478])

2. Conrad Ludwig, geb. 17. Nov. 1718, beim Domstifte zu Osnabrück aufgeschworen, [479]) war Domdechant, Schatzmeister des dortigen Domes, Archidiacon zu Damm, Vorden und Neuenkirchen, ein Wohlthäter der Kirchen, Klöster und Armen, starb 28. Juli 1778 und liegt im Dom zu Osnabrück im Umgange hinter dem Hochaltar, unter folgendem Denkstein begraben:

---

[473]) Fahne v. Hövel I. 2. S. 209. [474]) II. 241. [475]) Eb. [476]) Taube Beilage S. 209. [477]) II. S. 245. [478]) Ebd. [479]) Ebd.

Stael.

Kettler.

Reverendissimus et illustrissimus Dominus
Conradus Ludowicus de Stael dnus de Suthau-
.. et Rheine hoc tectus tumulo natus anno
1718 die 17ma Novemb. decanus cathedralis
ecclesiae canonicus thesaurarius et archidiaconus
in Damme Vorden et Neuenkirchen necnon
Sacellanus in Laer virtutis thesauro dives in
vita erat relicto pietatis et patientiae singu-
lari exemplo obiit in ecclesias, coenobia, egenos
Benefactor munificus
anno 1778 die 28ma Julii
R. J. P.

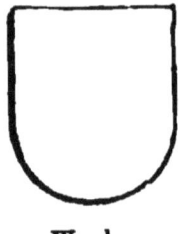

Wrede.

Korff.

Hermann Stael zu Suthaus.	Goswin Caspar Kettler
Christine Helene Werde.	Anna Dorothea Korff.

Mathias Ernst Wilhelm Stael zu S.	Anna Dorothea Barb. Kettler.

Conrad Ludwig Stael.

3. Alexander Anton geb. 1728, folgt XIX.

4. Johann Caspar, 1749 5. Januar beim Domcapitel zu Osnabrück aufgeschworen. [480])

XVIII. Alexander Anton Stael, geb. 1728, Herr zu Suthausen, Rheine, Nette, [481]) Wulften und Sechtem, zuerst bei der Osnabrücker Ritterschaft, dann 1780 21. Febr. bei cölnischer Ritterschaft aufgeschworen. [482]) Er wird 1753 Freiherr genannt und zum Kammerherr des Churfürsten von Cöln, Clemens August, erhoben, [483]) später war er Osnabrücker Geheim- und Landrath und Generallieutenant der Münsterschen Truppen und starb 1807 3. April, 79 Jahre alt. [484]) Wulften, Wulvena, ehemals unmittelbare Reichsherrschaft, kaufte er gegen 1770 von der Erbtochter des Oesterreichischen Feldmarschalls v. Moltke, verheirathete Gräfin Herberstein.

Er war zweimal verheirathet, 1. mit Isabella, Gräfin von Satzenhoven. Diese brachte ihm den Drenckerhof in dem Dorfe Sechtem bei Bonn, in Folge dessen er den Titel, Herr von Sechtem, annahm. Sie gebar ihm eine Tochter:

1. Caroline, welche 1771 im Stifte Lehden, in vormaliger Grafschaft Tecklenburg, mit Seite 268 nachfolgenden Ahnen aufgeschworen wurde. [485])

Die zweite Frau von ihm (wenigstens von einem Alexander Stael, der 1807 gestorben ist) war eine Freiin von Kleist. Sie überlebte und hatte drei Kinder geboren.

2. Caspar, der XIX. folgt.

3. Goswin starb unverheirathet.

---

[480]) II. 245. [481]) Nette ist ein Rittersitz im Osnabrücker Amte Jburg Büsching Erdbesch., III S. 864. [482]) II 245. [483]) II. 239. [484]) II. 231. [485]) Osnab. Landesarchiv.

Everbard Wilhelm Stael zu Suthaus. / Marg. Anna von Neheim zu Sundermühlen.

Diedrich Wrede zu Loe. / Anna Helena Vincke zu Kiluer.

Caspar Heidenrich Kettler. / Anna v. Schade zu Salwey.

Jobst Bernhard Korff. / Juliana Westphalen zu Fürstenberg.

Christoph Jobst Bernd v. Satzenhof zu Wolkersdorf. / Anna Cunigunde v. Brand.

Johan Valertin von und zu Perchtolshoven. / Hermanns Marg. v. Bruch.

Philipp Christoph v. Bernsau. / Anna Agnes v. Schöller.

Johan Schwichart, Freiherr v. Waldenburg-Schenkern. / Ottilia Cath. v. Gymnioh.

Herman Stael zu Suthaus u. Rheine.

Christine Helena Wrede.

Goswin Caspar Kettler.

Anna Dorothea Korff.

Johan Fridrich von Satzenhoven.

Johanna Rosine v Perchtolshoven.

Wirich, Freiherr v. Bernsau.

Amalie Regina v. Waldenburg-S.

Mathias Ernst Wilh. Stael zu Suthaus und Rheine

Anna Dorothea Barb. Kettler zu Harkotten.

Carl Martin Ferd. Graf von Satzenhoven.

Maria Anna Freiin v. Bernsau.

Alexander Anton Stael zu Suthaus und Rheine.

Jsabella, Gräfin von Satzenhoven.

Caroline Stael, 11 Sept. 1771 auf Grund eines Zeugnisses des Domkapitels zu Hildesheim vom selbigen Datum mit obigen Ahnen zu Leeden aufgeschworen.

4. Alexandrine heirathete einen Hannoverschen Offizier. ich meine, er hiess Molder.

XIX. Caspar Stael, ein schwächlicher Mann, heirathete eine von Korff, davon eine Tochter, welche folgt XX.

XX. Caroline, verheirathet an Grafen Egon v. Fürstenberg zu Herdringen.

Y. Bürgerliche und Patrizier-Linien.

Es gibt in Westphalen mehrere bürgerliche Familien des Namens Stael. So war 1560 Jurgen Stael Rentemeister zu Verden, und im 18. Jahrhunderte einer dieser Linie Pfenningsmeister des Stifts Osnabrück. 1575 wohnte ein Wilhelm Stael als Wirth auf der Düthe bei Osnabrück.

Gegen 1550 war Wilbrand Stael Weinhändler zu Münster in Westphalen, seine Frau war aus dem Patriziergeschlechte Mensing. Sein Sohn, ebenfalls Wilbrand, war Doctor I. U. und Hofgorichtsassessor zu Münster; er heirathete Catharina Wittfeld, Tochter des I. U. Dr. und Syndicus der münsterschen Ritterschaft Henrich Wittfeld. Eine Tochter dieser Ehe, Maria Gertrud Stael, heirathete 29. Aug. 1676 Engelbert Schücking, geb. 1649.

Z. Die Linien in Schweden und Liffland.

Die Darstellung dieser beiden mächtigen Linien bedarf noch einer weitläufigen Darstellung, wofür bereits reiches Material vorliegt und anderes noch aus dem Archive erwartet wird. Es soll das Resultat daraus in einem weiteren Hefte dieser Forschungen folgen, hier nur die Nachricht, dass sie von einem Enkel Ruprecht I. sive Roperts (oben S. 130 und 142) resp. dessen Sohn Neueling I. (S. 152 und 162) abstammen, also von der Generation IX und X.

Register.

Druckfehler und Zusätze.

S. 17 Z. 10 v. o. st.: Herrschaft l.: Honnschaft.

S. 24 Z. 20 v. o. starb imp. und vermachte Hardenberg und seine anderen Güter seinen Brüdern, ist als irrig zu streichen.—

S. 25 Z. 22 v. o. st.: an die Laer l.: an die Brempt, dann an die Laer.

· S. 28 Z. 1 v. o. st.: Eckel l : Eckel siehe jedoch Fahne Dortmund IV. S. 17.

S. 33 Z. 12 v. o. st : Mutter l : Frau.

S. 42 Z. 1 v. o. st.: 31 – 37 l : 37 – 38.

S. 47 Z. 8 v. o. st.: Tochter l.: Schwester.

S. 47 Z. 13 und 15 v. o. st.: Bellinghoven l.: Bellinghausen.

S. 48 Z. 1 v. o. st.: 38 – 39 l.: 39 – 41.

S. 61 Z. 14 v. o. st : nur eine Tochter l : zwei Töchter, 1. Jaspara, Abtissin zu Neuss und 2.

S. 71 Z. 20 v. o. st.: Lutter l.: Neveling.

S. 77 ist hinzuzusetzen: 1447 feria 6 ta pasche wird Willhelm von Zudendorp vom Werdener Abte, Johann Stecke, mit Gut Kalkhouen belehnt, wie es vorher Wilhelms Schwager, Cort Dücker, besessen hat

S. 86 Z. 15 v. o. st.: II l : III.

S. 87 Z. 9 v. o. st.: Theoderius l : Theodericus.

S. 87 Z. 24 v. o st.: Waizen l. Weizen.

S. 97 Z. 24 v. o. st.: 56 l.: 57.

S. 107 Z. 14 v. o. st.: XI l.: X.

S. 144 Z. 25 v. o. st. Bürgeren l.: Bürger.

S. 144 Z. 35 v. o. st : 1837 l.: 1337.

S. 152 Z. 7 v. o. st.: VI 27 l.: XIII 58.

S. 152 Z. 10 v. o. st.: 26 l.: 27.

S. 168 Z. 10 v. o. Siehe auch Fahne westph Geschlechter S. 352 und dessen v. Hövel Stammbaum-Recke.

S 168 Z. 18 v. o. st.: vermitteln l : vermittelten.

S. 171 S. 28 v. o. st.: Jahann l.: Johann

S. 172 S 30 v. o. hinter 326 ist zuzusetzen Fahne cöln Gesch. S. 63 dessen v. Hövel I. 2.

S. 173 Z. 20 v. o st.: dahin l.: daher.

S. 176 Z. 20 v o. st.: stappen l : stappen

S. 181 Z. 8 v. o. ist zuzusetzen: 3 eine Tochter, welche einen Herrn v. Ossenbruch heirathete. II. S. 236 Nr. 315.

S. 184 Z 25 v. o. st : ihn l: ihm

S. 192 Z. 7 v. o. st : 1474 l.: 1574.

S. 192 S. 8 v. o. st.: 1478 l.: 1578

S. 225 Z. 25 v. o. st : antworte l : antwortete.

S. 226 Z. 26 v. o st : Herr zu Steinhausen und l.: (Herr zu Steinhausen und auch zu).

S. 231 Z. 7 v. o. hinter verheirathet ist hinzuzusetzen: Fahne cöln Gesch. II. S. 107, dessen westph. Gesch S.

S. 232 Z. 28 v. o. st.: 98 l.: 48.

S. 237 Z. 13 v. o. st.: Carl l.: Cort.

S. 237 Z. 26 v. o. st.: Kvrff l : Korff.

S. 238 Z. 3 v. o. st.: Carl l.: Cort.

S. 240 Z. 1 v. o. st.: dem l.: den.

Druckfehler und Zusätze.

S. 17 Z. 10 v. o. st.: Herrschaft l : Honnschaft.
S. 24 Z. 20 v. o. starb imp. und vermachte Hardenberg und seine anderen Güter seinen Brüdern, ist als irrig zu streichen.
S. 25 Z. 22 v. o. st.: an die Laer l.: an die Brempt, dann an die Laer.
S. 28 Z. 1 v. o. st.: Eckel l : Eckel siehe jedoch Fahne Dortmund IV. S. 17.
S. 33 Z. 12 v. o. st : Mutter l : Frau.
S. 42 Z. 1 v. o. st.: 31—37 l : 37—38.
S. 47 Z. 8 v. o. st.: Tochter l : Schwester.
S. 47 Z. 13 und 15 v. o. st.: Bellinghoven l.: Bellinghausen.
S. 48 Z. 1 v. o. st.: 38—39 l.: 39—41.
S. 54 Z. 14 v. o. st : nur eine Tochter l : zwei Töchter, 1. Jaspara, Abtissin zu Neuss und 2.
S. 71 Z. 20 v. o. st.: Lutter l.: Neveling.
S. 77 ist hinzuzusetzen: 1447 feria 6ta pasche wird Wilhelm von Zudendorp vom Werdener Abte, Johann Stecke, mit Gut Kalkhouen belehnt, wie es vorher Wilhelms Schwager, Cort Dücker, besessen hat
S. 86 Z. 15 v. o. st.: II l : III.
S. 87 Z. 9 v. o. st.: Theoderius l : Theodericus.
S. 87 Z. 24 v. o st.: Waizen l. Weizen.
S. 97 Z. 24 v. o. st.: 56 l.: 57.
S. 107 Z. 14 v. o. st.: XI l.: X.
S. 144 Z. 25 v. o. st. Bürgeren l.: Bürger.
S. 144 Z. 35 v. o. st : 1837 l.: 1337.
S. 152 Z. 7 v. o. st.: VI 27 l.: XIII 58.
S. 152 Z. 10 v. o. st.: 26 l.: 27.
S. 168 Z. 10 v. o. Siehe auch Fahne westph Geschlechter S. 352 und dessen v. Hövel Stammbaum-Recke.
S 168 Z. 18 v. o. st.: vermitteln l : vermittelten
S. 171 S. 28 v. o. st.: Jahann l.: Johann
S. 172 S 30 v. o. hinter 326 ist zuzusetzen Fahne cöln Gesch. S. 63 dessen v. Hövel I. 2.
S. 173 Z. 20 v. o st.: dahin l : daher.
S. 176 Z. 20 v o. st.: stappen l : stappon
S. 181 Z. 8 v. o. ist zuzusetzen: 3 eine Tochter, welche einen Herrn v. Ossenbruch heirathete. II. S. 236 Nr. 315.
S. 184 Z 25 v. o. st : ihn l: ihm
S. 192 Z. 7 v. o. st.: 1474 l.: 1574.
S. 192 S 8 v. o. st.: 1478 l.: 1578
S. 225 Z. 25 v. o. st.: antworte l : antwortete.
S. 226 Z. 26 v. o st : Herr zu Steinhausen und l.: (Herr zu Steinhausen und auch zu).
S. 231 Z. 7 v. o. hinter verheirathet ist hinzuzusetzen: Fahne cöln Gesch. II. S. 107, dessen westph. Gesch S.
S. 232 Z. 28 v. o. st.: 98 l.: 48.
S. 237 Z. 13 v. o. st.: Carl l.: Cort.
S. 237 Z. 26 v. o. st.: Kvrff l : Korff.
S. 238 Z. 3 v. o. st.: Carl l.: Cort.
S. 240 Z. 1 v. o. st.: dem l: den.